在课间休息时留影

1987年，参加中国共产党第十三次全国代表大会

1992年，参加中国共产党第十四次全国代表大会

1990年，获“中国十大杰出青年”称号，接受当时的全国青联主席刘延东同志（右一）颁奖

1997年，参加中国共产党第十五次全国代表大会

2002年，参加中国共产党第十六次全国代表大会

写工作笔记

与职业技术学院的学生在一起

2007年，参加中国共产党第十七次全国代表大会

课间与学生交流

与中国教育学会原会长顾明远教授交谈

与学生一起跑步

2015年9月，与国家教委原副主任柳斌（中）和钱梦龙老师（右二）在盘锦市魏书生中学合影留念

与同事座谈

在讲座中

魏书生教育文集

班主任工作漫谈

魏书生◎著

漓江出版社
·桂林·

图书在版编目（CIP）数据

班主任工作漫谈 / 魏书生著 . -- 桂林：漓江出版社，2021. 12（2025.10 重印）
（魏书生教育文集）
ISBN 978-7-5407-9152-0

Ⅰ . ①班… Ⅱ . ①魏… Ⅲ . ①中学—班主任工作—文集 Ⅳ . ① G635.16-53

中国版本图书馆 CIP 数据核字（2021）第 208677 号

班主任工作漫谈

作　　者　魏书生

出 版 人　梁　志
策划编辑　文龙玉
责任编辑　章勤璐
助理编辑　周冬辉
营销编辑　俞方远
封面设计　周泽云
责任监印　黄菲菲

出版发行　漓江出版社有限公司
社　　址　广西桂林市南环路 22 号
邮　　编　541002
发行电话　010-65699511　0773-2583322
传　　真　010-85891290　0773-2582200
邮购热线　0773-2582200
电子信箱　ljcbs@163.com
网　　址　www.lijiangbooks.com
微信公众号　lijiangpress

印　　制　天津嘉恒印务有限公司
开　　本　710 mm × 1000 mm　1/16
印　　张　21
字　　数　330 千字
版　　次　2021 年 12 月第 1 版
印　　次　2025 年 10 月第 11 次印刷
书　　号　ISBN 978-7-5407-9152-0
定　　价　50.00 元

目 录／Contents

第二章　培养什么样的学生

第三章　班级管理人性化

第四章　日常管理自主化

第五章　个案处理个性化

第六章　集体生活特色化

第七章　高效学习有方法

第八章　写在教育边上
——日记摘抄（228 则）

自　序

我属于愿意当班主任的那类教师。我总觉得，做教师而不当班主任，那真是失去了增长能力的机会，吃了大亏。

“人生七十古来稀”，这是古人的看法，现在咱们中国人的平均寿命已经到70岁了。咱们国家正在普及九年义务教育，一个人读1年学前班，再念完9年书，即使不上高中大学，也有10年光阴是在班级中度过的。10年，占了一般人生命的七分之一。

这是人生筋骨血肉成长最快的10年，是人生喜怒哀乐感情最丰富的10年，是人生意志品质形成的10年，是人生智力才能发展最快的10年，是人生变化万千的10年，是决定一个人今后命运的10年。

班集体，人们“生”于斯，长于斯，变化于斯。在其中时，关心她，爱护她，为她吃苦，为她的荣誉奋斗；离开她后，留恋她，想念她，回忆她，魂牵梦绕着她……这怀念的感情经过滚滚滔滔的时间长河的冲刷，非但没有消失，反倒经年累月越积越深。许多人愈到晚年，对其思之愈切，念之愈深。

班级和人生维系得这么紧密，班主任这一职业便具有了一定的诱惑力。

班级像一座长长的桥，通过它，人们跨向理想的彼岸。

班级像一条很长的船，乘着它，人们越过江河湖海，奔向可以施展自己才能的高山、平原，乡村、城镇。

班级像一个大家庭，同学们如兄弟姐妹般互相关心着、帮助着，互相鼓舞着、照顾着。一起长大了，成熟了，便离开了这个家庭，走向了社会。

我常常觉得班级更像一个小社会，社会上有什么，一个班级便可能有什么。学生走出家庭，通过在这个小社会实习，才具有了一定的适应大社会的能力。

既然是社会，就有一个管理问题。

社会如此，家庭如此，企业如此，机关如此，班级亦然，都有一个管理得是否合理的问题。管理得不好，大家在堡垒里拼命战斗，先在窝里斗得头破血流，还谈何发展自己，谈何超越自己！管理得好，大家在集体中形成合力，互助协作，合力大于分力之和；每个人都发挥了潜力，多做了事，集体增强了实力，超越别的国家、超越别的集体才会成为可能。

我已教了近 18 年书，当了 17 年的班主任，可惜，我不能倾全部心力于班级工作，就支付给班级管理的时间而言，我是个不合格的班主任。这 17 年中，我当了 7 年多副教导主任，当了 7 年多书记兼校长。

除此之外，我还做了以下一些实事：

分别为我所任的 30 多个社会兼职（例如全国教育科学规划领导小组成员、全国中语会学术委员会副主任、全国中学学习研究会理事长等）尽一部分责任。

在国内外的海陆空中跑了 50 多万公里，参加各种会议、讲学，办各种杂事。

在全国 30 多个省、直辖市、自治区及港澳地区做了 550 多场报告。

在全国 30 多个省、直辖市、自治区及港澳地区讲公开课 480 多次。

接待全国 28 个省、直辖市、自治区的 36000 多人次来校听课、访问、指导。

处理了 11000 多封国内外来信。

写了 210 多万字的日记，发表了 100 多篇文章，主编的 10 多本书、论文集、专著已出版。

我像个埋头种地的农民，我喜欢在自己班级的田地里耕作，但又不能不到别的地里去干活，这自然挤占了我本来可以用于班级管理的时间。

尽管如此，我的一届又一届的学生都能够顾全大局，紧密团结，互相关心，互相帮助，没有在堡垒里战斗却组成了一个战斗的堡垒，大家形成合力，取得了大于分力之和的效果。

不少青年教师问我：“时间这么少，还能当得成班主任，您主要靠什么？”

我说：“主要靠两大点，一小点。两大点，一是民主，二是科学；一小点就是引导学生强身健体。”

“您能说得详细一些吗？您写成一本书该多好啊！”许多青年教师这样向我建议。近十年来，先后有十几家出版社的同志催我把这本书写出来，我总觉得不成熟，便拖着。催的人越来越多，不好再拖了，半年前便开始写。

我想，自己写的应该是一本记录自己怎么做的书，而不是告诉人家要怎么做的书。为了让青年班主任读起这本书来能够轻松一些，于是许多篇章便像同读者谈心似的，平时怎么想了，怎么说了，怎么做了，也就怎么写出来了。

从现在起，“文革”前参加工作的老班主任将陆续离开自己倾注了毕生心血的岗位，一批批青年人将要走上这个神圣的位置。班主任工作归根结底要靠青年人来开创新局面，我愿把这本书献给刚刚走上或早已走上这一神圣岗位的青年班主任们，愿和大家一起来商量、探索提高班级管理效率的方法。大家一起来想办法，把这项许多人都感到又苦又累的工作，干得轻松，干得快乐，干得效果更好一些。

世界也许很小很小，心的领域却很大很大。班主任是在广阔的心灵世界中播种耕耘的职业，这一职业应该是神圣的。愿我们以神圣的态度，在这神圣的岗位上，把属于我们的那片园地管理得天清日朗，以使我们无愧于自己的学生，以使我们的学生无愧于生命长河中的这段历史。

1993 年 5 月

编辑的话

魏书生是中国教育界的传奇人物，他以严整、科学、极具前瞻性的教育理念，与学生互动的教育方式，引导学生自主学习的教学方式，民主科学的管理指导思想，引领了新一轮教育改革的方向。他从教 40 多年，身兼社会职务 40 多项，却始终不离教学第一线，坚持上语文课。即使在任盘锦市教育局局长后，除坚持上课外，他还做着不挂名的班主任工作。

由于成绩卓著，魏书生先后获“国家有突出贡献中青年专家”、首届“中国十大杰出青年”、“全国十佳师德标兵”、“全国劳动模范”、“五一劳动奖章”、“全国优秀班主任”等殊荣，当选为中国共产党第十三次、第十四次、第十五次、第十六次、第十七次连续五届全国代表大会代表，被授予改革开放 30 年“中国教育时代人物”称号。

《班主任工作漫谈》《教学工作漫谈》《好父母　好家教》《好学生　好学法》是魏书生的经典著作，以班主任工作、教学工作、家庭教育、学生学法指导为主题，涵盖了全方位的教育、教学、管理策略和实施方法。自从出版后，得到了广大教师的追捧。特别是《班主任工作漫谈》《教学工作漫谈》[原名《魏书生文选》(1、2 卷)，2005 年修订改版] 影响巨大，畅销了近 30 年！很多学校、教育机构用以培训教师，很多教师直接对照着书进行工作，迈开了教改的步子。著名教育专家李镇西、卢志文、干国祥等回忆初为人师时都说，魏书生的书曾给了自己很大的激励和影响。

随着教改的深入，魏书生著作的市场需求量更大。我们与作者重新修订图书，使作者的教育教学管理思想精髓更清晰地呈现，正本清源，以飨读者。

追随经典，历久弥新。时间会流逝，但教育家的风范、情怀和智慧，一直闪耀着光辉。

愿我们的努力能给您带来一点裨益。

2021 年 12 月

第一章

做什么样的班主任

我认为一个人首先要适应环境，享受美好人生。生活不能没有理想，但人类不能以理想主义的目光苛求生活。当代人应该为生活在这千载难逢的太平盛世而满足。少埋怨环境，多改变自我。人应学会自我更新，今天的我应该比昨天的我有新的认识、新的发现、新的能力。只要不断更新，世界在我眼里就总是新的。

多改变自己，少埋怨环境

1978 年 2 月 20 日，我经过 6 年的努力，终于实现了自己教书的夙愿。

面对的环境并不尽如人意。两栋平房之间一个低洼的大操场，四周连围墙都没有，这便是盘山县第三中学。

平房内部还没有顶棚。这样，一位教师讲课的声音便会穿过顶部的人字架，到达第二、第三乃至第四个教室，大家就这样互相干扰着上课。那时房顶还没有扣瓦，上课时抬头，透过木板缝可以看到蓝天白云。冬天下雪，有的雪花碰巧可以直接飘到室内来。除了教室，没有一个实验室。

刚到校，领导便分配我做班主任并教两个班的语文课。学生呢？也不尽如人意，初二(6)班还不错，初二(8)班可就难了。56 位同学全是男生，是从各个班选出来的学习“后进生”。他们爱玩，怕上课，有几位同学填学生登记表，连父母的名字都写不对。问他，他却埋怨：“都怪我爸的名字太难写！”

面对这样的环境，我埋怨过，灰心过，也等待过，想等待环境好了，自己再好好教，自己再搞改革。

埋怨、灰心、等待的结果，是学生越来越难教，自己的脾气也变得更糟糕。一事当前，不是千方百计想办法战胜困难，而是先指责埋怨一番。用黄金般宝贵的光阴，换来一大堆无用的指责埋怨，这真是人生最悲哀的事情。

想等办学条件标准化了再改革；想等教师地位提高了，自己再安心教学；想等社会上的厌学之风改变了之后，自己再认真教书；想等所有的人都努力工作之后，自己再努力。这样坐等空想的结果，不仅自己没有改变的希望，还可能因为自身的弱点使外界条件更不如意。

我体会到，比较有效、比较实际的做法，是先从改变自己做起。用七分力量去埋怨、指责环境，可能也不见一丝一毫的效果，有时甚至会适得其反，助长别人的愚昧和自己的野蛮。但只要省下七分力气中的一分，用来改变自己，就能使自己发生变化。

埋怨环境不好，常常是我们自己不好；埋怨别人太狭隘，常常是我们自己不豁达；埋怨天气太恶劣，常常是我们抵抗力太弱；埋怨学生难教育，常常是我们自己方法少。

人不能要求环境适应自己，只能让自己适应环境。只有先适应环境，才能改变环境。

从这样的认识出发，我面对现实，千方百计改变自己的教育教学方法。不长时间，我任班主任的班级，班风有了明显的变化，那个全是男同学组成的班级的学生和我成了朋友，他们也帮着我搞教学改革，帮我设计公开课，学生们的学习热情出人意料地高。

教书不到半年，组织上便要我做教导处副主任，推辞不掉，我只好改变自己教书当班主任的方法，研究边负责 1500 多名学生的思想教育、边兼班主任教语文课的方法。1986 年 3 月 14 日，市委组织部任命我做学校的校长兼党支部书记。学校被特殊批准为辽宁省重点中学，并更名为盘锦市实验中学。这几年，在国家教委及省、市主管部门的支持下，学校办学条件有了明显的改善：新建了教学楼、实验楼和办公美育楼三座楼房；不仅有了标准的理、化、生实验室，还有了体、音、美专用教室，设备先进的电子计算机操作室、语音实验室；有了四通打字机、摄像机、复印机等设备。校园内还建了假山、喷泉、植物园……昔日简陋的办学条件已成为历史的回忆。昔日不尽如人意的条件没有了，新的不尽如人意的事情又出现了：新上了许多设备，这些设备的保管、维修不精心；一些专用教室使用率不高；房子多，设备多，水费、电费、维修费也跟着成倍增长……

可见，人总要面对一个不尽如人意的环境，总要从改变自己做起，才能适应环境，进而使环境朝着如人意的方向改变一丝，改变一毫。

多互助，少互斗

1984 年 11 月，我在桂林“漓江之秋语文教学周”上做完大会报告后，赶到杭州，讲了一天怎样当班主任，紧接着，又应上海《语文学习》之邀，在上海向千余位教师汇报自己教语文的观念与方法。当时上海市教育局杭韦局长从头到尾听完了我的报告。

第二天，我又应邀到上海师大，在大会上谈当教师的体会。散会以后，一些学生围住我说：“魏老师，听您一谈，当教师真是又轻松又愉快，我们也盼望快毕业当教师、当班主任，请您给我们写一句最重要的话，来表述怎样才能当好班主任。”

我想了一会儿，便写了这样一句话：“坚信每位学生的心灵深处都有你的助手，你也是每位学生的助手。”我到过祖国各地许多师范院校做报告，从祖国北疆的齐齐哈尔师院、东北师大，到南方的广东教育学院、深圳师专；从西部的新疆大学、陕西师大，到北京师大、首都师大……散会以后，都有很多学生围着我，让我写当教师、当班主任应该记住的最重要的一句话，于是我便把上面这句话，一次又一次地写在大学生们的日记本上。

这是我教书当班主任以来感受最深的一点体会。

这是我教书当班主任的一条最根本的原则。

我坚持这条原则时，工作就顺利，就成功。

我忘记或不自觉地违背这条原则时，工作就受挫折，就失败。

1991 年，有人问我：“魏老师，您又当书记，又当校长，还当两个班的班主任，教两个班语文课，除此之外还有 29 个社会兼职，每年要外出开 4 个多月的会，在校还要不断接待全国各地的客人，还要处理四面八方寄来的信件，还要写书，写稿件。您靠什么带班教课呢？”

说心里话，如果没有学生的帮助，我早就不能带班教课了。

1987 年 10 月，我去香港考察，未及返校便去参加党的十三大。当时我正任两个毕业班 135 名学生的班主任，并教这两个班的语文课。我外出期间，学生轮流管理班级，语文课全凭学生自学。20 多天后我开会归来，请同学们表决，是否可以占用一节自习，补一补语文课，两班同学全都强烈反对。为什么？他们感觉老师不在家时，自己进入了老师助手的角色，能管理好自己，能学好语文。

1991 年，毕业的两班学生人数比上届还多，达到 146 人。我跟大家谈心说：“老师依靠什么当班主任，依靠什么教语文？就依靠在座的各位助手。在座的 146 位同学都是我的助手，都是我的副班主任，都是我的语文助理教师。大家都成了老师的助手，那么我直接支付给同学们的时间即使再少些，我们的班级也能管理得井井有条。反过来，同学们倘不是老师的助手而是对手，那就坏了。我这个人很笨，不会和人家作对，不要说 146 位对手我对付不了，就是一位对手，我都对付不了，我害怕人与人之间对立。”

1. 多互助。

其实，师与生之间真能建立起互助关系。

6 年多来，我一直要求全校专任教师和兼课的校长主任们，都要和一位学习困难的“后进学生”交朋友，建立互助组。

我跟老师们讲：“咱们不要埋怨学生难教，教师埋怨学生难教，就像医生埋怨患者难治一样，医生埋怨患者得的病太重，就不给治了，那他的医术不会高。医生的医术是在治疗疑难杂症的过程中提高的。教师的教育水平也是在把难教的学生教好的过程中提高的。从这个意义上讲，“后进学生”帮助了咱们，帮咱提高了教育水平。当然咱们也帮助学生提高了自我教育能力，所以咱们这个组织叫互助组。”

其实，细细想来，人世间好多事都是这种互助关系，帮助别人的同时，你已经得到了帮助。

要做到“坚信每位学生都是自己的助手，自己也是每位学生的助手”不容易。

班主任常常觉得那些班干部、好学生能帮自己做工作，而那些淘气的学生就不是助手甚至是工作的阻碍。这样思考问题，就真的容易把助手逼到对手的位置上。

教师必须坚信，学生不管多么难教育，他们毕竟是青少年，他们的内心深处一定是一个广阔的世界，而世界必然是假恶丑与真善美并存的世界。

十多年来，我在全国各地反复劝说青年班主任，一定要具备挑动学生自己斗自己的本领。当教师挑动学生内心深处真善美与假恶丑开始斗争抗争的时候，教师就在学生的心灵深处找到了自己的助手。凭着这些助手的力量，就能管住学生内心深处的假恶丑。

不管学生多气人、多淘气，当他站在你面前时，你都要坚信他内心深处总会潜藏着你的助手。你要穿透学生那使人生气的表情，看到他那广阔的内心。

教育学生的时候，力争不站在学生的对面，让学生怎样，不让学生怎样，而要力争站在学生心里，站在学生真善美那部分思想的角度，提出：我们需要怎样，我们怎样做能更好。这样，学生会感到你不是在训斥他，而是在帮助他，你真是他的助手。

一旦和学生建立了这种互助关系，就会进入左右逢源的教育境界。

2. 少互斗。

1974 年初，寒流滚滚，“文革”运动逐渐升级，又推出了一个新的运动，号称“批林批孔”运动。

当时我正在企业，眼见自己的工厂——盘锦地区电机厂被一个又一个政治运动冲击得千疮百孔，产品、设备、人员在盘锦都是数第一的厂由于忙着搞运动，弄得总摘不掉亏损的帽子。

那时我被确定为厂级领导的接班人，工厂的规章、制度、年计划、年度工作总结、五年规划都出自我之手。我对无休止的政治运动深深厌恶，兼之我对孔夫子有好感，便提出“对孔夫子应一分为二”“孔子毕竟是中国历史上最伟大的哲学家、思想家、教育家”。

今天看来，这些话无可非议，但在当年却犯了大忌，我成了对抗运动的典型。从盘锦地委、地区工业局党委到工厂，成立的专门针对我的调查组、专案组的成员就有 19 人之多，实在是浪费了不少人力。

我写的日记、文章、稿件共 60 多万字都被局保卫科、政工科搜去，某个“党性高”的领导从中找出了“否定‘文化大革命’”“攻击革命造反派”“鼓吹唯生产力论”等各种各样的“反动言论”共 108 条，串联在一起，便大叫：“魏书生有一个完整的反动思想体系，绝不是一般的问题！”

于是我被停职反省，紧接着是大会小会批判。最多的时候，我一天要挨三回批判。那时的批判实际是不讲道理地扣帽子，有的人没文化但很“左”，用谩骂代替扣帽子，什么难听骂什么。记得有一次停电，厂里便点着蜡烛一直批我到深夜，批判者换着班去吃饭了，我一直在那饥寒交迫地坚持着。散会后，身心都陷入深深的痛苦之中。这时，我的小屋子的小气窗被推开，一位老干部悄悄递进一包东西。我接过来，她便走了。我打开一看，原来是几个还有热气的包子。

我挨批判后，下车间劳动。两年以后，“四人帮”就折腾完事了。他们一倒台，我的那些“反动言论”就都不成立了，于是我又当了干部。这时有人问我：“你能饶了他吗？”“谁呀？”“给你挑出 108 条反动言论的那个官呀！”“不饶怎么办？”“他批你，你现在也该批他，让他难受难受。”我说：“算了，这样批来批去哪一年算完？还耽误了干正事。”“那你怎么想？”“我衷心希望他能成为党的好干部。人家成了党的好干部了，对他的妻子儿女、父母亲朋，对党和人民的事业都有好处，咱自己不是也多了一个知己吗？”

这样尽可能地少互斗，使我节省了不少时间。

如果有谁问我：“魏书生，这十多年来，你的工作负担越来越重，为什么你的精神却总显得很轻松？”真心诚意地说，那是因为我没有对手。这些年来，我没有和哪个人作过对，没有整过哪一个人，即使对于有很多缺点的人，我也是能救则救，救不了置之不理，但决不害他，决不逼着他犯更多的错误。

8 年前，有人告诉我：“咱们学校的老师对你都挺好，了解你的为人。但有那么一位老师总嫉妒你。”我说：“应该嫉妒我呀，我才教了 6 年书，就被评为特级教师，确实使人嫉妒。”

“嫉妒就嫉妒吧，他还给你造谣，编瞎话，他太对不起你了。”

我说：“要说对不起，是我对不起人家。”

“你们以前认识？你做了什么对不起他的事？”“不，以前我们素不相识。”“那你有什么对不起他的？”

我说：“正因为素不相识，人家却肯舍出一部分脑细胞来给咱造谣。倘没有我，人家用这点脑细胞学习工作，干点什么不好，人家冒着降低人格的危险给咱造谣，容易吗？”

当年的批判，起到了帮我认识社会、开阔胸怀、磨炼意志的作用；今天的谣言，当然更能起到激励我前进、促进我努力的作用。人家帮助我进步却浪费了自己的脑细胞，还降低了自己的人格，难道不是我对不起人家吗？

后来我和这位老师见了面，我满怀歉意，很自然地和人家相处，以至他由过去的造谣说坏话，变成背后经常说我的好话了。

我想，在人世间，人与人尽可能不要斗起来，不要对立起来，这样对双方都有好处。我总想，对正常的人来说，我们日常接触到的，基本都属于好人，都属于“人民内部矛盾”。大家忍一忍、让一让，相互都会变得比昨天开阔，有缺点的人也会受到感动。如果非要对周围的人追究整治，不依不饶地无情斗争，那就容易把好人也逼成阶级敌人。“文革”中的教训难道还不够沉痛吗？

有的做出成绩的青年班主任，很难过地同我谈心：“我们也愿当班主任，愿搞改革。搞班级管理做出了成绩，起初很高兴得到了肯定，受到了褒奖，但紧接着嫉妒来了，闲话来了，谣言也来了。我们真忍受不了这东方式的嫉妒。魏老师您说，我们该怎么办？”

我真不知如何告诉他们该怎么办，我只好讲自己挨批判、遭嫉妒的经历。讲自己尽可能容难容之人，尽可能变对手为助手的观点。我想，在东方式的嫉妒最近几百年不可能根绝的情况下，我们只能够通过改变自己的观念，求得心理的平衡，以不耽误自己的工作。倘若真的跟低层次的人斗起来，那不仅会耽误自己前进的路程，更可悲的，会降低自己的人格。因为在通常情况下，跟低层次的人争辩，你需用低层次的观念、低层次的动作表情，以及低层次的语言，才显得相称。你愿意这样做吗？

独木桥上两人相遇，谁也不肯相让，不愿先退回来让对方过去，于是两人在桥中对立着、坚持着，都想当胜者，其实此时，他们已经都是失败者了。首先他们都已成了鼠目寸光、低层次的人；其次，他们都已失去了想要得到的东西——抢先过去的那段时间，并且不知已失去了几倍于那段抢先过去的时间。

节省互斗的时间，是人们应该懂得的生活艺术。

多学习，少批判

1979年，我开始搞班级管理自动化的试验，引导学生增强自我教育能力，引导班干部管理班级。我的好多事务性工作都由班干部去做了，同学们很高兴，班级凝聚力明显增强，纪律好起来了，学习成绩提高也较快。

我大部分时间忙于全校学生的思想教育、纪律管理，班级工作大部分由学生做，尽管效果好，个别专家却来指责："这符合凯洛夫的'三中心'吗？这么搞还要老师干什么？"

人家批我，也触发了我那根批判的神经，于是我也批判人家。我说："凯洛夫是苏联人，没有教育实践经验，写完《教育学》之后才当了一年中学校长，为什么他写的书，过了这么多年，我们中国人还非要奉若神明呢？"

为了使我的批判有理有据，我确实用了不少时间，浪费了不少精力。待到自己批判累了，还耽误了不少正事时，才猛然醒悟：自己"文革"中得的"批判病"又犯了。

"文化大革命"中，《人民日报》曾发表过《我们是旧世界的批判者》的社论。于是乎一些喜欢批判的人手之舞之足之蹈之，上蹿下跳，四面出击：天地君亲，江河山川，花鸟草虫，古往今来之人，国内国外之事，几乎无所不批。大字报铺天盖地，帽子棍子充斥各个角落，直批得是非颠倒，黑白混淆。

其中一些以批判家自居的人，实际是一群迫害狂、嫉妒狂。自己写不出像样的东西，便拼命批判别人的作品；自己不会搞什么像样的建设，便千方百计对别人建设好的东西进行批判。这倒很像非洲的一种树，永远长不成材，但毒性很大，也不许别人成材，在它周围数尺之内，寸草不能生存。

遗憾的是，不仅仅几个批判家失去了做人的尊严、做人的意义，更有害的是一些本来善于做实事、善于学习的人也被“做批判家”的口号所毒害，沾染上了“凡事批三分”的毛病。

良知提醒我要治疗凡事好批判的病，因为这病的危害很多。

1. 滋生吹毛求疵的坏习惯。

据说衡量批判家水平高低的重要标准，就是看敢不敢批大家都认为真善美的东西，敢不敢批大学问家都认为正确合理的东西。倘从浅薄的角度去挑真理的毛病，当然也不是挑不到，只是这样挑的结果，只能养成一种从太阳中寻找黑点的病态心理。

2. 变得孤独。

当以批判家的眼光看周围的人时，必然疏远了和周围同志的关系，塑造了一个封闭孤独的自我。个人如此，国家亦如此。“文革”中，我们又是批美帝，又是批苏修，又是批西欧老牌资本主义，于是产生了孤独感。

3. 容易学坏。

每天寻找不好的东西进行批判，如果头脑没发昏，批的真是假恶丑的话，那就容易应验一句话：“久在河边站，哪能不湿鞋。”不能设想，满脑子装满了别人缺点错误的人，自己反倒有许多优点长处。

4. 失去学习机会。

忙着去寻找别人的缺点，自然无暇顾及别人的长处，自然就失去了学习别人优点的机会。

5. 浪费生命。

偶见严肃的批判家在建设中发现问题不得已而批之，但他们首先是建设者。纯粹的批判家，可能本来有才华，只因以批判为职业，除骂人批人外，没留下像样的东西。对别人的害处且不论，这样做岂不是白白浪费了自己的生命。

我对批判的弊端逐渐地加深着认识，便努力医治自己喜欢批判的毛病，不断叮嘱自己要以吸收的眼光面对人生、面对社会、面对宇宙。

还在中学读书时，我便想：任何真理都有一定的时空范畴，如果多走一小步就会成为谬误。那么反过来，是否存在它的逆定理：任何谬误在一个极特殊的时空范畴内会成为真理？我想证明这个逆定理的存在。

我在学习教育理论时，既学孔子、陶行知、凯洛夫这些为学术界肯定的教育家的著作，也看蔡元培、杜威等争议较大的人的一些观点。有道理的吸收，大的方面没道理的，想想它在哪一个特定的条件下可能有些道理。我提出教师要为学生服务的指导思想时，就曾从杜威的儿童中心主义观点中受到启发和鼓舞。

与人交往时，从吸收学习的角度出发，益处也很多。对周总理、雷锋、华罗庚，我们理所当然地要吸收学习他们的高尚品质与横溢的才华。对周围普通的同志，也应该想方设法学习他们的长处。即使对那些短处很多、错误很多、大家都瞧不起的人，我也叮嘱自己，少看他的短处，多看他的长处，这样于己于人都有利。我总想，别人有短处，我没看到，自己并不失去什么。别人有长处，自己没学来，就失去了充实自己的机会。再退一步讲，就是对林彪这些错误很多的人，也不要全盘否定。在历史上他们对我们的国家、民族都做出过不同程度的贡献，他们个人在认识上、能力上总还有一些值得肯定的方面，把他们坚决、果断、机智等长处吸收来，总比全盘否定更有利些。

用学习吸收的观点看待别人、看待学问、看待事物，会使人变得强大、乐观、胸怀开阔。我喜欢这样想："不管你有多少缺点，不管别人对你的评价如何，反正我要学习你那些长处，要把它拿来变成我的。"

一位班主任有什么样的观念，常常影响到学生。倘班主任喜欢批判指责，一班学生纷纷效仿，大家互相批判指责起来，一个班级就会分崩离析。班级乱了，谈何管理，谈何学习。

我总引导学生多学习，少批判，大家互学长处，长处越来越多，大家关系越来越融洽，班级就好管理了。

多抢挑重担，少推卸责任

1991年7月17日，我自成都飞抵西藏贡嘎机场。

踏上高原，感觉置身画中，阳光明丽，草翠山青。高原上的山石草木都比平原上的看起来更清晰、明亮，大概是空气稀薄，且又很少有污染的缘故。

刚到，人们都劝我多休息，说是报上登了：“赵本山到西藏演小品要吸氧气，冯巩来说相声，刚下飞机便进了医院。”拉萨市孔繁森副市长对我说：“休息几天再讲吧！这里的空气只及平原的60%多，中央有位领导来视察，一下飞机便进了医院。你讲课时间长，体力消耗大，一定要多休息几天，体力恢复了再讲。”

我说，还有别的会等着，只能休一天，明天就开始讲吧！

“那怎么行，累坏了怎么办？”“累坏了我就不讲了，就休息嘛！”

第二天，在拉萨市政府礼堂，我开始讲课。讲了20分钟还行，30分钟还可以，一小时感觉良好，中间没休息，一直讲到中午。上午感觉挺好，下午又讲了半天。这一天我讲了教育改革的指导思想。

第三天，我讲了一天，讲的是怎样管理班级，怎样做一位好班主任。

第四天，我先给西藏的学生们讲了两节语文课，接着又谈怎样教语文。

第五天，我讲怎样当校长、书记，怎样管理学校，一直站着讲，讲到1点过10分。我说：“各位老师，我明天早上5点钟就要奔飞机场离开西藏。这是我第一次来拉萨，拉萨市容还没看，请允许我到此结束，剩下半天时间游览，行吗？”全场老师都笑了。但大家还不放过我，要照完相再走。于是各个单位轮流合影，到2点15分，我才走下舞台。

下午，参观了大昭寺、小昭寺和市郊的古寺。

晚间回到日光宾馆，一看房间里坐满了人，等着我座谈。谈到半夜12点5分，送走了副市长、教体委主任、教体委副主任等领导和教师。

第二天早晨5点钟，副市长、教体委主任等领导又起来给我送行。孔副市长说：“在拉萨这样的高原地方，连讲3天半课，这么繁重的劳动，西藏当地人也讲不了，你能承受得了，有什么秘诀吗？”

我想了想，回答说：“要说有秘诀，就只有一个，那就是：平时多抢挑重担，少推卸责任；多干活，少闲着。这样，体力就好，适应能力就强。”

我从在农村学校当班主任至今，共当了17年班主任。17年来，我从没请过一天病假，也没花过党和人民一分钱药费。有人问我不得病的原因是什么，我觉得原因也在于平时多干活，少闲着。

在老区开会，去宾馆、剧场，有四五里路，我都是步行。有人看见了，问：“魏老师，怎么不骑自行车呀？”“我在锻炼，在占便宜。”

到新区开会，往返20公里，倘时间允许，即使是数九寒冬，我也爱骑自行车去。有的领导遇到了，问：“魏老师，怎么不坐车呀？”我们学校有3台东风大卡车，有面包车，还有伏尔加轿车（去年市领导又把我的伏尔加换成了一台桑塔纳）。见我有车不坐，有人便说：“典型难当呀！魏书生得注意自己的形象，给国家省汽油。”在全市干部大会上做报告时，我讲了自己的观点：“在骑自行车开会这个问题上，我真的一点都没想党和国家的利益。那我为什么骑车不坐车呢？实在是出于自私自利的目的，想占一点小便宜——白捡一次锻炼的机会。20公里路，一边骑，一边锻炼，还增强了体质。”

人就是这样，有动的机会，有锻炼的机会，不能白白丢掉，要紧紧抓住。生命在于运动，多锻炼才有较强的体质。

工作也是如此。我多次和青年教师谈心：“每月给你200元工资不变，面前放着两副工作担子，一副100斤，一副200斤，挑哪一副占便宜？”有的青年教师说：“当然挑100斤占便宜。”我问：“为什么？”答案是省了力气。我觉得不少青年人能力差，工作平平，原因恰在这个观念上，工作挑轻的，力气是省了，增长能力的机会也放过了。

人的能力强是工作多逼出来的，铁肩膀是担子重压出来的。有的青年人推卸掉领导让他担任的班主任的担子，自以为是占了便宜，实质是把机会、把能力推出去了，把自己变得无能力。另一部分青年人抢挑重担，抢着当班主任，抢着当比较乱的班级的班主任，他便抢到了一个增长能力、锻炼自己、显示自己才干的舞台。在这个舞台上，他开头的表现不会很出色，但随着实践机会的增加和学习的深入，他定能成长为成熟的班主任，一定会具备驾轻就熟管理班级的能力。而推卸了班主任重担，推卸了乱班班主任重担的人，一定不会有当好班主任的能力，一定不会有当好乱班班主任的能力。

同样，一年又一年上班工作，倘若一个人工作量不足，有充分的剩余时间没法消磨，便只好用闲思，或用忧伤，或用牢骚，或用闲话，或用百无聊赖的心绪，或用自责懊恼的感情，或用玩扑克、打麻将来消耗掉剩余的时间，一年又一年重复着自己低水平的工作。

抢工作干的人呢？如同没有时间叹息的蜜蜂，忙于工作，忙于学习，忙于提高，忙于自我更新。几年过后，便是一个能力强的班主任了。

我们的社会正朝着公平合理的方向发展，少劳不少得、多劳不多得、无能的人不少得、能力强的人不多得的可悲现实正在改变。如今，社会已进入尊重教育，尊重教师的时期，同时也对我们教师提出了更高的要求。

我们应该储备能力，增强能力，而增强能力的有效途径便是：多抢挑重担，少推卸责任。即使不是为了明天，仅仅为了使我们今天活得有价值，活得少一点懊悔，多一分自豪，我们也该多抢挑重担，少推卸责任。

选择积极角色进入生活

一天夜间，凉风习习，我到校园内跑步，然后返回教学楼，恰逢毕业班的同学晚自习休息，同学们三三两两地步出教学楼。我进了楼，想观察一下同学们晚自习课间活动情况。不料在面对我班的走廊处，听到两位同学正在吵架，吵得十分难听。我立即让那两位学生到我办公室。

一见到我，他们立即害怕起来。看他们起初那样子，我本想大发雷霆，见他们害怕，我的气又消了。于是我想，面对犯错误的学生，一位教师真的可以扮演十几种乃至几十种不同的角色。

我可以扮演一个大发雷霆的莽撞的角色，使自己生一顿气，也使学生生一顿气。

我可以扮演一个不负责任、听之任之的角色，结果学生愈来愈淘气，我的威信也越来越低。

我可以扮演有极丰富经验的教师角色，给学生分析吵架的弊端危害，帮学生订出避免吵架的措施，使学生佩服得五体投地。

我也可以扮演对学生只会训斥、挖苦一通，别的方面一筹莫展的角色，使师生之间有了隔膜。

我还可以扮演学生外祖母的角色，先施之以关心爱抚，再进行教育指正。

我又可以扮演学生的严父、慈母、兄长等角色，使学生感到亲人般的温暖和爱护，在温暖中改正错误。

我可以扮演学生的好朋友角色，扮演和学生一起淘气的伙伴的角色，再现学生淘气时的心理，然后使其心悦诚服地同我一起将他的错误思想捆绑起来。

我当然也可以扮演生理保健医生、心理诊疗医生的角色，分析学生犯错误的生理与心理原因，然后帮助其排除障碍。

……

总之，我面前虽是两位吵架的学生，我却不止有两种处理这个问题的选择。选择的角色不同，决定着教育效果的不同。

我选择了严父与心理诊疗医生的双重角色，先施之以爱，继而给予具体细致的心理分析。他们听着我的分析，既没有吓得胆战心惊，又对错误有了深刻的认识，对自我进行了有效的解剖。他们心悦诚服地接受了教育，并学到了控制自己犯错误的方法。我也为自己角色选择的成功而涌起一股欢乐。

我经常觉得，日常生活中，我们无时无刻不面对各种角色的选择。面对同一件事，我们可以扮演多种角色；在生活这个大舞台上，我们更扮演着多种角色。我们千万不能把自己封闭在一种角色里出不来。

选择积极的角色这个道理，我也经常跟学生讲。

我问学生："老师在大家面前是什么角色？"

"是我们的班主任，语文教师。"

"在全校师生面前呢？"

"是校长。"

"在我校 32 位党员教工面前呢？"

"是书记。"

"老师出了学校，走在大街上呢？"

"是行人。"

对了，这时我就不能把自己封闭在班主任的角色里。若走在大街上，对面来了人，我非要给人家当班主任，那不自找麻烦吗？

"到了十字路口，红灯亮了，我没看到，还往前走，这时我扮演什么角色了？""老师，那您就是违反交通规则者了。"既然是违反交通规则者，就不能想，我和交警支队队长、大队长都是好朋友，警察批评我，我不服。而应该扮演好违章者的角色，老老实实地挨批评，接受处罚，以后真心诚意地改正。

"老师到商店里呢？""您的角色就是顾客了。"

"在优秀售货员面前呢？""老师是被热情接待的顾客。"

"在刚和爱人打完架，装了一肚子气的售货员面前呢？""老师您完全可能成为出气筒。"

对了，把这些事都想通了，真的遇上那样的售货员，就不会想不通，就能想到当好出气筒需要多么宽阔的胸怀，需要多强的忍耐力，需要多丰富的心理学知识，这样把她的气给顺下来了，我们还增长了人生经验，丰富了知识，岂不一举两得？倘不愿进入这个出气筒的角色，她出气，你不让；她骂，你也吵，双方都不痛快，每人弄一肚子气，胸怀还容易变得狭隘。

“对医生来说呢？”“您扮演患者的角色。”

“对邮递员来说呢？”“您扮演住户的角色。”

“对政治家来说呢？”“您扮演一张选票的角色。”

“对化学家来说呢？”“您扮演化合物的角色。”

我算是获得荣誉比较多的教师，多次与党和国家领导人合影，先后和党的三任总书记合影 7 次，多次出席在中南海怀仁堂、人民大会堂召开的会议。人民大会堂的会议不要说在下面坐着，主席台上面我已经坐过 5 次了。有几次，正部长级干部被安排在我后面坐。有一次，我一回头，发现国务院发言人袁木在我后面坐着呢。此时，我就不好说：“袁老，您这么高的地位，怎么能坐魏书生后面呀？咱俩换一换吧。”你要求也不可能换，这样安排自有这样安排的道理，无须惴惴不安，很坦然地演好教师代表这个角色就是了。

但日常生活中就绝不能总惦记这会啦。日常生活中，我想得最多的，就是我跟卖冰棍的老大娘，跟卖白菜的老大爷，在人这个意义上是完全画等号的，咱一点不比人家高。我总想，地球上不少麻烦事就是有人总想高人一头造成的。高人一头，还是人吗？他们想成为不是人的东西，骑在老百姓头上，老百姓就不让，于是便斗争起来。

总想着自己在人格上和最平凡的劳动者一致，这样便能演好自己“人”这个角色。如果非要说自己和卖冰棍的有什么不一样，那就是咱比人家工作条件好，咱比人家人生机遇好。既然这样，那就该更加勤奋地学习、更加努力地工作才对。

1991 年暑期，我从西藏讲学归来，要赶到哈尔滨参加全国中学学法研究会第二届年会。我请西藏方面买 7 月 26 日由成都飞哈尔滨的机票，他们说都已联系好了。不料一到成都，说是没有这天赴哈尔滨的飞机。我非常着急，因为哈尔滨 2000 多人的大会、350 人的讲习班、146 人的代表会都在等着我，因我是全国中学学法研究会的理事长。没办法，我只好 26 日改飞沈阳，到沈阳已是夜里 9 点多钟了，我赶到沈阳站买了一张站票，好不容易挤上了火车。

这时站在拥挤的车厢里，我便想，此时我的角色是挤火车者。怎样演好这个挤火车者呢？站在那里研究人们的表情，研究旅客们的动作，研究旅客语言和他们职业、性格的关系。这样研究着，我忘记了疲劳，感觉兴味盎然。正在高兴时，左边来了一个人使劲撞了我一下，我觉得撞得有理，因为我站在过道中，人家要走过去，不撞我怎么办。我朝人家笑笑。又过了一会，右边又来了一位，照我脚面踩了一脚，我觉得踩得也没什么不对，便连说没关系、没关系，说得他也不好意思起来，只好来了一句“对不起”。

倘若不寻找积极的角色来扮演，明明是挤火车者，却不肯安心，总是牢骚满腹，一百个不平，一千个气愤，甚至埋怨：“人民大会堂主席台还有我的座位，怎么坐火车反倒连个座都没有？！”这不是自我折磨吗？

在火车上对乘客而言，我是挤火车者；在沈阳市内我只是五百万市民之一；对全人类而言，我只是五十亿分之一，微不足道的一粒沙子。换个角度，有什么不微小呢？地球在太阳系还算个东西，太阳像西瓜那样大，地球毕竟有豆粒那么大。到银河系呢？还有豆粒那么大吗？不也成了一粒尘埃吗？

变换角度思考问题，选择积极的角色进入生活，容易使人成为一个成功者。

专业阅读，提高班主任工作效率

刚当班主任的青年人没有经验，要做好工作、提高效率，比较有效的方法是读几本关于班主任工作方面的书。这些书，一般都是有经验的班主任十几年、几十年工作的总结，有的是人家毕生心血的结晶，从他们的成功中我们学到经验，从他们的失败中，我们吸取教训。他们用过的许多方法，我们也能照着用；导致他们失败的做法，一般情况下，我们也不可取，即使硬要试一试，他们的失败也告诫我们用起来要谨慎小心，以免重蹈覆辙。

这些年，我读过十几本关于班主任工作的书，其中看的次数最多的是《班主任》这本书。

这本书是苏联恩·伊·包德列夫编的。人民教育出版社根据 1955 年莫斯科俄文第二版译出，于 1956 年 9 月出版，到 1982 年 6 月第 11 次印刷时，已印了 166200 册。全书共 30 万字。

这本书分为 10 章。

1. 班主任的作用和任务。
2. 研究学生。
3. 班上学生集体的组织和培养。
4. 班主任提高学生学业成绩的工作。
5. 班主任培养学生自觉纪律的工作。
6. 班主任跟本班少年先锋队和共产主义青年团组织的协同工作。
7. 学生课外活动和公益工作的组织与进行。
8. 班主任对学生家长的工作。
9. 工作的计划和考查。
10. 提高班主任的业务水平。

10 章共分为 46 节。如第 1 章又分 4 节。

1. 青年一代的共产主义教育是苏维埃学校最重要的任务。
2. 班主任是全班学生的教育者和教导工作的组织者。
3. 班主任工作的目的和基本任务。
4. 对青年一代的教育者——班主任——的要求。

又如第 4 章班主任提高学生学业成绩的工作，编者分为 5 个小节。

1. 争取达到优良的学业成绩是班主任最重要的任务。
2. 班主任为了提高班上学业成绩对学生集体进行的工作。
3. 班主任为了提高学业成绩对本班个别学生进行的工作。
4. 班主任对科任教师进行工作的内容和形式。
5. 班主任在提高学业成绩方面对家长工作的组织和内容。

我觉得这本书写得最好的是《提高学生学业成绩的工作》这一章。这一章的第二、三节我反复看，并加了批注，许多话下面加了着重号。例如，下面这些句子给我以多方面的启示。

> 班主任力图使学生为了提高知识质量和对学习的自觉态度而斗争；他力图在儿童集体中，形成有关学习的一些原则性问题的舆论。这样的一些问题是：对待学习的责任心，学生的互相帮助，消灭考试时偷看夹带的现象，消灭在考试时暗示和抄袭的现象。在班上对那些学习上的懒汉和那些只是珍惜自己的知识而不愿意帮助同学的学生形成不妥协的态度。
>
> 举行班会的经验证明，如果有关学业成绩的问题是由学生自己来讨论的话，那么，会议的效果就会大大地提高。
>
> 常常说明学业成绩问题的班的墙报，对形成舆论来说也有重大的意义。墙报是培养对本班学生成绩的集体责任感的许多种手段之一。
>
> 谈到学生中的友好帮助时，应该着重指出：这种学生共同工作的形式，不仅对成绩不好的学生有益处，对成绩好的学生的益处也不小。
>
> 优良成绩的获得多半由学生是不是爱好学习和他对学校的学科有没有兴趣来决定的。
>
> 有经验的教师在工作中采用各种方法来培养学生对知识的兴趣和爱好，其中的一种方法是游戏。
>
> 成绩不良的最普通的原因是：有些教师的教学水平低，由于往年的教学大纲使学生的知识当中有缺陷，学生不善于独立而系统地工作，对学习缺乏责任感。学生学业成绩落后有时是由于家庭环境不好和患病的原因。

如同这本书《第二版序》所说：“本书作者在研究和总结优秀班主任工作经验的基础上，对班主任工作的内容、组织和方法等许多重要的问题提供了一些建议和意见。”

由于这本书出版于 1956 年，以后又多次重印，在此期间，国内又没有更完整、更系统的研究班主任工作的专著，它便在我国班主任工作研究领域占据了近三十年的统治地位，我国班主任工作研究，我国许多班主任的工作实践，都或多或少地受到它的启示与影响。

我愿意向青年班主任介绍的第二本书，是苏联 B.M. 科罗托夫等编写的

《中小学班主任手册》(以下简称《手册》)。这本《手册》由苏联教育部组织编写，苏联教育出版社1979年出版。

《手册》着重介绍了不同年龄学生的特点及教师如何根据这些特点开展教育教学工作，并推荐了生动活泼的教育活动形式。

《手册》由李兴汉等人译成中文，1982年2月由中国农业机械出版社出版，一次就印了12万册。看来，那时，中国农业机械出版社的同志便有了较强的市场竞争意识。

这本书共分为5章25节，这5章是：

1. 关于班主任工作方法。
2. 关于现代学生的个性和普通学校教育活动的总任务。
3. 普通学校一至十年级学生教育的内容。
4. 全校性教育活动的示范形式。
5. 学校、家庭、生产单位和社会团体联合做好教育学生的工作。

其中第3章分为8节，分别介绍了一至三年级、四至六年级、七至八年级、九至十年级学生的基本特点和教育任务，以及教育活动形式。

第4章分为11节，介绍全校性教育活动的示范形式：全校性集体的组织机构及其组成——固定性和临时性团体；全校性集体的内部关系及校外联系；参加普及中等教育的工作，帮助学生树立认真的学习态度和发展求知兴趣；参加社会政治活动；高年级学生的社会公益劳动与培养他们的职业兴趣；确立共产主义道德、纪律和文明行为的准则；参加军事爱国主义教育工作；提高审美修养和发挥学生的创造才能；参加体育锻炼，开展体育活动和旅行活动，搞好卫生保健教育；树立和保持学校传统；学生的暑期活动。

第5章有6节：提高家长的教育学修养，学校和班级家长委员会活动的示范形式，企业中协助家庭与学校委员会活动的示范活动，小区委员会活动的示范形式，住宅、街道、村镇公众委员会活动的示范形式，改进学生家庭作业的布置工作。

这本书共17.1万字，244页，除了80页的附录，164页的正文中有106页是第3章，即一至十年级学生的基本特点和教育任务，教育活动形式的内容，这显然有助于班主任了解教育对象的一般特点。针对这些特点，《手册》提出了不同年级学生不同的教育任务。

谈到七至八年级学生基本特点时，《手册》中写道：

> 七至八年级学生是少年后期……他们的求知欲、才能和创造性都有了很大发展。
>
> 这个年龄的少年的兴趣已超出所学课程的范围，变得越来越广，越来越固定。他们不只是对科学发明、文学、医学、技术和艺术上的有趣事实发生兴趣，而且试图对这些事实进行思考，对它们做出自己的评价。……如果少年的兴趣得不到大人的指导，那么，这些兴趣也会沿着不健康的方向发展，变成无谓的消磨时间。
>
> 他们对道德品质的实质和周围人们的性格特点，以及对个人的品质和自我教育的必要性的认识，要比五至六年级的学生深刻得多。
>
> 升入八年级的少年，开始认真思考选择职业的问题，因此他们的学习兴趣将发生变化。
>
> 一般地说，学生在少年后期已经懂得如何用适当的方法来从事脑力劳动，但是他们并不总是运用这种方法。……学生在少年后期往往宁肯劳动而不愿休息，即便是休息的条件极其优越，也是如此。

《手册》还较细致具体地介绍了各个年龄阶段中小学生的特点，这便提高了教师认识学生一般特点的效率。

《手册》的附录用了80页，即全书三分之一的篇幅，共有10方面内容。

> 1. 普通中学条例。
> 2. 评价学校工作的标准。
> 3. 普通学校学生公益劳动的组织方法。
> 4. 普通学校学生暑期活动章程。
> 5. 普通学校学生体育章程。
> 6. 组织和开展普通学校学生行军、旅行、游览工作细则。
> 7. 关于正确安排教学教育工作的建议书。
> 8. 中小学学生标准守则。
> 9. 评定普通中学学生品行的细则。
> 10. 对学生实行奖惩措施的意见。

我自己感觉这本《手册》较之《班主任》少一些理论的演绎，少一些不说明问题的议论，其实用价值更大一些。兼之两者的出版相距 24 年，显然《手册》的时代色彩更浓一些。

我国也出版了一些班主任工作经验专辑和怎样当好班主任一类的专著，也有《班级教育管理学》等理论性较强的专著，在我书架上放着的国内十几本关于班主任工作的书中，我觉得实用性最强的是《新编中学班主任工作指南》。

这本书由辽宁师范大学、浙江师范大学、山西师范大学、河南师范大学的部分思想政治教育工作者合作编写，国家教委原副主任柳斌审阅了初稿，提出了修改意见，拟定并题写了书名。中国高等教育管理研究会理事长、教育界的老前辈于北辰同志撰写序言。1988 年 5 月，这本书由辽宁教育出版社出版。

《新编中学班主任工作指南》全书共五编。第一编为班主任工作总论，第二编为思想政治教育指导，第三编为学习指导，第四编为体育、美育、劳动教育指导，第五编为生活和课外活动指导。

这本书广泛运用教育学、心理学、管理学、美学、行为科学等科学理论，立足于中学班主任工作实际，着眼于当前中学生的现状，力图反映在社会主义初级阶段和社会主义商品经济条件下以及改革开放的新形势给中学带来的新思想、新观念和新问题，寻求培养有理想、有道德、有文化、有纪律的新一代的新方法和新途径。

这本书五编共 80 个问题，第一编 9 个问题。

1. 班主任的地位和作用。
2. 班主任的任务和职责。
3. 班主任的工作原则。
4. 班主任的思想和道德素质。
5. 班主任的能力及其培养。
6. 班主任的性格及其修养。
7. 班主任同校长、科任教师及其他方面的关系。
8. 班主任要树立正确的学生观。
9. 班主任工作的评估。

谈到班主任的任务时，书中写道：根据我国教育方针的要求，促进学生德、智、体、美、劳全面发展，是班主任的基本任务。

班主任工作责任重大，工作内容繁杂，概括起来主要的工作任务有如下 6 个方面。

1. 抓好学生的思想政治教育。
2. 搞好班级的日常管理工作。
3. 教育学生努力学习，关心学生身体健康。
4. 指导学生团队活动。
5. 指导学生课余活动和业余生活。
6. 协调各方面的教育影响。

这些任务的提出比起 40 年前苏联所出版的《班主任》的五方面任务，多了一个方面，在表述上也更简洁，更符合我国国情。

单独将班主任工作原则列为一节，也是本书和以上介绍的两本书的不同之处。《新编中学班主任工作指南》提出中学班主任应注意 6 个原则：目的性和方向性原则，理论和实际相结合的原则，正面教育与自我教育相结合的原则，尊重热爱与严格要求相结合的原则，塑造教育与改造教育相结合的原则，教育的持续性与整体性原则。中国另一本班级管理的理论著作更进一步概括出八项原则，看来，善于概括出一些原则，是中国某些研究者的特点。

中国有的研究者，论述班主任应具备的能力素质时，提得高而又高，玄而又玄，不仅我这样的人做不到，其他优秀班主任也做不到，我们都不具备某位专家提出的班主任应具备的能力素质。《新编中学班主任工作指南》中所提班主任应具备的四种能力就比较实在，这四种能力是：了解研究学生的能力，教育学生的能力，组织管理能力，教学能力。

谈到班主任应具备的性格时，书中写道：现实生活中的教师，包括班主任的性格是复杂多样的，我们只能对班主任的性格提出一些基本的要求。1. 班主任性格的情绪特征应当是稳定的，含蓄的，不是易暴易怒的，喜怒无常的。2. 班主任性格的意志特征，应当具有坚韧不拔、百折不回的特点。3. 班主任性格对现实态度的特征，指人在处理各种社会关系时表现出来的性格特征。譬如对社会、对集体、对他人的态度，对自己、对工作、对学习的态度等。班主任对社会、集体、他人的态度的主要特征应当是正直、诚实、富于同情心、敢于伸张正义等。班主任对自己的态度应当是自信、自强、自尊、自爱，并能严于律己。班主任对工作、学习的态度应当是勤奋、认真、细致，并且富于首创精神。这些提法，我感觉既不苛刻，又不是轻易便能达到的。

其余几编所提的一些目标及实现目标的方法，我也感觉比较符合实际。我建议青年班主任能看一看《新编中学班主任工作指南》这本书。另外我还想简单介绍一下《小学班主任工作方法和技巧》这本书。

这本书由日本杉山正一等4人著，日本东京、神奈川、埼玉等5个都县的30余所小学的优秀教师和校长参加执笔。1970年首次出版，连续再版9次，在日本，是一本颇有影响的教育专著。耿申将其译为中文，1990年6月由职工教育出版社出版。

全书11.2万字，分为4个部分：1.学生和班级；2.学生和学习；3.学生和家庭；4.班主任咨询室——苦恼·忠告·建议。

全书70余个题目所包含的内容，所展示的画面，既亲切生动，又实际中肯，读后给人以启示和鼓舞，吸引人在工作中去探索和创造。

杉山正一是日本著名的小学教育专家，他长期担任教师和校长，几十年从未离开过教育第一线，他编的这本书可读性很强，使人读起来既感觉轻松，又产生联想，受到启发。

这本书第一部分学生和班级中的第四个题目《指导交通安全的方法和技巧》，作者写了3点方法和技巧：1.学会沉着镇静；2.过人行横道的方法；3.防止乱跑的指导。

单是学会沉着镇静，作者便讲了4种可操作性很强的方法，现把第一种方法，全文照录如下。

> 我们班里正在搞“猜猜30秒”的游戏。等学生做完回家的准备，对他们说：“闭上眼睛，待30秒钟。估摸到了30秒时再睁开眼。”“现在闭眼，好，开始。”老师边看着表边说。
>
> 开始时，大多数孩子还不到10秒钟就睁开了眼。“哎呀，还不到啊。真长啊！”他们吃惊地说着。但反复几次以后，就比较准了。
>
> 不过，做这个游戏可不是为了教学生如何判断时间，真正的目的在于让学生心里平静、沉着。小学生往往一到放学时心里就乱了起来，所以要设法让他们安心下来，安安全全地走出校门。
>
> 对于孩子们来说，让他们做这个“猜猜30秒”的游戏，要比对他们说“要平静、沉着”更为有效。而且孩子们很高兴做这种游戏。

又如第四部分。《在车上学习》这篇文章是这样写的：

> 当班主任很忙，得会巧妙地挤时间学习。
>
> 乘公共电车、汽车上下班的老师，完全可以利用车上的时间钻研教材或读书。比如单程乘车30分钟的老师，每周在车上的时间就有6个小时，一年约有250个小时。按每周6小时算，一年就有41天半的时间可用于学习。建议老师像下面那样把这些时间利用起来。
>
> ①拟订一天的计划——翻阅手册，拟订当天的计划，记些要对学生讲的话什么的。一天的生活由此可以过得很有秩序。
>
> ②读专业书籍——做长期的计划，有效地利用车上的时间通读《教育学全集》《日本历史学全集》等专业书籍，会得到很好的收益。
>
> ③读丰富自己性格的书——从日本文学全集、世界文学全集一直到流行的文学作品等，都是阅读的对象，自己的性格修养会大大丰富起来。
>
> ④读杂志——读各种各样的杂志，以丰富自己的知识。
>
> ⑤从车窗外寻找话题——例如用这样的话作为上课时的开场白，会使上课的效果更好："今天我从电车里看到路旁农民正在插秧……"

这本书提到的方法和技巧，写得都这么具体，这么生动，使人读了后，立即就能产生试一试的欲望。

读关于班主任工作的书还可以比较着读，即同时看三四本，看它们的内容提要，看它们的目录，看它们的共同点。往往几本书都反复强调的问题，我们在工作中就一定要注意。共同点记得清，理解得透了，对班主任工作的基本原理和方法就记住了，用来指导实践，当然容易成功。找出了共同点，就更容易发现每本书的特点，这些独特之处即使不能直接应用于我们的工作实践，至少也给我们以启示，激励我们在工作中更有独创性，引导我们创造出有特色的、闪耀着智慧光芒的班级管理的方法。

笑对人生

一位班主任积极乐观，笑对人生，容易使学生受到感染，容易使学生性格开朗、乐观。

我曾用开朗、乐观的态度处理过较复杂的问题，结果使复杂的问题简单化，大家很容易便相互理解、相互谅解了。

我也有过情绪不好的时候，这时，鸡毛蒜皮的一点事处理起来，也会变得复杂。小事变大，无限上纲，搞得人人自危，情绪紧张，同志关系很不正常。我便叮嘱自己，要笑对人生，做一名乐观的班主任，是为了学生，也是为了自己。

有人问："现在学生厌学，教师难当，经费难筹，学校难办，怎么能笑得起来呢？"我反问："难道愁眉苦脸，就能把那些困难吓跑了？"

我常想：生活像镜子，你对它笑，它就对你笑；反过来，你板着面孔对待生活，那就天天都有值得生气的事情。你若对着镜子哭，它当然也对着你哭。

"有那么多困难整天缠着你，笑得起来吗？""那就要看笑的水平高不高啦！"我想，笑是一种胸怀，也是一种能力，一项技术。应钻研这门技术，不断提高自己笑的能力，不断提高学生笑的能力，这样，教学效率就会高。当然，笑还有其他好处，诸如笑能使心理轻松、思维敏捷、强身祛病、延年益寿、增进团结、吓跑困难等，就不细说了。

从哪几个方面努力能提高笑的水平呢？

1. 首先要多做实事。

人在一件又一件地不断做实事的过程中，心里会产生自豪感、快乐感。至少在忙着做实事的时候，没有时间烦恼忧虑。另外，对别人、对集体、对国家有益的实实在在的事做得多了，无愧于人生，无愧于他人，无愧于集体，无愧于国家，才能笑得起来。

2. 对别人要一片好心，与人为善。

能助人时且助人。没有能力相助时，也绝不贬低人，绝不嘲笑人，更不能整天想着害别人，整治别人，那样的人生绝不可能快乐。与人斗，其实绝不可能“其乐无穷”，而只能是“其苦无穷”。在人世间，应该是宁可人负我，不可我负人。这样，别人由于你的存在而快乐，你自然也就容易笑起来。

3. 要看到自己的长处，特别要少想一些自己无法改变的弱点。

个子高就想个子高的长处，个子矮就想矮的优点。实在有难以改变的弱点，如先天耳聋，则努力发现自己视觉、触觉方面的长处。或取长补短，或扬长避短。眼前事业受挫时，就想想过去自己取得成绩时的心态和过程。这样就有可能由悲观转为乐观，进而激发新的开拓进取精神。

4. 要看到自身的渺小。

人若把自己看得太重，便会产生过分的自我保护心理，名誉啦，地位啦，财产啦，等等。要保护那些不符合实际的名誉和非劳动所得的财产，就容易产生重重苦恼。这时不妨采取一点虚无主义的态度，想一想在广阔的宇宙空间，一个人只是一粒沙，甚至是比沙还小的尘埃，实际上也确实如此。从漫长的人类历史长河的角度来看，一个人活一辈子，七八十岁，也仅是整个人类历史的数万分之一，是极其短暂的一瞬。这样，名誉、地位、财产这些身外之物，就更显得微不足道了。为了实现更高层次的人生价值，即使失去再多名誉、地位、财产，也不足惜，也能以乐观的态度对待这些问题。

5. 对待人生的不幸要用笑来使它减半。

有人说：“戴着镣铐跳舞是阿Q精神。”我认为阿Q精神胜利法的本质是：用自我安慰来为自己的软弱与无能做辩解。如果我们为了使自己坚强起来，为了使自己减少忧虑，节省下时间来多做实事，为了使自己具备多方面的能力，而对眼前的不幸采取幽默和无所谓的态度，那有什么不好呢？戴着镣铐跳舞显然比戴着镣铐哭泣更有利于自己的健康。丢了一大笔钱，本来就已不幸，若再苦恼一天，只能使不幸加倍，倘再因此病倒，岂不使不幸翻了三番？倒不如丢钱之后，想不幸中之幸，“算啦，毕竟没丢太多……”迅速摆脱苦恼，查找原因，亡羊补牢，积极乐观，使不幸至少不再增加。倘处理得好，可由此激励自己开创一个新的项目，开拓一个新的增加财富之道，还有可能变不幸为幸事。千里马不被伯乐发现，本来已是不幸，倘若因此而悲观丧气，牢骚满腹，甚至破罐子破摔，则不仅使不幸加倍，而且会失去千里之能。反过来少想或不想这些，甘做无名之辈，积极进取，充实自我，开朗乐观，笑对人生，多做实事，埋头苦干，等待机遇，则很有可能被大众发现。即使终生不被发现，默默无闻，自己也应开朗乐观，积极进取，快乐地走完一生，享受大马拉小车的轻松自得的乐趣。面对不幸，哭只能失去得更多，笑则至少能抑制不幸的增加，还可能减轻损失，使不幸减半。

6. 做感兴趣的事。

生活中常有一些猝不及防的烦恼事，如与好友偶然产生矛盾啦，工作突然遇到挫折啦，等等，明知烦恼不对，可又笑不起来，心被烦乱缠绕，怎么解脱？有效的办法是挑一件自己平时感兴趣的事做。你爱美术，此刻就画画；你爱书法，此刻就练字；你爱看书，就挑一本最感兴趣的书看；你爱打拳，就去打拳；你爱下棋，就去下棋。这样，一件或几件感兴趣的事做过之后，负责烦恼的脑细胞失去了工作机会，不知不觉处于抑制状态，快乐的心境重又恢复，重又笑对人生。

7. 唱几支歌。

愁的时候，烦的时候，最好听听音乐，唱几支歌。可唱凄苦的歌，也可唱欢乐的歌。几支凄苦的歌，全心全意地唱过之后，胸中凄苦往往也随之排遣出去。再唱几支欢乐的歌，唱的时候要努力做到全身心都沉浸在歌词描绘的境界里，大脑呈现歌词中的丛林、鲜花、奔马、海浪、阳光、山谷等。这样很容易使人重新快乐起来。

8. 拖拉法。

世人用拖拉法，贻误了不少该做的事。我们也应该用这个办法把愁闷拖少拖无。遇到生气的事，不妨这样告诫自己："这些闲气一小时以后再生吧！"烦闷向你袭来时，你这样暗示自己："上午先做几件事，等下午再抽时间烦闷吧！"拖到下午，能拖再往后拖。再比如你想发脾气，并且知道发脾气不对，当气满胸膛难以抑制时，你命令自己："数 15 个数以后再发火！"15 个数数完了，倘还能抑制住，则 5 分钟、半小时以后再发火。这样一拖，常常就能想出比发火更高明的处理问题的方法。

9. 冥想。

愁闷心烦之际，还可微闭双目，目视鼻尖，以鼻对口，以口问心，气沉丹田，浑身放松，大脑入静，能静则万念俱空；不能静则开始冥想，以一念压万念。可以想自己以前到过的印象最深的、曾经流连忘返的风景区。如桂林的大榕树、月亮山、漓江水……再细一些，置身于桂花丛中，桂花的叶，花瓣的色彩，花蕊的形状、味道……还可以冥想自己骑着黄鹤，悠闲自得地云游于蓝天白云之间，这时再低头看沙盘一般的江河大地，于是顿感宇宙之浩茫，人生之须臾，便容易心自安详气自宁。这样想来，常常能使烦恼愁闷一扫而光。当然这方法也不是每一个人第一次用就百分之百地灵验。第一次可能只管一两分钟，练的次数多了，就随时做随时灵了。

10. 善于寻找欢乐。

生活中不是缺少欢乐，而是我们缺少发现欢乐的能力。有的人寻找忧愁的能力很强，总埋怨生活给他的欢乐太少，以致自己老板着脸孔过日子。大家想一想，许多革命前辈、志士仁人，为了人类的进步事业，背井离乡，妻离子散，有的身陷囹圄，有的甚至献出了宝贵的生命，生活对他们真是太不公平了，可他们在牢狱中仍积极乐观地同腐朽势力做斗争，有的在赴刑场时，仍能高唱《国际歌》。他们高度的革命乐观主义精神，应该永远鼓舞着我们笑对人生，笑对生活。想想慷慨捐躯的先烈，我们个人的忧愁烦恼便很容易烟消云散。

提高笑的能力，其方法当然绝不止以上 10 种。我想，我们人类应该有一门专门的学问来研究笑，有专门的著作来谈笑。三国魏邯郸淳便编撰有《笑林》，可惜后来亡佚了。我们今天应该重新编辑一本《笑林》，如果能编辑一本《笑学》，设立快乐专业那就更好了。人生苦短，人好不容易才获得一次在地球上生活七八十年的机会，人生值得高兴的事情又这么多，如果不学会笑对人生，那真是永远无法挽回的损失！

制怒，学生来帮忙

在广阔天地种地的时候，在农村教书的时候，我基本上是个乐天派。现在分析起来，可能那时社会忧患太多了，“一打三反”“清理阶级队伍”“大批判”“揪斗牛鬼蛇神”等。一些人总在琢磨着整人，不断想出名目繁多的点子，挑动中国人无休止地窝里斗。

客观世界本已有这么多的忧患，倘主观世界再寻烦恼，那人间真是没意思透了。于是便千方百计保持自己心态的正常，少发火，少折磨自己，多干实实在在的事情，品尝做实事的乐趣，以求心理平衡。那时什么都看家庭成分，自己出身不好，造反派不向咱发火就不错了，咱怎么好向造反派发火呢。

在工厂，开头两年顺境，曾发过两次脾气，到了后来自己也挨批的时候，自然又没有了发脾气的资本。

到学校教书，有一种解放了的感觉。客观上，“文革”终结，政治解冻，自己又有了理想的工作，心情愉快，半年之后，做教导处副主任。教导处两位主任，一位主抓教学，我自然便分工抓学生政治思想教育工作。那时4个年级，26个教学班，1558名学生。“文革”刚刚结束，学生纪律不好，打架斗殴的事时有发生。那时学生打架很凶，枪刺、砍刀、匕首都会用上。有一次，一个班级为了备战，竟然拿了20多把铁锹铁铲。有一次，学生打起来，我跑去看时，一人已躺在地上，腹部已被扎伤，正流着血。还有一次，一个很霸道的学生，没有什么原因便往人家的头上砍。待我跑去，砍人者已逃，我只好领着受害者去医院缝合。面对这样混乱的局面，我的耐心受到了挑战，并且失去了抵抗力，开始发火发怒，变得脾气暴躁。

到了1979年3月，自己带实验班还兼负责学校学生管理工作时，这毛病仍没改。

一次，学生在教室里闹，每人拿条绳子，你抽我，我抽你，你捆我，我捆你，屋里弄得乌烟瘴气，桌椅东倒西歪。我看了，气不打一处来，破门而入，满脸怒气。学生一见，顿时惊呆，不知所措。我本应理智清醒地问清事情的来龙去脉，帮学生分析利弊得失和控制不再重犯的方法，但人在发怒时一般不会这样做，一般都会找发泄怒气的方法，发泄得越厉害，心里便越痛快。于是学生成了我发泄怒气的对象，我狠狠地训了这些同学一顿，又让他们在教室前面站成排，责令他们将打人的绳子高举过头，有的同学累得汗流满面，我还是不肯饶恕。当时自己也知道这样做不对，这样做增强了学生的逆反心理，但处在愤怒中的我，也像劣迹学生处在激愤状态时一样，不顾一切了，对抗就对抗下去，非把你压服不可。

这以后，再和这几位同学见面，心里总是疙疙瘩瘩的，他们躲避我，我也不自然。

每次发脾气，都使学生的自尊心、自信心受到了伤害，我自己也陷入情绪陷阱之中，懊恼后悔。深深尝了发脾气的痛苦之后，我认识到：人在发脾气、愤怒时，是智能较低下的时候，往往会做出愚蠢的判断和荒唐的决定。要做好工作，为了集体，为了国家，也是为了学生，更是为了自己，必须控制自己的情绪，少发或不发脾气。

发脾气的人大都尝过发脾气的苦头，大都有控制自己的愿望，平心静气时充满战胜自己的信心；一旦情绪的怒涛翻卷，薄弱的意志大坝便被冲垮。怎样在冲垮前便请人帮助堵住？我向学生讲了自己内心的冲突，请同学们帮忙控制自己的情绪。除了请大家帮忙，还请一位同学具体负责，当他发现老师的脸色多云转阴时，便及时提醒、劝告。我表示决心说："只要这位同学一提出警告，老师一定听从，立即控制住自己的情绪。"

王迎同学自告奋勇，愿意负责控制老师发怒。这位同学的母亲是我在电机厂时的师傅，这位同学从小我便熟悉他。在他的眼里，我不只是老师，更多的还是熟人、是朋友、是兄长，即使我当了他的班主任以后，他也常常像过去一样和我开玩笑，随随便便，想说啥就说啥。王迎为人又单纯、直爽、热情，心地善良，做什么事，说什么话，喜欢直截了当，不会转弯抹角。他负责控制我是再合适不过了。

有一天，校内两个班级发生斗殴，我把几位蛮横的学生找到办公室。批评他们时，他们还不太服气，双方又争吵起来，强者又向弱者出了手。一气之下，我采取了过分的措施，狠狠惩治了霸道的学生。风波压下去了，我同被惩治的学生谈了心，他理解了老师，我们成了朋友。但由过分措施而产生的内心不快却缠绕着我，我离开办公室，向自己班的教室走去，想排遣一下不良的情绪。

那时我刚接班不久，学生还没有自治能力，学生们像是给老师守纪律，给老师当长工，给老师学习。教室南面的 4 个大窗户对着操场，北面的一个窗户对着 140 米长的走廊，我通常从走廊的窗户往里望，这个窗户便成了我和学生监视和反监视的前线。

我还没走到窗边，便听到屋内乱哄哄的，刚到窗外，便见 4 位同学在教室里打粉笔头，还有十几个人助威，搅得别人无法自习。我本想到自己的班级轻松一下，改变烦躁的情绪，不料自己的学生也是这么不争气，烦躁愈加烦躁，怒从心头起，冲进门去，想大发雷霆，狠狠惩治那几个人。学生见我出现，立即惊呆了，正闹着的几个人见我怒容满面，一个个不知所措。我正要大吼一声，王迎同学站了起来，笑着看我——在这种气氛中，也只有他还敢笑。我一时竟忘了过去的许诺，问："你站起来干什么？"他又笑着，不自然地挠了挠头，说："老师之前让我帮助您控制发怒，不知道今天还算不算数？"

是啊，过去当着全班同学面说的请人家控制我发怒，今天又当着大家面提这个问题，我能说不算数吗？我咽了几口唾液，稳定了一下情绪，硬是压住了自己到嘴边的话。为了缓和一下紧张的气氛，我请王迎同学到外面。我们在走廊里一块商量处理乱子的办法，在融洽的气氛中解决了问题，几位违纪同学从内心产生了想战胜自己的愿望。

王迎同学多次有效地控制住我，使我不发脾气，渐渐地，我爱发怒的脑细胞利用率低了，能力也低了。每当回忆起这些，我便充满了对王迎同学深深的感激之情。

服装与发型

班主任的服装与发型对学生们也有一点教育作用。说一点，意思是没有太大的教育作用，用不着大惊小怪，无限上纲。这一点作用可以忽视，但不忽视总比忽视要好一些。

对于班主任的服装与发型，我想两点要求即可：1. 整洁；2. 大致符合当时当地的大众服饰习惯。

见到有的青年教师穿不整洁的衣服，我总要建议他去洗、去换。道理很简单：我们要求学生做到衣着整洁。有的便举出藤野先生的例子，说："他的衣着那么脏，不照旧受到鲁迅的尊敬吗？"我说："此一时，彼一时也。也许那时日本教师生活困难，负担极重，不讲卫生的人多，学生便也见怪不怪。倘此时再在日本出现一个穿相同衣服的人，人们怕是普遍会怀疑他为精神病人吧！学生也会为有这样脏的教师而感到羞惭吧！"

第二条要求便不好把握。原来我提出教师服装应俭朴。我的一件蓝平纹衣服，洗了一水又一水，式样是中山装，在工厂已穿了两年，到学校穿了 4 年，蓝色已褪成灰色，领、袖、兜盖处还磨成了白色。有同学说："老师，衣服这么旧了，您到各市去开会，该换一件了。"

"穿这样的衣服有什么不好？不是很俭朴吗？"

"反正我们觉得不太好，都 80 年代了，俭朴过分，就像给社会主义掉价似的。"

给社会主义掉价（比喻身份、排场降低），我还是第一次听人这么说。细一想，也有理，社会发展了，时代进步了，人们生活水平提高了，还总穿五六十年代的衣服，穿下乡劳动时的衣服，显然不合时宜，不仅给社会主义掉价，也给教师这个职业掉价。

我也感到自己在这个问题上想得太简单了。1982 年 8 月 1 日，我结婚时穿的“礼服”，上衣是穿了两年多的白衬衣，裤子是一条以前花 10 元钱买的灰裤子。那时受“越穷越革命”的思想影响很深，宁肯花几百元买书送给学生，也不肯花几十元买件衣服。

学生一批评给社会主义掉价，我才慢慢转变观念，逐渐觉得，穿得太落伍，也是给自己掉价。于是开始穿质地好一点的衣服。

1987 年，我到香港考察前买了一套西服，并且第一次打了领带。已毕业的学生见了说：“老师这回更新换代，跟上形势了。”听了这话，再看看这身衣服，自我感觉确实比过去穿那褪色的衣服好一些。

写此稿时，我穿的是一套 1991 年 5 月去广州时花 80 元钱买的深蓝色西装。穿这套衣服，我走了十几个省（自治区、直辖市），感觉良好。对服装很有研究的部老师认真看了这套衣服，说：“至少要在 350 元以上。”穿着这样的服装自然不掉价了。

但我对穿奇装异服的教师仍看不惯。当校长以来，我一直要求学生穿校服。既然不允许学生穿奇装异服，教师怎么可以呢。我批评衣服穿得过分艳丽奇特的教师：“不能忘记我们从事的职业是教师，不是演员，不是服装模特，不是服装柜台的售货员。”目前我感觉自己批评得有理，不知过了十几年后，会不会像否定我提倡服装俭朴一样被否定。

我盼望，教师这个行业能够大致统一一下服装，或者统一由国家制装。不知道这一愿望能否实现。

我不让校内的男教师蓄长发、留胡须，也不让女教师把头弄得奇形怪状的，理由是因为我们不让学生这样做。我自己先做到及时理发。12 年前，我们班理发小组刘志军同学技术很高，那几年，由他给我理发。刘志军毕业后，新一届的学生怕自己技术不行，都不好意思给我理。我到理发店去了一段时间，觉得浪费时间。当校长后，我开始自己理发，每个月对着镜子理一次，十几分钟即可，这些年来再没去过一次理发店。许多人都不相信自己能给自己理发，有时我就表演给别人看，这确实是一件很简单的事，不仅节省理发费，最可贵的是节省时间。

发展自己的长处

1990 年，辽宁省中学历史教研会在我们盘锦市实验中学召开，会场内的横幅上写着：学习魏书生教改经验，深化历史教学改革。

会议总结的那一天，领导找我说：“魏校长，你给讲一讲吧！”我说：“会议代表中很多人都是名牌大学毕业的前辈，我又是历史教学的外行，哪有资格讲。”领导说：“会议中心议题就是历史教学怎样学习魏书生经验，你不讲怎么行？”

我推辞不过，只好上台。这次发言，我只讲了发展长处的问题。

就课堂教学的形式而言，我衷心希望大家千方百计发展自己的长处，千万不要都来模仿魏书生的“六步教学法”。有的老师擅长讲授，他讲历史课，好、中、差学生都非常愿听，兴趣浓，注意力好，边听边理解边记忆。老师讲的知识入耳入心，在大脑皮层上留下较深的痕迹，学生考试成绩好，那就证明这位老师的“讲”是成功的，他还应该讲下去，还应该发展“讲”的长处，讲得更生动、形象、科学、系统，讲得更有趣、更吸引人、更迷人。他不应该看魏书生上课很少自己讲授，于是也不讲授了，也去组织学生讨论。那样丢了自己的长处，再学一种方法，即使成功，也多用许多时间。

有的老师擅长写，字写得漂亮，还会绘画，板书设计极吸引人，学生像欣赏艺术品一样，欣赏研究他的板书。在欣赏研究的过程中，学生很容易便理解了历史事件复杂的起因，记住了历史人物、大事年表等知识。学生学历史兴趣浓、成绩好，显然老师“写”的长处起作用了。这样，老师当然应该继续发展“写”的长处，写得更科学、更艺术、更迷人，而无须看魏书生一堂课有时只有十几个字的板书，于是自己回去也很少板书了。

也有这样的老师，不善讲，有人听课就脸红；不善写，练了十几年字，字还是写得歪歪扭扭。但他不自卑，因为他有一个长处：善于个别辅导。无论教什么班级，好、中、差学生一经他辅导，都学有动力，学有目标，学有方法，学有兴趣。他教不长时间，各类学生都有明显进步，这就说明他的辅导功夫过硬。他应努力发展辅导这方面的长处，写出论文，写出专著。那么，尽管他讲得不好，写得也不漂亮，但他完全可能成为辅导方面的专家，成为特级教师。

我接着说："能不能说擅长唱的老师就可以在课堂上唱起来呢？"

会场上一阵笑声，大概是觉得不可能吧。

这时省历史教研室崔主任站起来说："我就接触过这样一位老师，善于唱，把知识点编成唱词，一上课就唱给学生听。教学效果非常好。"我想学生上这样的课一定感觉是一种享受，课前盼着老师快些来，课上听着老师讲，欣赏着老师唱，思考着老师的唱词，下课了，不愿让老师离去，考试成绩高。这位老师能因为学魏书生的"六步法"，发现魏书生上课并不唱，便也抑制了自己"唱"的长处，由一位有特长的老师重新变为平常的老师吗？这样的学习显然是片面的，还不如不学。

我不是主张不向别人学习，而是主张坚持自己的长处。学习的目的是发展而不是抑制自己的长处。一个人有很多长处，当然好，长处不多，只有一点，只要努力发展，同样能取得突出成绩。

一个人瞧不起另一个人的时候，喜欢把人家的长处说成是雕虫小技。且不说雕虫原指虫书书法这门艺术，单是引申义——微不足道的技能，真要努力发展也能有突出成绩。如在小器物上雕刻这些小技能：在桃核上刻舟，在枣核上刻人物，在牙签上刻山水，都给人以多方面的启示。一位中国微雕艺术家在国外表演，外国友人当场拔下一根头发，请求在上面刻字，艺术家顷刻之间刻了"福如东海，寿比南山"8个字，外国友人在放大镜下看了这8个字，喜不自禁，当场拿出5万美元酬谢。

我18岁下乡，19岁当班主任时跟几位年龄大的学生只差一两岁。没经过师范训练，不会做班级工作，我承认自己的不足，但又不能自卑，便努力寻找自己的长处。我发现自己的长处是善于商量。班级纪律不好，找班干部一商量，大家帮我想了许多办法。用这些办法维持纪律，班级秩序比以前好多了。我不会开主题班会，又和学生们一起商量，大家帮我想出了提高班会质量的好办法。个别学生学农劳动时不积极，我和学生们商量出了开展劳动竞赛的办法，极大地调动了学生的劳动积极性。

凭着商量的长处，我这个从没带过班的人，居然使班集体有了极强的凝聚力。后来，离开农村，到工厂，又回到学校教书，当班主任，我一直记着自己这一点长处，并努力发展这一点长处。

后来，当了书记、校长，我也是凭着商量这两个字，最大限度地调动了全体教职员工的积极性。6 年多来，大家齐心协力，使学校面貌发生了较大的变化。

不仅同自己的学生商量，给外省市的学生上课我也依靠“商量”这两个字，顺利地完成了教学任务。

8 年多来，我给中苏边界的黑河市的学生上过课，也给南宁、桂林、广州、深圳的学生上过课；给西部城市乌鲁木齐、拉萨、兰州、重庆的学生讲过课，也给东部济南、南京、上海、厦门的学生讲过课。

应该说，给学生上课，要比向老师汇报教改情况复杂得多，困难大得多。

有一次，教研部门的领导跟我说：“魏老师，您把明天要讲的课文题目告诉我们，我们组织学生先预习一下，讲课成功的把握不是更大吗？”

“我从 1981 年 9 月起，讲公开课就从来没让学生预习过，这次也不破例。”

“那失败了怎么办？”

“失败了我也没负担，本来我就应该实实在在地向老师们袒露一个真诚的自我，露出缺点，才能得到老师们的帮助。”

“您是没有负担，可是我们有压力呀。”

“为什么有压力？”

“明天听课的人很多，老师们从四面八方赶来，最远的山区老师，用了 3 天时间，换了 4 次车专程赶到这里，倘若失败了，我们组织者要受责备。”

在洛阳，老师们告诉我：“明天有 1600 人听课。”在武汉，是 1900 人听课，在哈尔滨，2000 人听课。到郑州，马正老师告诉我：“明天在郑州大学礼堂的舞台上讲课，下面是 2000 个座位，票还不够分，在过道上又加了 200 个小方凳，听众 2200 人，刘副市长也来听课，不预习行吗？”

我心里比较踏实，原因在于我有“商量”的长处。

1989 年国庆节，我到北京参加全国劳模会。刚到京，北师大张鸿苓教授和北京教育学院刘全利主任便到住处找我。“你给我们讲公开课吧！”我说：“事先不是说好到京后的第三天讲课吗？”“第三天是给全市语文教师代表和教研员讲，上课的是普通中学的学生，今天下午重点中学的老师想听听你怎么给重点中学的学生上课。”

我说：“讲就讲吧，我现在正讲第三册教材，从中找篇课文吧。”

“不，老师们想听听学生刚入学，你怎样调动他们自学积极性，就讲第一册教材吧。”

“那我没带教材怎么办？”

“不要紧，下午到会场就有了。”

下午1点50分，张教授给了我一本教材，我匆匆忙忙备了8分钟课，2点进会场。上课的是北京师范大学实验中学的学生。我便实话实说：“同学们，我上午10点多赶到北京，10分钟以前才拿到教材，没备好课就上课来了，怎么上，咱们商量着上吧！”同学们一听都笑了，学生都愿意接触没有架子，和他们说心里话的老师。

“今天我们讲小说《最后一课》。大家说说学一篇小说，要完成几项任务？”同学们很热烈地发言。“好了，我们完成这样5项任务。”“大家首先做哪件事？”“60分钟完成5项任务行不行？”“分析人物形象这项任务，是老师讲好，还是学生干部讲好？是大家讨论好，还是分头查资料好？”

实验中学的学生非常聪明，尽管我课备得不好，但在同学们的帮助下，教学任务还是准时完成了。同学们都嫌时间过得太快，不愿下课，下课后团团围住我，问长问短，让我给签名……

在西藏，我给学生上完课，第二天要走时，学生们又赶来看我、送我。在乌鲁木齐，要下课时，学生一齐要求我压堂。在厦门上完课，学生喊：“老师，我们要求拖课。”我问：“什么叫拖课？”学生说：“拖课就是到下课时间也不下课。”“原来如此，我们北方学生管这叫压堂。”“咱们压堂多长时间呢？”“老师愿压多长时间就压多长时间。”于是我便用十几分钟讲了人脑潜力开发的方法。

也有时讲完课刚回到盘锦，便接到全国各地师生的来信。安徽和四川听课的学生寄来了问候信，兰州的学生寄来了祝福卡……

于是有的老师问我：课前你和学生素不相识，到了讲台上师生才第一次见面，才宣布这节课讲哪篇课文。你是凭什么秘密武器在这么短的时间内和学生沟通了感情，在这么短的时间内获得学生的理解与信任的？

其实，我真没有什么秘密武器，如果非要说有，那就是我这两个字的长处，多和学生——商量。

商量，就不全是教师说了算，即使我们的主张和办法都正确。如“我们应到客运站劳动”这件事，你用不容置疑的命令口吻，学生就不愿意接受。用商量的口吻呢，就容易接受。再让大家商量商量劳动的好处，那么学生的劳动积极性就更高了。

做园丁，当然收硕果

尽管生活清苦，但绝大部分教师仍以为国分忧为荣，以为民吃苦为乐，情系祖国未来，心付颗颗童心，以自己的辛勤劳动表达着对人民教育事业的忠诚。许多教师心甘情愿在这住房条件差、额外收入少、耗心费神的学校工作着，心甘情愿当这许多人都瞧不起的孩子王。

我属于愿意当教师的这一类人。这样，我们这些愿意教书的便常常聚在一起，谈我们这一行又穷又苦的事业中的乐趣，以激励自己更踏实、更认真、更有效地做好本职工作。

我觉得教师的工作尽管又苦又累，但又确实是一项很吸引人的工作，主要原因在于教师的劳动有三重收获。

1. 收获各类人才。

农民劳动，收获粮食、蔬菜等农业产品；工人劳动，收获钢铁机器等工业产品。农民工人生产出了社会需要的粮食机器，看到自己生产的粮食机器服务于社会，满足人民的需要，于是产生幸福感、自豪感。

教师呢？教师的直接劳动对象是人。一个知识面很窄、各方面能力很低的娃娃，经过幼儿教师、小学教师、中学教师、大学教师的精心培育，就成了知识较丰富，有一定分析问题、解决问题的能力，有理想、有抱负的人才了。看到自己培养的人才在工、农、商、学、兵战线上为党为人民做着实实在在的贡献，哪一位教师能不感觉到幸福自豪呢？

当然，人才的培养周期不像粮食、机器的生产周期那样短，那样很快就看到效益，那样容易引起领导者的重视。唯其如此，才更使教师产生一种为祖国未来而鞠躬尽瘁的历史责任感，产生一种更加神圣的自豪感与幸福感。唯其如此，才使教师不那么急功近利，而是培养了较为宽阔的胸怀、较为远大的目光和较为坚强的韧性，从而强化了把自己的命运和国家民族的未来命运紧密联系在一起的观念。许多教师之所以爱自己的事业，就是因为他们爱自己的劳动收获——各类人才，他们爱看到自己培养的学生在各行各业大显身手，他们爱想象自己正在培养的学生将来去实现自己的梦。

2. 收获真挚感情。

教师除了收获各类人才，还有一个更大的收获，就是真挚的感情。

人是有感情的，特别是学生时代培养的感情尤为真挚。师生的心与心之间的呼应就像人们在群山之中得到回声一样，教师对着学生心灵的高山呼唤："我尊重你，我理解你，我关怀你……"学生便在心灵的深处回应："我尊重你，我理解你，我关怀你……"

年复一年，教师就像从一条河的岸边接一届届新生上船，用满腔热情和真挚的爱，把他们送到理想的彼岸，让他们奔向远大的前程。学生们不仅在船上时不断表达着对老师的满腔热情和真挚的爱，就在他们奔向远大前程以后，三年、五年、十几年，甚至几十年以后还不断表达着这种满腔的热情和真挚的爱。公式可能淡漠，定理可能忘记，而师生之间培养起来的真挚感情，却经年累月不仅不淡忘，甚至会越积越深。有许多毕业十几年甚至几十年的同学不是相约重到母校聚会，去表达自己对老师的感激之情吗？

随着人类改造自然的能力的提高，人类的衣食住行等温饱问题基本解决之后，对感情的需要，对人际关系和谐，人与人之间互相理解、尊重、帮助、信任、谅解的需要会越来越强烈。教师的工作恰恰最容易使人的感情得到满足。有时候老师也批评学生，当学生咬着死理、脾气执拗起来时，老师也会生气。然而一旦风波过去，学生明白了道理，明白了老师的一片善心之后，师生之间的情谊会愈加深厚。当学生走上工作岗位以后，他们甚至把读书时受到的老师的批评也当成感激老师的理由。

我曾多次和一些原来教书，后来改行从政的同志谈心，发现大家有一个共同的遗憾：失去了来自学生的那些激动人心的、纯真的感情。

我也曾见过不少这样的教师，有关单位请他们改行做行政领导工作，房子好，待遇高，可他们不为所动，偏偏眷恋着这又穷又苦的教师工作。问他们为什么这样，他们也都有一个共同的认识：人活一生不能只为名利地位。我们教书惯了，把一片真情捧给学生，也感觉到学生一片真情对自己，这才是人世间最美好的。这里应该补上一笔的是，师生之间感情的交流是一种崇高的美。老师在对事业、对学生的奉献过程中也未希冀学生的报答；受到美好感情陶冶的学生，热爱的也不仅是自己的老师，他们更热爱祖国，热爱人民，热爱事业，热爱生活。

3. 收获创造性的劳动成果。

教师的工作对象是人，人是千差万别的，要做好教育工作，就得充分发挥创造性。正是这种工作性质，决定了教师必须学识渊博，并且每时每刻都要开动脑筋，针对当时的情况和学生的差异，创造性地处理各种问题。从这个意义上说，教师随时都有科学研究的机会。

不要说学校、社会这样的大范围内有科研题目，单讲学校教育，单讲德育、智育、体育、美育、劳动教育，就各有数不尽的科研题目。以学生的注意力为例，就能写出上百篇科研文章，诸如《男女同学注意力的差异》《一节课各类学生注意力的变化》《练习题设计对学生注意力的影响》《增强学生注意力的若干办法》……这用武之地该有多么广阔！

我之所以爱教书，重要原因之一，就是觉得教师从事的是最富有创造性的劳动。它的每一段时间、每一处空间都有科研题目，都能有新发现，能看到学生中新的、积极上进的因素，能看到教师自己向更高层次发展的潜能，还能看到环境中的各种有利因素。教书不是“自古华山一条路”，而是“条条大路通罗马”。我总想，同一课书，能有上百种甚至上千种讲法。我们应该研究更科学的讲法，即使今天这种讲法比昨天科学，那也仅仅是向后看得出的结论。向前看呢，一定还有更科学的方法等着我们去探索研究。

这些年来，我边工作边探索研究科学的教育教学方法，先后在报刊上发表了66篇文章，出版社先后出版了《魏书生教育方法100例》《魏书生语文教育改革探索》《魏书生教育文选》等书籍。另外，出版社还出版了我主编的《当代中学生用功术》和我写的20万字的《语文教学探索》。我深深体会到教师的劳动确实有利于收获科研成果。

从研究的角度看教育，常看常新，常干常新，不仅能增加工作兴趣，还有利于提高工作效率。我现在除了任校长兼党支部书记，并兼两班140名学生的班主任和语文教师外，还有不少社会兼职。许多同志问我，这么多工作怎么做，我觉得主要靠科学研究。从科研的角度去进行工作，就能调动教师及学生们的积极性，使教师成为学校的主人，学生成为班级的主人。大家以主人翁的姿态去研究教与学，自然就提高了教与学的效率。

每个人都有不同层次的多种需要：衣食住行的需要，劳动、学习、研究、创造的需要，人际关系和谐、亲情、友情、爱情的需要，为他人、集体、社会尽责任尽义务的需要，追求理想社会的需要……不同层次的人对不同层次的需要的强烈程度也不同。有的强烈需要物质，有的强烈需要感情，更有的强烈需要追求理想。

尽管教师穷，不能满足人们物质的需要，但由于教师的劳动能有重要收获，收获各类人才，能满足人们为社会尽责任、尽义务的需要；收获真挚的感情，能满足人们感情和谐融洽的需要；收获科研成果，能满足人们研究创造的需要。所以，大部分教师在穷苦的条件下，还呕心沥血为人民的教育事业奉献着自己的青春和才华。

有人说，教师像蜡烛，燃尽自己，照亮别人。其实各行各业的人，谁又不像蜡烛呢？一个人来到世间，便像一支蜡烛点燃，燃尽自己是历史的必然，大家都是相同的。不同点在于有人只燃烧自己却不肯照亮别人，甚至去伤害别人，有人却想方设法去照亮别人。同样是燃尽自己，为什么不去照亮别人呢？照亮别人不是一种幸福吗？教师的职业恰恰是最有利于照亮别人的职业。从文化积累对社会发展的意义上说，我们的理想社会，也是在人们的心灵不断地被照亮的过程中，通过无数心明眼亮的人去拼搏、去奋斗、去牺牲才实现的。从这个意义上思考，教师工作的深远意义又远不止上述的三重收获。

当然，在教师现有待遇较低的情况下，仍然有大部分教师忠诚于人民的教育事业，这是一个方面。话说回来，另一方面，教师待遇也确实需要提高。好在国家已注意到了这一问题。我们相信政府会创造条件，尽最大的努力提高教师待遇。

动力来自心的交流
——答同行来信思

看得出来，后面所附的这封信，是我 1993 年 1 月 18 日上午在宁夏银川体育馆讲课之后收到的。

我只记得当时很多教师围着我签名，一位老师把信塞给我，我仍在包围之中，接过信，没顾上说一句话，他便走了；我仍埋头往接连不断地伸过来的日记本、教案、纪念册上签着名。

在宁夏只有两天，两个晚间都是夜里 11 点多才送走客人，然后还要准备第二天的课，还要签白天没签完的名。这封信，在 19 日讲完课后，我乘上晚间返北京的 44 次列车时才看。这位教师在结尾不署名，不想让我回信，唯恐耽误我的时间，我被他那颗善于理解别人的心深深打动了。他越是理解我，怕耽误我的时间，我越是想见到他，同他进行一次心与心的交流。

这些年来，在全国各地讲学，经常收到一些教师塞给我的热情洋溢的信，许多信，结尾也写着您时间紧，请不要回信——你的一位同行。

面对这些信，我有一种负债感，有一种愧疚感。

这些信，将我拽到高远辽阔的太空角度，看待宇宙，观察人类，分析教育，审视自己，于是将万事万物的巨大联系看得较昨天更为清晰。

这些信，将我拉到悠长茫远的历史角度，衡量生物，评价文明，比较学校，规划人生，于是将大小事物的价值估算得比昨天更切合实际。

这些信，如同激人上进的能源，现实中，困难前，缺少动力时，读这些信，便使我既感到自身的微不足道，无须瞻前顾后，患得患失，又觉得自身是一个广阔的世界，应该还有不止一百种、上千种超越自我、战胜困难的办法。

这些信，使我发现了新的研究方向与领域，更使我看到了自身的弱点与不足。

十几年来，我收到一万多封署名的、有发信地址与单位的信。地点包括全国各省、直辖市、自治区和香港、澳门等地区，也有的来自日本等国家。来信的人有长辈，有亲人、有熟人、有同志、有同学、有朋友、有领导、有学生。其中一多半是素不相识的人写的，他们中有工人、有农民、有战士、有军官、有干部、有售货员、有在各级各类学校教书的老师和在校的学生，还有学生的家长。信的内容有嘱托、有教导、有期望、有指示、有建议，更多的还是让我给寄书、寄文章、寄物品、寄稿件。让我回信谈工作、谈学习、谈家庭、谈生活，还有的让我给写序言，改书稿，评作文，批作业。有的信中问："孩子不听话怎么办？""孩子有病怎么治？""孩子待业该帮些啥？""孩子学会了赌博怎么改？"

收到这些信时，我的心情是复杂的，相识的和不相识的都把我当成知己、当成朋友，我感到十分高兴，更多的还是惭愧和不安。我没能够一一满足来信者的要求，有一封信言辞恳切写了 5000 多字，我于接待数百客人时收到，才匆匆给人家写回三四百字。有时工作有规律，比较轻松时，陌生人的无关紧要的、可回可不回的信也写上几封寄去。赶到忙得忘记早晚，被人家拉过来拽过去的时候，有的老前辈的信，我居然也忘了回。我最忙的还是新年前，事越多，熟人的、学生的信越多。我便早早写一些明信片，一寄就是几十封。

更多的时候，我还是忙于眼前非做不可的工作：讲语文课，管理班级，管理学校，接待全国各地的客人，接受各层次、各部门领导检查，听课、采访、座谈，还得抽空写几封回信。再加上外出开会，一些信明知该回，就是没时间。一次我到武汉开会十来天，到家后桌上堆了130多封信，校内别的工作又攒了一大堆，还有许多外省客人在校等我，有的已等了8天，还有一些家长找我办事。面对这种情况，看信都要挤时间，回信就更困难了，只好推到明天再看，明天再回。其实明天还有明天的事，那么多新的信要来，新的工作要做，更多的客人要找我。十几年前，我便盼望能有工作量少一些的日子，盼的结果，是工作越来越多。

近十年来，我想了一些处理来信的办法，但最终都需要时间，而我这个时间的乞丐缺的就是时间。明知对不起人，眼睁睁地没有办法。

许多事我都能用乐观的态度去对待，但对不起人这件事，却无论如何也不能让我乐观起来。我在许多场合，为不能回信一事做过检讨，请求谅解，并提请不相识的同志不要再给我写信。

现在，我愿借答宁夏中卫这位青年教师的公开信的机会，再一次向我没能及时复信的老师们、朋友们检讨，请求谅解。我整日忙于教学、党务、校务、接待、作文、应酬，加上名目繁多的社会兼职的任务，如此处境，如此之身，非不为也，是不能也。

我愿借这次机会，再一次请求不相识的同志们不要再写信来。不是我不喜欢读这些给我以多方面教益的信，而是怕没时间回信，对不起那些在信中给我以热情鼓励、真诚指教的同志和朋友们。

我将会以更高效的工作方式回答信中的期望。

我将会从更深的角度去观察，改变自我与学生，以更丰硕的教育教学成果，献给在信中给我以多方面关怀的老师们、朋友们。

附：致魏书生老师的公开信

我们敬爱的魏老师：

您辛苦了！您终于来了，让我们用宁夏人的直爽厚道来欢迎您！谢谢您让我们这些足不出户的学生看到了您，听到了您的声音；谢谢您将书生的春天浩浩荡荡地带给了冬天里的书生们！

您的工作证明了我们中国教育是大有希望的人类智力开发工程，也给我们中国书生带来了金贵的骄傲。您凭着人民发给您的通行证——合格的人民教师，不需仪仗地来到了人民心中，这使我们视您为严师，更视您为亲爱的同志，可靠的朋友！

我们有许许多多个问号和叹号要向您尽述。我们渴望着您的伟大和可爱，因为这将意味着我们的伟大和可爱，也会意味着我们祖国母亲的伟大和可爱。这并不为什么，只因为您和我们都从事了塑造我们的祖国儿女灵魂和祖国未来的事业。

让自己成为一个硬邦邦的中国教育改革家和中国语文教学改革家以催生更多的改革家，来振兴中国教育，这是时代和人民赋予您和您的同志们的神圣而艰辛的使命，而您又责无旁贷、当仁不让地挑起了它。那么，他应该具备什么样的学识、才能、修养呢？我们从您身上得出了这样的初步答案：

1. 对人类、对祖国和对教育的爱，这应是一种成为固有属性的爱。

2. 对教育教学规律及其艺术的发现和把握的能力。

3. 对人的哲学理解和对人类社会历史发展趋势的了解，对美好的人类未来社会的建设性构想，坚信这个社会能通过教育而由人类自身建成，并用这个社会的建设者的标准来观照教育的今天。

4. 具备良好的中国文化修养和真正的中国精神及现代科学文化知识的武装。

5. 较好的语言，尤其是中国语言的理解和修养。

6. 将中国知识分子的精神近乎极致又科学地发展为一种毅力和殉道者的快乐。

7. 是一位伟大的凡人，自身有吐故纳新的认识——评价系统。

假设马克思是空前伟大的象征，那么现在虽不能保证自己最终也成为马克思，但至少要相信，我们能像 $1/n^2$（$n \neq 0$）值无限地趋向于零一样地趋近于他。也许，您有一天会发现，您实际已经成了伟人，但您同时又发现自己确实比以前更渺小了——这样或许并不消极吧！

那么请让我们和您接着思考，中国现在的教育应该对 21 世纪的中国承担什么责任？

固然，我们需要能有助于早日实现四化的人才。但假如四化已经实现了，又需要什么样的人才继续建设、保卫、管理我们强大的现代化的中华人民共和国呢？

我们的母亲决不会被因极少数儿女成为优秀人才的快乐而掩盖了多数儿女不能成才的悲哀。当我们把自己自觉地置于祖国历史与未来的交叉点上思考时，我们学生的高升学率的名声又值什么呢？我国的高级科技人员的绝对数已接近或超过了美、俄，可是我们广袤国土上的大多数人的水平呢？全国有 1.2 亿多文盲，每年有几百万失学儿童少年，还有一千多万新生公民……是什么力量使智慧的中国人不惜以多数人成为教育高炉中的废渣而维持少数人接受和实现高校教育的权利？这是因为我们中国人的历史感太重太重，以致更容易变成压力而不易转化为动力了吗？

我们的教育如果不能为中国培养出能吸纳包括资本主义文明精华在内的人类社会所创造的一切优秀文明成果的胸襟和肠胃，如果不能培养出中华文明精华和人类文明精华的热爱者和传承者，如果不能成为增强民族自强和生存的工具，不能成为改造中华民族传统性格的利器，不能造就中国的思考者——新一代的中国知识分子，那么，中国教育就只能痛苦而耻辱地被宣告为失败而遭谴责，我们这些中国书生也该接受公审！

而这一切目标实现的历史的和逻辑的起点就是：让我们先成为我们所要培养的那种人，让我们这一代和几代中国书生先酣畅地经历灵魂火熔的痛苦体验，获得新生后对伟大的中国生命活力的深切感受。

这样，文明历史，历史文明，“文革”，21世纪的中国和世界，苏霍姆林斯基们，钱梦龙们……仿佛世间的一切都成了您的思考力所统摄的对象。

“年年岁岁花相似，岁岁年年人不同。”我们深切祝愿您早入不惑之境！但并不要您那么快跨过不惑之年！您的事业，我们的事业，我们祖国交给我们儿辈的事业，都还需要您的以及别人的探索啊！老师，别累坏了呀！

这样看，您领我们所探索着的教改事业，只应该是一条趋向于无穷美的滚滚奔流的无限的大河，您所献身和倡导的教改事业，应该是一种充满民族智慧的希望而又塑造民族智慧的希望的事业。如此，目前您还只领我们，不，您还只和我们完成了这一伟大乐章的第一部——对教育教学规律、艺术的剖理璞玉似的发现和质朴的运用，这还基本上是以方法论的方式体现出来的。利用规律的方法总是比方法所体现的规律，比体现规律的理论带有更多的历史局限性。“可是真理的光芒又是那样的明亮，哪怕只是一线，也会照亮整个旷野！”

我认为智能计算机通译技术，人脑及人体潜能研究与开发的长足进展，将会使我们发现并不能轻易怀疑我们古老端庄美丽的汉字汉语的青春和潜在青春。表意的汉字汉语也许会对现代人类的智慧训练开发起到比先前的估计更大的作用。如果从这点出发来观照我们现今的中国语文教学，也许会使我们更多一分时间的紧迫感和事业的自豪感。而在我国封建社会长达两千多年的教育史中，透过那些言简意赅的零散的教育教学格言，透过那些质朴的如今备受指责的传统语文教学方法，又会揭示出什么样的汉语教学的独特规律呢？另外，在伟大思想家和教育家释迦牟尼和耶稣的传道善行和活动中，又有多少用来探明教育的金矿呢？宗教可以认为是让人具有某种人生信念，并具有维持和实现这种信念的虚幻的精神力量；教育就是让人具有某种现实的人生信念，并具备维持和实现这种信念的物质化力量。就其确立信念这点来说，宗教和教育是有相通之处的。您说是吗？

魏老师，您还很忙，我不能再往下写了。您对我们的爱使得您能放弃您43岁的春节，我们是何等荣幸，又是何等不安！桂芹嫂子好吗？塞北的雪花想着她。请转告嫂子，魏老师有她这样平凡而伟大的妻子，这是我们教师的光荣和自豪！小魏星乖吗？把他带来该有多好！老师，我们热爱自己的事业，热爱您的事业，我们知道，那对您是花的土壤、鸟的天空、鱼的海洋！如果说，爱我们是您的天性，那么，热爱您，就是我们光荣的责任！老师，别忘了，我们在翘首注视着您在我们家乡的成功！

此致

敬安！

宁夏中卫县一青年教师

1993 年 1 月 17 日夜至 18 日晨

又：对不起，我得出您的教改还“更多地表现为方法论”这一结论，是在对间接材料不完全了解的情况下得出的。今天，我发现了您较之于 7 年前的成熟与对“文革”和畸形社会现象的深沉的愤怒。

我绝不想让您给我回信，所以不署名，请接受我的渴望交流的心吧，魏老师！

1993 年 1 月 18 日评课时

第二章

培养什么样的学生

用孩子心灵深处的能源，去照亮孩子的精神世界，显然是最节省能源的方法。

我不会教书，是学生教会我教书；我不会改变“后进学生”，是“后进学生”帮我学会了怎样教“后进学生”。

我们不能把学生当作没有思想、没有情感的被动的受管理者，而应该把他们当作有思想、有意志、有情感的主动发展的个体。成功管理的前提是尊重他们的意愿，尊重他们的人格，把他们当作实实在在的“人”，而不是驯服物。

培养什么样的学生

学校、班集体绝不是制造统一型号、统一规格的升学零件的机器。学校、班集体是将学生载向远大前程的渡船，是培养学生生命的幼苗在合适的阳光、土壤、肥料、水分中长大的园地，是学生走向社会各个不同岗位的实习场所、实习小社会，是学生德、智、体、美、劳得到最大限度发展的培训基地。

班主任应研究国家规定的学生守则，大而言之，还可研究外国学生守则，然后再根据本班学生的实际，提出某些更具体、针对性更强、可操作性更强的要求。

我国教育部 1981 年 8 月颁布的《中学生守则》如下：

1. 热爱祖国，热爱人民，拥护中国共产党，努力学习，准备为社会主义现代化贡献力量。
2. 按时到校，不迟到，不早退，不旷课。
3. 专心听讲，勤于思考，认真完成作业。
4. 坚持锻炼身体，积极参加有益的文娱活动。
5. 积极参加劳动，爱惜劳动成果。
6. 生活俭朴，讲究卫生，不吸烟，不喝酒，不随地吐痰。
7. 遵守学校纪律，遵守公共秩序，遵守国家法令。
8. 尊敬师长，团结同学，对人有礼貌，不骂人，不打架。
9. 热爱集体，爱护公物，不做对人民有害的事。
10. 诚实谦虚，有错就改。

苏联《中小学班主任手册》中所载中小学学生标准守则，分为三个阶段，即一至三年级、四至八年级、九至十一年级，现摘录后两个阶段标准守则如下：

四至八年级

1. 顽强地掌握知识，努力学习和工作，在课堂上要注意听讲并积极发言。

2. 在学校和家里从事有益的劳动。在完成劳动任务和实习作业时要严格遵守安全操作规程。

3. 积极参加班级和学校的社会工作。

4. 爱护公共财物，保护大自然，注意清洁。

5. 参加体育运动，遵守个人卫生规则。

6. 在课余时间从事阅读、技术创作、艺术创作及正当游戏等有益的活动。

7. 珍惜自己和别人的时间，遵守作息制度。

8. 模范地遵守纪律。要谦虚，有礼貌，亲切待人。穿戴整齐。严格遵守交通规则。

9. 尊敬父母，帮助他们料理家务。

10. 认真执行教师和学校其他工作人员的一切指示，以及学生自治机构的决定。

九至十一年级

1. 顽强和坚持不懈地掌握科学基础知识和自修技能。

2. 积极参加公益劳动，做好自觉选择职业的准备，在完成劳动作业时严格遵守安全操作规程。

3. 积极参加本校、本市和本村的社会生活与文化生活，积极参加学生自治会活动。

4. 爱护人民财产，为祖国创造自然财富。

5. 经常参加体育运动，锻炼身体，时刻准备保卫祖国。

6. 掌握现代的文化和技术，发挥自己进行各种创作活动的才能。

7. 合理安排和利用时间，遵守时间，学会正确组织自己的劳动。

8. 遵守社会主义生活准则。给低年级同学做出文明行为的良好榜样。对不道德的和反社会的行为持不容忍态度。

9. 团结学校全体人员。爱护和发扬学校的好传统。做一个有原则性的和正直的学生。

10. 尊敬父母，关心家庭成员，帮助他们料理家务。

11. 尊重教师的劳动，遵守和积极支持教师的要求以及学生自治机构的决定。

《基督教科学箴言报》1987年1月30日，刊登美国学生品德规范准则(摘自《新编中学班主任工作指南》)。

到目前为止，在所有的学生品德规范准则中，评价最好的是由美国迈阿密大学雷欧·克里斯顿教授制订的21条学生品德规范准则。

1. 明确自律的重要性，把自律作为动力，去做我们认为应该做的事，即使我们不愿意。

2. 做到值得信赖。这样，当我们说要做什么或不做什么时，别人能相信我们。

3. 讲真话，尤其是在讲真话对自己不利的时候，更要这样做。

4. 一生中，在所有的问题上都要诚实，包括在工作上和与政府的关系上。

5. 独自一人时，要有勇气；当有人要我们做自己应拒绝做的事时，要顶得住压力。

6. 不要矫揉造作，弄虚作假，但要显示出自己最佳的自然状态。

7. 用不侵犯他人权利的正当方法达到个人和集体的目的。

8. 在注重道德行为的场合，大胆地表现自己。

9. 要有勇气承认错误。

10. 具有良好的体育道德，认识到，虽然求胜的愿望很重要，但赢得胜利并不是最重要的。

11. 在与他人的交往中，做到谦恭有礼，包括认真倾听别人的发言。

12. 要像自己所希望受到的对待那样对待别人，确认这项原则适用于所有的人，不分阶层、种族、国籍和宗教信仰。

13. 认识到没有一个人是生活在真空中的，那些看起来纯粹是属于个人范畴的行为，实际上常常会影响到自己周围的人或影响到所处的社会。

14. 牢记我们身处逆境时的表现就是对自己的意志和是否成熟的最好考验。

15. 不论干什么工作都要干得出色。

16. 爱护他人财产——如学校财产、企业财产、国家财产、公有财产。

17. 遵守法律。与法律相抵触的行为必须是非暴力的，而且要接受法律的制裁。

18. 尊重言论自由、新闻出版自由、集会自由、宗教自由和进行正常法律活动的民主权利。认识到这个原则适用于我们所憎恨的演讲、我们所讨厌的团体和我们所鄙视的人。

19. 养成有益于身心健康的习惯，制止那些有害于达到这些目标的活动。

20. 避免产生性早熟的经历，形成与家庭生活准则相适应的对性的认识。

21. 认识到人生最重要的问题是自己将成为什么样的人，将具有的性格和道德品质。

参考国外学生守则、要求，结合许多人从校门走入社会之后的实践，思考学生们将要面对的信息量极大，比昨天竞争更为激烈，比昨天更文明、更繁荣、更民主的现代社会，我除了让学生遵守我国教育部规定的《中学生守则》，还对我们班学生提出了如下要求：

1. 辩证地分析自己。

看到自己是一个广阔的世界，尊重并忠实于自己真善美的观念，对自己负责任。做自己的主人，有战胜自己假恶丑的能力。牢记自胜者强。埋怨环境，天昏地暗；改变自我，天高地阔。

2. 尊重别人，对别人负责任。

从对别人的尊重、理解、帮助、关怀、爱护、谅解中，得到别人对自己的尊重、理解、帮助、关怀、爱护、谅解；从对别人的尊重帮助中获得人生的快乐，从和别人融洽和谐的相处中感受人生的自豪与幸福。牢记人心与人心之间等量交换的定律。己所不欲，勿施于人；己所意欲，尽施于人。

3. 尊重集体、国家，对集体、国家负责任。

时刻想到自己既是集体、国家的一个成员，也是集体与国家的主人，绝不能对集体、国家抱冷漠无所谓的态度。越是以集体、国家主人的身份思考问题、处理问题，个人的潜能越能得到发挥，个人能力增长也越快。牢记为集体、社会做的实事越多，人的能力越强，才智越广。

4. 充满信心。

即使失败一千次，也坚信下一次的努力会走向成功。

5. 意志坚强。

有经受失败、打击、挫折、逆境的心理准备，真的遇到失败、打击、挫折、逆境能不退缩，不屈服，将此看作磨炼自己的机会。

6. 胸怀开阔。

不陷入鸡毛蒜皮的斤斤计较之中，更不陷入窝里斗的怪圈，大事清楚，小事糊涂，有吃亏思想，有容人之量。

7. 除关注学校生活、教科书学习外，对社会、对世界的问题有较广泛的兴趣。

善于从政治、经济、教育、文化、科技的广阔信息海洋中，搜集有助于自己学习的教材、有助于自己勇往直前的信息。

8. 能做实事，有潜心实干的精神。

在没有更理想的实事可做时，先潜心做好眼前的、手中的实事。手中的实事虽不是最理想的，但一定能做成同类事中最好的。

每个人都有无穷无尽的潜力，潜力倘挖掘得当，都能大放异彩。每项有利于人类的工作都是神圣的，潜力倘用一种神圣的态度去对待，去做，一定能将这工作做得很神圣。种地、养猪可能创造神圣的业绩，做工、当兵也都是神圣的岗位。教书、科研、经商、当官、写作、摄影、唱戏、踢球，如若用神圣的态度，全身心地投入，就会发现工作的神圣、工作的乐趣与幸福。从小养成踏踏实实、潜心实干的品质，进入社会无论为民为官，还是务农种田，都能处之泰然，都能做得出色，都能使人觉得他的工作有一种神圣感。

总之，我们要全心全意、不遗余力地培养综合素质全面发展的一代新人。

关注国外科技动态

“批林批孔”我也挨批时，深感政治的黑暗，我便转移学习的兴趣，找了一些技术书来读。我研究车、钳、铆、电、焊、铣、刨、磨的基本原理和操作规程，研究钢材，研究刀具。那一年我订了一份《国外科技动态》杂志，读过之后，眼界大开，一时间有站在云端里看一些政客们拼死命地窝里斗、互相咬得头破血流的感觉，也有一种看他们就像看蛐蛐你死我活地咬架的感觉。世界这么大，决不能被这些窝里斗专家们愚弄了，该认真研究点实事，研究点技术，将来总是用得上的。

从那时到现在，快 20 年了，我每年都订阅《国外科技动态》这一杂志。这一杂志以科学技术各领域的新进展、新趋势以及有关科学技术的述评、展望和预测为报道重点，也注意报道一些重要国家和地区科技政策的变化、大型科技项目与规划的制订与实施。某些重要的科研机构、重要科学人物也有选择地给予介绍。这本杂志还特别注重对自然科学与社会科学和经济、科技与教育以及各学科间交叉性内容的报道。

我非常喜欢杂志中的《科技前沿》与《技术实力与对比》专栏，学生们则喜欢《科技信息》专栏。

每期杂志收到后，我挑自己感兴趣学生也感兴趣的栏目，在语文课堂上介绍。有时原文照读，学生复述，分析结构内容，回去后整理成文，有时把文章中适合于学生了解的部分讲给学生听，供学生讨论。

每次讲《国外科技动态》，学生都显示出极浓厚的兴趣，这样做也弥补了教材因受出版周期限制而离现代社会较远的不足。

如该杂志刊登的《1991 年重大科学、环保新闻》一文，我给学生介绍后，学生们深深被人类科学的巨大成就所鼓舞，从而产生了极大的学习积极性，也使个别学生受窝里斗流毒影响而产生的好琢磨人的心理病灶得到了科技之光的照射治疗。

这篇文章写道：1991 年已经过去，美国《时代周刊》回顾了这波涛汹涌的一年，列出了科学及环保方面的重大新闻，从而使读者能对 1991 年的大事有更为全面的认识。包括：

重要科技发展（摘要）

1. 布基球。乃是由 60 个碳原子形成的圆球状碳分子，它与金字塔形的金刚石和六角形的石墨迥然不同。科学家们相信，它能发展成小型滚珠轴承、轻若鹅毛般的电池及只有一个分子般粗的超导电线，其潜在价值无可限量。

2. 聚合酶连锁反应。这是一个看似简单但却非常重要的遗传工程发现，只要在一个脱氧核糖核酸中加入聚合酶，用不了几小时，它们便会繁衍数亿一模一样的复本……

3. 廉价太阳能。1991 年光电研究进展十分神速……试验成功了一种革命性硅圆球太阳板，将获取太阳能的成本降低了 50%……

4. 庞大的并联超级计算机。新一代超级电路允许一千人同时联合操作。麻省一家电子计算机公司开发了一部极为巨大的数字处理机，一秒钟能处理两万亿个数字。

5. 手提式计算机。这种计算机愈来愈轻巧，不但变得如手提书写板那样薄，而且无须键盘也能操作，只要用笔直接在计算机屏幕上比比画画就行了。

6. 4600 年前的古尸。一具属于石器时代晚期登山者的尸体，原封不动地躺在冰封的阿尔卑斯山……这是考古学的一大发现，又是低温科学的最佳宣传品。

7. 禾田上的神秘怪圈。英格兰南部一块禾田上的神奇圆圈和错综复杂的线条，一直引起阵阵疑团。是外星人的杰作？是不明飞行物的降落地点？都不是。它们是两名年老的英国风景画家“闹着玩”的后果而已。小报从此可以停止杜撰故事了，科学家也不必再为此苦思冥想了。

环保要闻

1. 南极条约（特别保护区）令。原本一片白皑皑的南极洲已被油污垃圾搞得乌烟瘴气。24 个国家已签订一项条约，50 年内严禁在这片洁白的陆地上采矿。

2. 经过再三试验及分析已证实，一些有毒物质如石棉及放射性氡气的毒性，不像先前想象的那样猛烈。

3. 在国际政治及道德舆论压力下，日本终于同意于 1992 年底放弃漂网捕鱼。漂网乃是在水中漂浮的巨大渔网，能大量增加渔获量，但会杀害好些海洋哺乳动物，如海豚等。

4. 南极圈上空的臭氧层空洞正逐渐扩大，人造氟氯烃使在北温带及南温带高空的臭氧渐趋稀薄，致使太阳的紫外线对人类的威胁加大，皮肤癌及白内障病例有上升之势。

5. 海湾战争。伊拉克把几百万加仑石油倾入波斯湾，对脆弱的海洋生物是一场浩劫。虽然 650 多口油井的大火在 8 个月内已被扑灭，并未祸及全球天气，但科威特的空气变得十分难闻，而渗入土壤的油污将在那儿逗留很长一段时间。

6. 皮纳图博火山爆发。火山灰如倾盆大雨，使广大地区出现泥泻，又把近 2000 万吨二氧化硫喷向大气层，造成硫酸粒，虽然它们能把部分阳光的热折射回太空，减缓全球气温上升的速度，但当火山烟雾消散后，地球温度上升的速度将加快。

7. 美国 8 名人员打算在面积约 3 英亩的生物圈中生活两年，以图了解生命是怎么回事，但在科学家尚未能完全理解生态系统的今天，他们岂能准确地掌握整个世界呢？

学生对这篇文章中的 14 条新闻都很感兴趣，每一条新闻也确实给学生开辟了一个新的思考问题的门户，打开这门，走出去，精神世界就会变得广阔。

同学之间偶发的对立情绪、对他人的嫉妒、心胸的狭隘、对人类事业的冷漠，这些思想感情的冰川，都容易在鼓舞人心的科技成果的阳光照耀下融化。

我们在教学中，省下时间来适当给学生介绍国外科技动态，有利于缩短教学与现代社会、学生与现代社会的距离，使学生更明确学知识、读书是为科技飞速发展的现代社会服务。

国外的同龄人怎样学

引导学生注目国外学生的学习，能使学生更全面地理解教育的实质，能使学生更积极主动地配合老师，进行教育教学改革。

我常给学生读外国学生的作文。

法国一位中学生写的是自己背井离乡，故意选择艰苦的环境体验生活，磨炼自己的经历。他讲自己离别了父母和舒适的家庭生活，到非洲南部，和当地居民居住、生活在一起达一年之久的经历。我读完以后，学生们都陷入了深深的思考：人家为什么能那么自觉地接受艰苦生活的磨炼？

美国一位中学生写的是自己如何面对家庭生活的不幸，学生时代便挑起支撑家庭生活的担子。

苏联的中学生写的是他们如何在集体生活中增强自己与别人协作的能力，如何学会尊重理解别人和遵守社会公德。

我多年以来坚持订阅《外国教育动态》杂志，那上面有了适合学生的内容，我便向学生介绍。

日本等许多国家都把爱国主义当作重要的德育内容，他们的学生都有强烈的民族自尊心和自豪感。我给学生读介绍日本山口县的教育的文章，他们的教育方法、教育内容引起了学生的关注，特别是有的学校想方设法磨炼学生的毅力，如有的赤足小学，让学生光脚参加各项课外活动，鼓励学生赤足到鹅卵石地上去跑，这一做法，引起我班学生的兴趣。

读《加拿大教育一瞥》这篇文章时，学生们感到加拿大有的学校确实是把学生当成了学习的主人。有的校长介绍说："我们学校有 500 名学生，便有 500 张不同的课程表，学生完全可以按照自己的实际水平，每天、每节课选择适合于自己的科目与教师去听课。"这样灵活的组织方式，同样培养出了大批人才。

读《美国教育掠影》一文，我的学生们对美国有的中学选修课竟达到几十门乃至 100 多个学科感到不可思议。我说："我们刚刚讲一点课外知识，个别人就认为冲击了考试科目，这样理解学生的学习确实太狭隘了。"

我介绍美国有的学校设置了实习牢房，把一间屋子搞得昏暗潮湿，让学生进里面去。学生听了说："这是摧残青少年。"我说："咱们如果不是从批判家的角度，而是思考它合理的一面呢？"有的同学讲："我想他们是为了让学生体验犯罪之后带来的痛苦后果，从而避免犯罪吧！"

一次，上海 10 个县、区的老师到我们班听课，我的语文教材讲完了，便讲了《外国教育动态》上的一篇文章：《哥伦比亚少年教改营》。这个教改营里都是犯罪的青少年，所不同的是教改营编成一个行政单位——市。市长及银行行长、会计、管理人员都由犯罪的青少年担任，他们在这种充满自觉性和自豪感的管理过程当中，体验着做人的幸福，恢复着做人的尊严，提高了与别人、与社会和谐相处的能力，使自己在对他人、对社会尽责任的过程中战胜不负责任、危害社会的观念行为，从而获得新生。这个教改营取得了异乎寻常的教育效果，也使我们班同学感到震惊。这样一个由犯罪青少年组织的小社会尚且管理得井井有条，我们这些并没走太多人生弯路的学生们，自己仅仅管理一个班级，就更应该井井有条了。

我也和学生讨论英国一些学校中至今仍没有废除体罚，利和弊各有几分。

介绍得最多的还是苏联教育。我给学生讲凯洛夫主张的“三中心”，也讲参加过凯洛夫《教育学》编写的赞可夫关于最近发展区的见解，讲巴班斯基课程最优化理论，也讲苏霍姆林斯基的教育理论与实践。学生同我一样，对苏霍姆林斯基最感兴趣。有的学生建议：老师，我们也像帕夫雷什中学一样，半天半天地搞课外活动，该有多好！我说，咱们介绍这些的目的，是让大家理解，教育不是“自古华山一条路”，而是“条条大路通罗马”。我们刚搞了这么点课外活动，许多人就不理解，果真照抄照搬国外先进经验，在片面追求升学率的社会环境中，我们更难生存了。同学们能用了解到的先进教育经验为我们搞的这点课外活动辩护就不错了。

有一次，吉林省的教师来我校听课，我连讲 5 天语文课，都是苏霍姆林斯基《给教师的一百条建议》中的内容，学生选择，每节课讲一条。有的老师问：“这是语文课吗？”我说：“学生爱学这些内容，这内容又跟学生的学习、生活息息相关，学生听了以后能复述，既练了听力，也练了说的能力；听实际是用耳朵读。听了一遍，就划分层次，归纳中心，这又练了读的能力；回去以后，学生将听的材料整理成文，又练了写的能力。听、说、读、写能力都练了，我觉得就是语文课。”

我甚至同学生们商量，苏霍姆林斯基的第一百条建议大家猜是什么。学生猜了十多次都猜不着。最后我说：“他告诉以上那些建议都要对学生保密，大家说是保密好还是不保密好？”绝大部分同学认为不保密好。我说：“保密肯定有保密的好处，只是老师还没领会到，而我一贯的教育教学方法，又是提倡公开化，提倡教学民主，提倡师生共同商量。真的有一天，老师领会到保密比公开的利要比弊大的时候，老师再开始保密，大家说好不好？”同学们热烈赞成我的坦率。

日本学生到我校访问，我们班学生也迫不及待地问人家篮球队的同学们怎样处理打篮球和学习的关系，问人家美术书法小组的同学活动都在什么时间，采取什么形式，是自发的时候多，还是学校组织的时候多。

学生还说：“电视台放映的日本电视剧《排球女将》《血疑》《阿信》我们都很喜欢，你们日本电视台是不是也放中国电视？你们喜欢看吗？看电视的时间多吗？”日本学生说：“我们也看中国电视，最喜欢的片子是连续剧《西游记》。”

一谈起香港地区以及国外的教育，学生们兴趣盎然，一串串的问题提出来。

我从香港地区考察回来，学生们从人家的办学条件到课堂教学、课外活动，以至教科书，问个不停。我讲了香港的学校对有些问题要求很严格，例如学生发型，我们走了大、中、小 20 多所学校，没有见到一个留长头发的男同学，女同学各校发型也统一，这样同学们对我们班从 1977 年起男女同学就统一发型的做法觉得不孤立了。人家学生的服装也都统一，所到的所有学校，学生穿得都非常整洁、朴素，没看到一个人穿花花绿绿的奇装异服，更没有看到像地赖子（北方语，即小地痞流氓之类的人）那样打扮的人。另一方面，他们又重视培养学生自立、自治、自理能力和动手能力。以香港最好的中学伊丽莎白中学为例，他们学校有四个学生社团，四个社团纷纷积极主动自觉地开展学生感兴趣的有益活动，社团之间互相竞争，以在同学中扩大本社团的知名度和提高威信，争取更多的同学参加到自己的社团中来。在这样积极主动、自觉竞争的同时，同学们受到了锻炼，增强了组织活动的能力，当然也增强了自我教育的能力。他们还重视学生的动手能力，每所中小学都有许多供训练动手能力的理化生实验室或其他专用教室。不仅职业技术学校重视，普通中学也重视。（伊丽莎白中学的木工房比我们一般的木器厂设备还多。我们看到他们职业训练学校一个车间里，光是车床就有 70 多台，加上铣床、刨床、磨床、钻床，机床总数在 300 台以上，超过我们市内任何一座机修厂或机械厂的机床总数。）学生们听了，感到我们平时提要自己管理班级，要多动手，多实践，还是有道理的，不再埋怨因此而耽误自己的学习，影响考试分数了。

我从俄罗斯返回，学生们上语文课时，不让我讲教材（尽管我已半个多月没讲了），让我讲到圣彼得堡、莫斯科、伊尔库斯克的见闻，特别要多讲俄罗斯教育情况。

“俄罗斯办学条件怎样？”

“我们所看到的学校办学条件非常优越，一所 30 年前建的学校，校舍生均占有面积就远远超过我们，有室内篮球场、体操房、小礼堂。新建的校舍设备就更齐全，一所中学有两个室内篮球场，楼内走廊都很宽敞。”

“他们每班也像我们这样六七十名学生吗？”

“据说俄罗斯要求把中学班额都控制在 24 人以下，我们所见到的教学班每班没有突破 25 人的。这样学生和教师接触的机会自然多了，就有利于教育质量的提高。”

“他们那儿也有劣迹学生吗？”

“这点我们没发现，像我们有极个别学生模仿街头地赖子打扮的，看不到。不仅在学校一个没看到，在大街上、商店里、剧场里、博物馆里、地铁站、公共汽车上，近半个月的时间，我们也没有发现一个像我们公共场所地赖子那样，身着奇装异服，歪戴帽，斜瞪眼，长头发，弓背曲腰的人。”

“俄罗斯社会秩序怎样？”

“学校秩序井然不必说，广场车站，机场码头，我们所到之处，人们极其文明，凡有排队的地方，无一人拥挤，司机半夜过十字路口，见到红灯，明明横道无一辆车，也无警察，他也决不闯红灯。莫斯科红场边上的大商场内无一人大声讲话，圣彼得堡大街上的候车亭三面是大透明玻璃隔开，没有一块玻璃损坏。伊尔库斯克公共汽车上无人收票，但旅客都自动往票上打作废的孔。俄罗斯上层乱作一团，通货膨胀，但人民群众却如此冷静、文明、克制，确实得佩服他们教育的成功。”

学生们通过与同龄人学生生活的比较，通过与不同国家和地区教育目标、教育内容、教育方法的比较，能找到既科学又比较适用于我们自己的方法；能更全面地认识和理解教育，不至于像有的同学所狭隘理解的那样，教育便是上学、读书、做题、考试、得分、升学。

通过比较，学生们也比较乐于接受我所提出来的培养自我教育能力、提高学生管理班级能力的做法，认识到这不是老师别出心裁，而是符合世界改革大趋势的做法。

五千万年后的地球上

培养学生成为目光远大的人，是现代教育的任务之一。

相当一部分人争名于朝、争利于市，为鸡毛蒜皮的一点小事吵得面红耳赤，甚至打作一团，打得头破血流。这跟目光过于短浅有关。他们目力所及，仅眼前一点蝇头小利，仅 6 元钱的一级工资，看不到发挥自己才能，创造千万元财富的别的更远的途径，只好拼命争这一级工资。他们以为把对手搞掉了，自己才能涨上，所以宁肯付出血的代价，有的甚至宁肯付出生命也不肯让出这 6 元钱。

一个人要想活得有价值，不成为鼠目寸光、寸利必争的庸人，就必须培养自己注目当代世界和未来世界的能力。

我喜欢和学生一起探讨未来世界的事情。我愿意给同学们介绍托夫勒、奈斯比特等未来学家对世界明天的一些观点和看法。谈今后 20 年、50 年、100 年，甚至谈未来 10000 年……

1984 年，辽宁人民广播电台的两位记者到我们班级采访，要听我讲语文课，可是他们来时已是期中，该学期的语文教材我早就讲完了，只好讲课外的内容。

当天我恰好收到一本当月的杂志——《国外科技动态》，学生们都很喜欢我介绍那上面的文章。上课时，我便拿出这本杂志，简单介绍了一下本期目录，请同学们从中挑选一篇文章。

同学们不约而同地要求讲《五千万年后的地球上》。这篇文章，是一位物理学博士写的。我便还按老规矩，首先朗读这篇文章。文章 2000 多字，我 10 分钟便读完了。读过之后，我便请全班同学七嘴八舌地复述，又找个别同学复述。

我记得电台记者立即将采访话筒伸向复述的同学，当场录音。然后，我请同学们划分这篇文章的层次，并概括文章中心。

接着请同学们对文章的观点进行讨论。一部分同学认为，作者说得有道理，人类乱砍滥伐，破坏生态平衡；人类掠夺性地开采地下资源，既侵吞了祖先的积蓄，又抢夺了子孙的能源；人类唯利是图的生产，全然不顾环境污染……人类这些鼠目寸光的做法，必然导致生态环境的紊乱，最终招致自身的灭亡。五千万年后的地球上的主人，完全可能同作者说的一样，是一群生命力极强的大老鼠。

付代诚同学说：“我不同意作者的看法。生态平衡既然是人类破坏的，按照有矛必有盾的规律，人类就能凭自己的智慧使生态达到新的平衡；能源开采确实过分，但石油没有了之后，一定会有更好的能源替代它；环境污染确实给人类带来了灾难，但大家看到，经过世界环保组织的努力，不少地区污染已比前些年有所减轻……总而言之，我相信人类是伟大的，我对人类的前途抱乐观态度，我坚信五千万年后地球上的主人仍然是人类。”

同学们热烈地讨论着人类遥远的明天。在这讨论中，他们很容易产生“登泰山而小天下”之感，最低限度，在此时此刻，会觉得为了个人利益而和自己的同胞、同学、同志战斗，残酷无情地斗争是很可悲的。一个人只为了个人权力、名誉、地位，只为了个人利益活着是很可怜的。

下课以后，电台记者要去了我的杂志，他们将同学们复述的录音和原文相对照，发现许多细节、数据都和原文一致。他们以为学生不可能听了一遍就记住了这么多的信息，便问学生："你们事先看过这篇文章吗？"同学们说确实没有看过，邮局刚刚送到老师手里，我们还不知道本期《国外科技动态》已经来了呢。

记者问："你们怎么能在这么短的时间内，十来分钟，只听了一遍，就基本记住了全文内容呢？"学生说："我们感觉自己的记忆取决于对所记材料的兴趣。好的小说连播、评书连播只听一遍，基本能讲下来；我们非常渴望了解全人类的事情，更憧憬人类的未来，对这类文章，当然听一遍就基本记住了。"

过了一年，我又到省里开会，遇到电台记者吴海燕同志，她还同我谈起那节课，谈起同学们对整个人类的关注，谈起同学们对未来的独到见解，谈到课堂上同学们忽而凝神侧目细听，忽而热火朝天地讨论的场面。她感到，适量地给学生们介绍有关人类未来的文章，太有必要了。

我想，未来学这门课程，将越来越多地被中小学列为选修课，简明未来学总有一天会成为中学的必修课。

35 年后的班会

1979 年 10 月 31 日，我教的学生大都还是 14 岁的孩子，他们是小大人，他们总觉得自己已成熟了，喜欢把自己说得大一些，都报自己的虚岁数，说自己 15 岁了。有的说得更大，他们渴望成熟，渴望长大。这天课后，不知怎么引起的，大家对长大，对自己长大以后干什么，谈得特别多，特别热烈。（这也是小大人的特点，如若另一个题目，勾起了他们对童年的回忆，他们又会对童年有着千般留恋万种深情，于是就又都大喊大叫："人要是总处在无忧无虑的童年，不长大该多好。"）

我想，有必要引导学生经常想一想自己的未来，想一想长大以后做什么，甚至想得更具体一些：怎样做。

我自己在工作中、学习中都有过坎坷、有过挫折，经受坎坷曲折时，我感到，如果目光太短浅了，就会把坎坷曲折看得过难过重，容易一叶障目，只见树木，不见森林，似乎人生充满了坎坷曲折，觉得人生之路过于艰难，过于昏暗，以致在坎坷曲折面前忧虑、烦闷，甚至悲观。此时倘能跳出现实，让自己的思维到未来游历一番，想一想几年、十几年以后人类的明天，想一想十几年甚至几十年之后自己工作学习的情形，便觉得坎坷、曲折、打击、磨难，所有这一切都算不了什么。过了几十年，再回过头来一看，都不过是一段插曲，于是便豁然开朗了。

学生们不会再经历像我们这样多的天灾人祸和种种磨难了。但他们长大的过程不可能一帆风顺，为使他们不至于一遇小片乌云，便产生天昏地暗之感，引导同学们经常展望一下自己的明天还是必要的。

于是我出了一个班会题目：35 年后的班会。

时间：2015 年的某一天。注意：那时，各位同学都已是 50 岁左右的人了。

地点：我们的学校。注意：那时我校一定不像现在这样，只两排平房夹着一个涝洼塘似的操场。

人物：在各行各业、各地区工作的当年的同学们。

事件：大家从四面八方又聚到一起，班会从开始到结束的全过程。

为开好这次班会，同学们可以先认真写一篇作文。作文中写清 35 年后班会的全过程，然后在班会上宣读自己的文章，看谁的想象丰富、生动、形象，又符合逻辑。

同学们对这篇文章投入了真情，感动了自己，也感动了他人。

他们写道：35 年后，国家已实现了现代化，同学们有的乘坐高速列车，有的自己驾驶着微型太阳能飞机，有的驾驶以海水为燃料的气垫船自渤海湾进入双台河口，来到学校。

校园面貌已使许多在外省工作的同学无法识别。当年的两栋平房，变成了造型别致的几座大楼；涝洼塘般的操场，东西两侧建了假山、喷泉、花园。操场中间绿草如茵，四周已变成了塑胶跑道。

变化最大的还是同学们。大家都已是 50 岁左右的人了，但每个人还感觉正当壮年，看上去还很年轻；大家都在自己的工作岗位上做出了突出的成绩，有的成了知名的数学家、企业家、文学家……

有的同学做了园艺工作者，精心培育出了能在盘锦盐碱地生长的枣树、梨树、桂花树、梧桐树，使我们连大棵杨柳都没有的盘锦也变得和江南城市一样，到处树木葱葱……

平时最爱溜号、学习成绩全班倒数第一的同学参加工作后，痛感没文化的苦恼，他刻苦自学专业知识，在一家文具厂成了发明能手。他拿着自己制作的无尘粉笔献给老师，同学们争着用这粉笔。粉笔的一端写字时输出荧光粉似的物质，写在黑板上色彩绚丽，用完之后，用笔的尾端对着字迹稍加扫描，那些物质便又回到了笔内……

每位同学写这篇文章时都带着笑，带着对美好明天的向往。

我还经常引导学生写这样的文章，题目是“日记一则”，月日便是 1 月 1 日，但年份不是 1993 年而是 2003 年或是 2030 年，总之是今后十年或几十年。同学们想一想，那时你在什么单位工作？工作环境如何？周围的同志们工作如何相互配合？想象一下那一天从早到晚是怎样度过的？都做了些什么？

为使学生从时间上想得更远些，我还引导大家写“给一万年之后的中学生的一封信”，自己对万年之后的中学生的学习、生活有哪些设想，自己有哪些理想愿望，或自己生命范畴内解决不了的难题，需要委托万年以后的中学生们帮忙。

我也引导学生假设自己是 500 年后的中学生，站在那个时代的中学生的角度，给今天的人类写一封信。从未来的角度看历史，便看得清晰，能看出哪些是应做的事，哪些是野蛮、残酷、倒退的事，哪些是愚昧落后的事，哪些是自以为正确实际又非常可笑的事。

我体会到，当引导学生把目光投向自己的未来时，许多狭隘的、无原则的争论都自消自灭了。个别同学喜欢为鼻子尖下的一点个人名利而斤斤计较的事，也不知不觉销声匿迹了。

站在月球上想到的

人需要在时间上看得长远些，也需要在空间上想得宽阔些。

那些喜欢整人的人若能从小便多从宽阔的空间角度和悠长的时间角度

思考问题，也许不至于活得那么狭隘，活得那么累；也许不至于为了个人那点权力，不惜丧失人性，不惜出卖战友，不惜抛弃人格，而做出大量伤天害理的事情来；不至于活着时狰狞伴随着恐惧，紧张搅和着苦恼，死了以后，还被人们当作笑料，当作小丑去谴责。

学生之间的一些矛盾，有时心理失衡，也常跟思想狭隘有关。

我告诫自己，倘对眼前的不幸过分看重时，倘对个别官的胡闹看不惯又制止不住时，要有一点“两岸猿声啼不住，轻舟已过万重山”的超脱，不让自己卷入自私、狭隘、庸俗的泥潭，弄坏了情绪，耽误了学习工作，耽误了走路。要保持思维的流畅，此处无通途，自有奔流处。一旦跳出狭隘的思维圈套，顿觉天高地阔。

自己从中得到了解脱，便也教给学生这种解脱狭隘的方法。

我引导学生写过题目为《站在月球上想到的》等的文章。我说，倘若你站在月球上看地球，就会发现，地球只不过是一个直径比月亮大两倍多的淡蓝色的星体。觉得它小，你才会更感到人类互相关心、互相爱护、互相帮助的无比重要和珍贵，你才会觉得并不太大的一个地球确实不该你争我夺，东一块西一块地割来抢去，打个没完。站在这样的角度才会觉得马克思主义者追求共产主义，追求世界大同的明智。那么，站在这样的角度看某两位同学为了一句话而不顾友情，伤害对方，他们不是太可怜了吗？

学生们这篇文章写得开阔高远，心情平静，气魄宏大。1980 年，正是飞碟热的时候，在班会上，语文课上，班级多次介绍了飞碟研究专家的文章，班级的飞碟爱好者谈起飞碟来，一个个滔滔不绝，眉飞色舞。我便引导同学们写这样一篇文章：《飞碟发射之前》。

要求每位同学都假设自己是外星制造飞碟的专家，你们已有高度的精神文明和物质文明，但你们感觉孤独，希望在宇宙里寻找和自己差不多的高理性动物，然后大家进行物质文化交流。对别的星系的一次次探索都失败了，不仅没有发现高理性动物，连低级生命形态都没发现。失望延续了100 年，你们中的一位天文学家突然发现了极其遥远的一个新的星系——太阳系，于是你们制造了更为先进的飞碟准备往地球发射，作文就写你们这些宇宙人在飞碟发射之前的种种猜测、幻想、愿望、憧憬和你们之间的交谈，热烈的争论……

一听题目，同学们便笑了，感到自己的思维到了广阔的宇宙空间，不少同学写了两三千字，有的写成了系列小说，写了 6000 多字还不肯罢手。我劝他：“世间万事万物，过犹不及。外星球的事，想得太多了，可能会耽误地球上的事，会耽误自己眼前做的事，停止吧！”“不！我没耽误眼前的事，相反地，这几天写文章心情兴奋，感到自己有巨大的潜力，不再计较一些小事，学习起来劲头足，上课理解得好，课后作业写得也快，小考成绩不知不觉好起来。我感觉人的学习跟心情有很大关系，过去爱为一点小事想不开，发怒，忧虑，耽误时间，没心学习，现在想人类，想月球，想宇宙人，才感到自己为一点小事发愁真是不值得。”“如果是这样，老师不制止你，继续写下去吧！不过我发现你耽误了学习，可就得立即让你停止了。”

我还引导学生讨论过许多思维超越狭窄空间的问题：“火星人怎样移山填海”“如何开采月亮上的矿产资源”“人类怎样建立太空冶炼厂”“人类怎样向外星球移民”等。学生对这些问题普遍极有兴趣，争先恐后地发言，每个人的见解都很独特，当然有的也很幼稚。

每当讨论完这些问题，再问大家，日常学习中为了一点小事闹不团结，此刻有何感想时，个别喜欢斤斤计较的同学，不好意思地笑了，感到了自己的渺小，感到了为那些小事伤害了同学感情，弄糟了自己的情绪，耽误了学习，真是不值得。

讨论思考这些问题，还有利于使同学们树立较远大的理想，愿意献身于人类的进步事业。尽管回到现实中，回到唯利是图的人身边时，他还可能变得唯利是图，但有过这样一段时间的超脱，有过这样一段时间的想要献身人类的脑细胞的兴奋，毕竟会为未来更长时间的超脱和远大理想的牢固树立奠定一点思想基础。

强者敢于承认不足

1987 年 11 月 2 日，我参加党的十三大归来，同学们兴高采烈。因为我于 10 月上旬便去香港，回大陆后未及返校便参加了党的十三大，已经有 20 多天没和同学们见面了。

我将十三大首日封、纪念邮票、香港硬币分赠给同学们，照例又举行了“记者招待会”。

有同学问:“老师，您参加十三大感受最深的是什么？”

“感受深的事好多好多，说哪一些呢？”

“说感受第一深的那一件。”

我想了想，说:“感受第一深的要算我听了中央委员会报告提出的我们正处在社会主义初级阶段这段话。”

有同学说:“有的老年人说，辛辛苦苦干了38年社会主义，怎么越干越往回缩，缩到了初级阶段呢？”

“不是往回缩，而是恢复历史本来面目。过去我们从来没到过高级阶段，当年所谓跑步进入共产主义，不过是不懂社会发展规律，好心人胡乱做梦，不负责任的人胡乱吹牛而已。”

同学们问:“提出初级阶段的理论有什么好处呢？”

我说:“好处就在于引导全国人民把脚踏在实实在在的地上，一步步地前进，一点点地做实事，再也不要吊在空中做梦，再也不要用梦想来指导自己的言行。我们党高明之处在于勇于承认自己的弱点，认清国家在世界上的位置，提出80年代的奋斗目标是解决温饱问题,90年代达到小康水平，到21世纪再奋斗50年才能达到中等发达国家的水平。这证明我们党是强者，敢于承认不足，承认落后，然后制订切实可行的措施，一步步有效地缩小和发达国家的差距。”

同学们问:“承认弱点，为什么是强者呢？”

“有这样两名学生，成绩都不及格，甲不仅不承认自己不及格，反倒吹嘘自己是最优秀的学生。乙同学老老实实承认自己不及格，订出具体可行的措施，力争一年及格，两年达到70分，毕业时达到平均80分的成绩。听起来，乙同学的调子确实低，但大家觉得谁是强者呢？”

同学们都笑了:“当然乙同学是强者。”

“那就请同学们在日常生活中做这样的强者，而不要当那个没有勇气面对现实的弱者。人一旦企图掩饰自己的弱点，便要付出一系列脱离实际的努力，进行一系列维护自己面子的浮夸，采取一系列不友好的言行对待提出忠告的朋友，结果会使自己的弱点越来越多，朋友越来越少，成为落后而又可怜的孤家寡人。

“掩饰弱点，不面对事实还容易使人养成用头立地的习惯，凡事想当然，昏昏然，飘飘然，头重脚轻，主观主义猖獗，以为自己可以超越阶段，违背甚至指挥客观规律，招致既损人又不利己的后果。”

从心里讲，我觉得党的十三大，最大的贡献在于提出了社会主义初级阶段的理论，使社会主义的理论从天上回到人间，从空想回到现实，然后脚踏实地地按照“一个中心，两个基本点”的路线去建设而不是去描绘社会主义。

我欢呼用头立地的终结，我欢呼“穷过渡”的停止，我欢呼我们党的强大，更欢呼真正马克思主义的生产力决定生产关系的基本常识的回归，于是填《满江红》一首以抒怀。

十四大进一步指出，社会主义初级阶段至少要经历 100 年时间。这就告诉我们，在 100 年之内，不要再做马上就能跑进共产主义的梦，不要再做穷过渡的傻事。

这也充分说明我们党不仅强大，而且成熟了。人类社会形态的发展常常是以世纪、以千年为尺度的，人类还是在青年时代，人类将来要走的路，比起已经走过的道路来，不知要长远多少倍。

“记者招待会”

参加党的十四大归来，学生们纷纷要求讲一讲开会的感想。我问：“咱们半个月没上语文课了，同意老师讲课的请举手！”没有一个人举手。“那么同意介绍大会盛况的呢？”全体举手，有的站起来举，有的高高举起两只胳膊。

“那就讲一讲，还是老规矩——‘记者招待会’的形式。”多年以来，我外出开重要的会议或参加较大活动，归来后，大家都要问长问短，我便在班上开“记者招待会”。

有同学问：“搞市场经济，搞竞争，没能力的人会不会没饭吃？”

我说：“市场经济体制的形成是一个过程，真的形成这个体制后，企业充满活力，有了经营自主权，提高了劳动生产率，先进企业向国家上缴的利税增加；亏损企业或被先进企业兼并或破产下马，国家无须再补贴亏损企业；竞争又使新兴企业不断诞生。日本人的密度那么大，可现在还缺少劳动力，原因之一在于新兴企业多。我们过去所谓资产阶级利用机械化提高劳动效率，造成大量工人失业的宣传是一种类似幼儿园小孩看问题的方法。

只盯住原有的产品品种、原有的生产规模、原有的产业结构，想不到产品品种不断更新、生产规模不断扩大、产业结构不断调整。事实上近百年来，发达国家就业人数不知增长了多少倍，失业人数比一百年以前少得多了。

“失业的少了，每个人都有自己的岗位，这岗位又不是大锅饭式的虚岗，而是同样充满竞争的实岗。这岗位本身就增长了人的能力，所以在竞争激烈的社会环境中，没能力的人会越来越少，不像现在，虚设的无所事事的岗位培训出了一大批没能力的人。

“没有能力的人比过去少了是一回事，仍然存在个别没能力的人是另一回事。市场经济，激烈竞争，前面说过，国家财政收入肯定增多，国家钱多了，需要照顾的人却少了，办一些社会福利事业自然就不成问题了。

“没能力的人将来肯定有饭吃，但绝不会像‘文化大革命’那样，跟有能力的人吃一样的饭，同学们说一说该不该让没能力的人吃得稀一点，差一点？”

“应该！当然应该！都吃大锅饭，有能力的人没积极性，没能力的人就越培养越多。”

王娇问：“听说沈阳把太原街、钟街的好多地盘都卖给外国人了，是真的吗？这么搞咱们国家发展不就慢了吗？”

“卖确实是卖了一些，但卖的不是土地所有权，而是土地使用权。一般合同规定使用 30 至 50 年，50 年后收回，使用权还是我们的。

“这样做形式上看是外国人到我们这儿来赚钱，阻碍了我们的发展。但认真一分析，还是促进了我们的发展。

“有些地块，我们办的商业或工厂盈利额不高。卖给外商呢，我们可以得到五笔钱。

“第一笔，土地使用权转让费。有的黄金地段，每亩地达到五六百万元，若转让十来亩地，便可能得上千万，甚至数千万元的资金，用这些资金，我们又可上新项目。

“第二笔，外商买地后自然要搞建筑，建工厂、写字楼，或宾馆、商场。一般的建筑材料他要在中国购买，这便养活了我们部分建材企业。

“第三笔，一般地说，搞不太特殊的建筑，中国建筑队伍有一定的竞争力，因为我们收费标准低，倘外商用中国建筑队伍，便又养活了我们部分建筑企业。

“第四笔，建筑物落成后，或商场或工厂，都需工作人员。高层管理人员，当然由外商自己或亲近的人担任，一般工作人员、服务员、流水作业线的工人呢，他们愿意使用大陆人，因为大陆人的工资一般比美、日、法、德等国和我国台湾、香港地区低得多。他们当然不愿花大价钱去雇本国的高价劳动力，这样又为我们的待业青年提供了就业机会，提供了工资。

“第五笔，他们的商场或工厂投入运营后，要向我国缴纳营业、产值等多项税。

“这些还没有将他们企业运营过程中水、电、气消耗，公共设施使用费，工作人员的衣食住行消费计算在内，其实这些都会促进本地区许多行业的发展。

“这么一算，同学们说，土地使用权暂时性的转让，是利大还是弊大呢？”

“还是利大。”

“当然了，如果我们有经济实力，就可以不但不卖地，还可以到日本东京去买地，到美国华盛顿、英国伦敦去买地。但现在我们穷，穷就意味着被动，在经济战争中就要挨打。不这样做，我们和发达国家的差距还会拉大，还会更穷、更被动，那时就更不好办了。

“另外，现在世界格局就是这样，你中有我，我中有你，谁都可以买谁的地。美国故意把本国各州的土地都卖给各国一点点，意在向世人昭示这个相互依存、相互渗透、互助互利的世界大趋势。日本在美国买了数百家大大小小的企业，雇用 30 多万美国人给自己干活。反过来美国也在日本买了不少企业，雇用 10 多万日本人给自己干活。我们江苏有一家乡镇企业，就在美国买了一块地建了属于自己的商店；我们的首钢最近也买了美国的一家钢铁联合企业。所以有的未来学家说，第三次世界大战要打，但不是枪炮大战而是经济大战，在这场经济大战中，资金就是武器，谁有雄厚的资金，谁就可以占领对方，以至占领世界。面对严峻的世界形势，如果我们还傻乎乎地争论姓‘社’姓‘资’的问题，失去了机会，耽误了时间，拉大了差距，那就只能等着发达国家大规模地来占领我们了。”

张卓伦同学问：“什么都搞竞争，我们社会主义会不会变？”

“同学们理解的社会主义是一个人从医院生下来，便由国家包下来。在产科医院的住院费国家出，进了托儿所，国家付托管费；进了小学、初中，国家付义务教育费；进了大学，国家给交学费；成年了等着国家给安排工作，工作不适合等着国家给调换工作；有病或消极怠工国家也给开工资。为了给一些青年人安排工作，国家没办法，便让个别企业的工人 50 岁，甚至 45 岁时便退休，退休以后由国家养着，一直养到最后和人类告别，国家最后支付一笔丧葬费。

“这是社会主义吗？这是对懒人有利的主义，说不清楚这是什么主义，至少这是被片面歪曲了的社会主义，被眼前的事实证明行不通的一种主义。

“如同当母亲的对待自己的子女，如果从小就事事包下来，不让他做，不让他自立。洗脸，母亲代劳；穿衣，母亲代劳；母亲再替孩子读书、写作业，替孩子到学校去当值日生扫地。不能说母亲的出发点不好，但这样肯定剥夺了孩子增长能力的机会，孩子会变得或怯懦无能或野蛮无能，这样的母亲难道还不该被否定吗？同理，国家什么都包下来的做法也到了该否定的时候了。

“竞争，意味着自己去寻找机会、抓住机会，甚至去创造机会。竞争塑造出充满活力的一代新人，新人们给国家创造了财富。不再像个别不孝的儿子，长到四五十岁了还在算计如何吃父母，如何盘剥父母那点退休金。有作为的儿子成年后不仅不吃父母，还要赡养父母，使父母过上安逸、舒适、富裕的生活。有作为的公民成年之后也都能自食其力，创造财富，向国家贡献利税。这样国家才能富裕，才有实力，才能强大，才能自立于世界民族之林，这时才谈得上社会主义好。

“如果经济搞不上去，国家与发达国家和周边国家的差距越来越大，国家越来越贫困，越来越虚弱，越来越落后，即使个别‘左派’贴在国家身上的那些所谓社会主义的符号、计划经济的标签、一大二公的口号、人民公社的牌子统统不变，堂而皇之，耀眼炫目。而它们越醒目，讽刺意味不是越浓，越成为人家的笑料了吗？

“社会主义是干出来的，不是喊出来的。努力竞争，发展生产，增长实力，我们成为经济强国了，那时挂着社会主义牌子才会给社会主义增光。大家想想，是不是这么回事？”

同学们七嘴八舌议论某些只讲空话、不干实事，社会主义喊得震天响，自己却利用职权大捞特捞的干部给国家造成的危害。一谈起这些，同学们感到非常气愤，觉得确实是“空谈误国，实干兴邦”。

胡明阳同学问：“这些年光喊重视教育，可人们越来越不愿当教师，十四大以后，教育怎样发展？”

我说：“人们不愿当教师，教了一辈子书的许多教师发誓不让子女当教师，原因在于教师地位低。国家也想提高教师地位，也每年都在喊，喊的结果，是教师相对于其他行业，地位越来越低。原因何在？是国家说假话吗？不是，国家真想提高教师待遇，只是因为穷，财政收入少，吃皇粮的人又多，僧多粥少，不好提高。相信十四大后，向市场经济转轨，企业有了生机和活力，产值上升，国家利税增加，这样提高教师地位、重视教育才有了经济基础，再加上多种形式办学，教育一定也会出现生机勃勃的大好局面。”

大家争先恐后地又问了不少问题，有的出乎我的意料，没想到他们这么小的年龄想了这么多深刻的问题。

有的问：“十四大后，全面放开物价，会不会出现物价全面上涨？”

有的问：“精简机构都提了十来年了，机关越减越多，十四大后会真的能减少吗？”

有的问：“党风问题年年提，但党风一年不如一年，十四大能使党风根本好转吗？”

有的问：“中国将要恢复关贸总协定缔约国的地位，外国不少产品价格都非常低，都涌进来，我国的汽车制造厂、电视机厂等不会被冲垮吗？”

有学生说：“国家为什么总发行债券呢？既无外债，又无内债不好吗？”

这些问题，使我认识到现在的中学生，幼稚起来，有的像吃奶的孩子那样缺乏独立生活的能力；深沉起来，也够可以的，思考那些问题，就好像他们是经济学家，是企业家，是国家领导人似的。也难怪，他们每天坐在电视机前，都可以看到国内外领导人、企业家、科学家在说些什么，做些什么，想些什么。一按遥控器，电视画面由布什和克林顿竞选美国总统，克林顿获胜，一下子便转到了学龄前儿童喜爱的动画片，前者他们感兴趣，后者他们也愿意看。他们的脑子便是既有前者又有后者的联合世界。

当教师的应经常引导学生把大脑接收器更多地对准关系他们未来，关系国计民生的大事。这样，他们才能较顺利地长大。

“记者招待会”快结束了，我说：“我由衷地羡慕同学们，你们没有我们小时候忍受的饥饿。我们初中刚毕业就没书可读了，都到农村去种地；六亿农民种地还嫌少，还要硬加上我们。‘文化大革命’中我们经历了残酷的政治斗争。你们多幸福，这一切都不存在了，现在你们凭本领进行公平的竞争，有能力便可上大学或到实践中去施展。待到你们成年后，市场经济体制大概会基本完善了。市场经济是法治经济，现在大量压抑人才的现象会大大减少。在较完善的人才市场上，你完全可以选择适合自己的工作。关键在于你有没有真才实学，如果有，各省各市甚至各国，各行各业都会抢你，都要请你去。那真是海阔凭鱼跃，天高任鸟飞。同学们，千万珍惜现在这转瞬即逝的学生时代，增长知识，增长才能，将来无愧于这令人振奋的伟大时代。”

广阔天地与“小马蹄坑”

我曾收到一份祝福卡，一看地址，写的是“甘肃省兰州市西北师范大学二附中”。打开一看，上面写着——

魏老师：

您还记得我吗？我就是您的观摩课上那个不起眼的小女孩，就是您给了我勇气和希望，就是您教会了我“人是一个广阔的世界”这句话。是您在我生活的里程碑上留下了转折性的一笔。我感谢您，您是一个能教书育人的好老师。

一个不起眼的小女孩舒敏洁

在贺卡的另一页上写着——

祝您：

一路平安！

万事如意！

永远快乐！

1992 年暑假，我给河北廊坊、山西太原、广西桂林、江苏无锡、甘肃兰州 5 个市的学生讲过课，都是到课堂上才和学生见面，讲完课又奔下一个省市，这位同学是谁，一时想不起来。但我依稀记得课后学生们围住我签字，我喜欢在看上去文静、聪明的学生的本子上写“人是一个广阔的世界”这句话。

我的学生和我谈心时，也谈到这句话使人有茅塞顿开之感。这句话曾引导许多学生站在一个广阔而又高远的立足点上看待自己，看待人生。

不只学生，我自己也不止 100 次地从这句话中受到鼓舞。每思考一次这句话，我都有一种进入广阔的人生世界的感觉，都能把自己内心深处狭隘、自卑、牢骚、愤懑的情绪，驱赶得少些，再少些。

我自感这是一句能给人以力量、信心和勇气的话，于是我便不厌其烦地向自己、向自己的学生、向全国各地的学生宣传这句话，推荐这句话，强调这句话。不，这不仅是一句话，这是一种人生观念，一种人生境界。谁能真心诚意地树立这样的观念，谁能真心诚意地追求这种境界，谁就获得了精神上的解放。

我引导一届又一届的学生，反复写《我的心灵世界》这篇文章。有的同学写道："以前我只知道自己懒惰、拖拉，自己管不了自己，自己甚至厌烦自己。老师让写《我的心灵世界》这篇作文，我仔细一想，才发现自己的内心深处不那么简单，确实存在着一个广阔的世界。我的心灵中既有日月星辰，也有江河山川；既有风霜雨雪，又有花鸟草虫；有厂矿学校，也有阶级政党；有真善美，也有假恶丑；有懒散拖拉，也有勤奋惜时。我要发现那些广阔、自信、自强的部分，把握自我，做心灵世界的主人，把心灵世界治理得更文明、进步。"

面对"后进"的、犯错误的学生，如果我不从人是一个世界的角度看，就容易觉得学生气人、难管，难以想出好的教育方法，还容易一筹莫展，批评一顿后不了了之，自知解决不了根本问题，弄得自己心境也不好起来。

从人是一个世界的角度看呢？常使自己在最难教育的学生面前也自觉信心百倍，很快便透过学生气人的一面，看到他可爱的一面，看到他的热情上进，看到他的真善美，看到他纯洁的心灵天空，看到他一次次与困难抗争。

这样看，我心境平和了，开阔了，话也说进学生心里去了，他们也跟着一起去找寻那曾有过而又失去了的世界的另一面了，于是顿生左右逢源之感，能很快就想出许多好的教育方法。

我还喜欢在外地学生的日记本上写："世界也许很小很小，心的领域却很大很大。"

班级大扫除，每人都奔向自己的目标。高个子柳轶楠见小不点王惠玲够不着高处的窗户，便说："王惠玲，你够不着，我替你擦高处的玻璃吧！"

起先王惠玲不肯让，禁不住大家劝说、动员，只好退下来。"好啦，现在我退休了，柳轶楠是我的接班人了！"大家笑了。柳轶楠在窗台上弓着身，想跳下来，窗台前的人得腾出地方来，给她立足，柳轶楠身子往后一闪，张开的手臂碰倒了身后的暖瓶。嘭的一声瓶胆迸裂，周围女同学惊呼："哎呀！不好！暖瓶打了！"

柳轶楠说："暖瓶是我打的，我赔！"

可是，女同学还是斤斤计较，这个说:“柳轶楠也不是故意的呀！”那个说:“柳轶楠真冤枉，她是一片好心来帮忙！”还有的说:“就她一个人的责任吗？”

柳轶楠打了暖瓶，心里本来没这么难受，可大家的七嘴八舌，好心人的喊冤叫屈，有的人过于狭隘的劝说安慰，把她原来镇定的情绪搞乱了，把她的思路导向了难过的一端，周围人的各种各样的说法搅得她心烦意乱，终于控制不住自己，趴在桌子上就呜呜地哭起来。

当时我正领着几名男同学拆班级的炉筒子，把里面积累的烟灰倒出来，见柳轶楠哭了一阵子还不停，几名女同学还在围着劝，有的还替她委屈，我就想放学后该认真讲讲这件事。

放学了，全班同学留下来，我严厉地批评了吵吵嚷嚷的女同学，也批评了还在哭的柳轶楠。“暖瓶碰坏了，是一点小事，赔偿就完了。因为这么点小事，而大家喊冤，大家七嘴八舌，搅得别人心里难受而哭而流泪，值得吗？

“心里连这么点小事都容不得，装不下，那么再大一点的事，不是更要斤斤计较，七嘴八舌，吵吵嚷嚷一番，哭一番，难过一番吗？

“把脑细胞用在这上面不是太可惜了吗？为什么装不下事容不得事？就是因为我们胸怀太小。

“法国大作家雨果说：世界上最广阔的是海洋，比海洋更广阔的是天空，比天空更广阔的是人的胸怀。有了比天空更广阔的胸怀，人才能装得下事，拿得起，放得下。不斤斤计较，不愤懑牢骚，不悲观忧伤，才能把自己的脑力用在有价值的大事上。

“一个人的胸怀，可以像天空、像大海，也可以像湖泊，像游泳池，像脸盆，甚至还可以像小马蹄坑。大家想想，生活中我们见过个别愚昧的人为了针尖大的小事，吵得面红耳赤，打得不可开交，那样活着不是很苦、很累、很可悲吗？

“我们从这个年龄起，一定要树立一个观念，绝不能让自己的胸怀像马蹄坑一样狭小，而要千方百计把自己的胸怀开拓成游泳池，开拓成湖泊，开拓成大海，甚至使胸怀比天空更广阔，这样我们才能明确人生的意义，才能把精力用在于国于民、于己于人都有利的大事上，才能活得开朗乐观有意义。”

这次批评进行了近两个小时，是我当教师至今批评学生最重的一次，时间最长的一次。因为我很激动，很为学生们斤斤计较于无谓小事担心。开头话说得重了些，于是我便讲了许多伟人虚怀若谷的事迹。

第二天，柳铁楠同学向我递交了一份 3000 字的说明书，述说自己如何经历了“山重水复疑无路”的心理路程，到达了“柳暗花明又一村”的境界。我捧着这份说明书，深深为柳铁楠心理承受能力之强所感动。

因为那天晚上批评完之后，我便有些后悔，批评这么重，时间又这么长，学生承受得了吗？宽阔的胸怀难道不是得一点点去开拓培养吗？柳铁楠如果承受不了，因委屈而生病怎么办？

当看到她第二天来上学时，我心头担忧的感觉顿然消失。下课后她交给我说明书，看了那充满自责的说明书，我不仅欣慰，而且心情确实很激动，直到今天，13 年过去了，我仍记得说明书中的许多句子，仍记得说明书用的雪白的信笺和柳铁楠那独特清秀的字迹。我自知批评时尽管过火，但我从心里流露出的是真诚的对学生们未来的关心，难得的是这种关心获得了学生的理解。

那之后至今的 13 年中，“勿做小马蹄坑”便成了我们班的一个专用名词。谁为一点小事斤斤计较了，谁和别人闹误会了，同学们便劝：“可别做小马蹄坑呀！”这样一说，大家心领神会，许多时候都有效。

有个同学爱为小事生气，便在自己的座右铭上写了“勿做小马蹄坑”。他说：“生气时看一看，念几遍，心情就好了，觉得生气不值得了。”

有的同学的座右铭上写着“胸怀宽似大海”，有的写着“胸怀广过天空”。

我同一届又一届的学生谈心，一个人可以考不上大学，可以不具备高深的科学知识，但不可以不具备宽阔的胸怀。没有宽阔的胸怀，难以有大的作为，即使侥幸当上了部长、省长、科学家，也会为个人的蝇头小利斤斤计较，争名于朝，争利于市，难以和同事和谐相处，活得紧张而劳累还耽误了国家与人民的事业。有了宽阔的胸怀，即使种田做工，也会成为优秀的农民工人，能在平凡的岗位上做出不平凡的业绩。

我在日记中写道：“古往今来，日月星辰，江河山川，太空长天，你是这样的开阔广大，可生活在你中间的人能有几多脑细胞来领略你的无限风光呢？那狭隘的人与人之间不正常的关系禁锢了他们的聪明才智，强占了他们的脑细胞，使太阳的光辉、大自然的胜状，照不进，映不进，使有的人带着昏暗的头脑，一天又一天，一年又一年，一辈又一辈地为了鸡毛蒜皮的权和利而争得青筋暴起，咬得头破血流，呜呼哀哉！”

培养学生具有比天空更广阔的胸怀，就能站在数万年人类悠长的历史与数万光年的星系空间角度来看地球，看人类，看社会，看人生，就能看清自己所处的位置，就能既顺其自然，又积极进取。

两个自我

1988年暑期，我刚送走两班毕业生，又接来一届新学生入学。开学这天，来了不少客人和家长，我正忙着请副校长、主任分头接待，这时有学生跑来报告："魏校长，你们班学生打架了！"

教书这么些年，学生开学第一天便打架，这种事还是头一回遇上。

我把打架的两位同学请到办公室，一位李世国同学是出色的运动员，跑跳投成绩在全市是最突出的，在同学中威信高，在同年组男同学中说一不二。另一位梁强同学则膀大腰圆，为人坦率、直爽，学习成绩不好，为了进我班，设法跳级办了学籍。

我开头很生气，想狠狠批评他们一顿，但看他们站在我面前那憨厚、直率而又害怕的样子，我想，生气和过火的批评只能使他们头脑紧张地将身体各部位都凝聚成一个等待批评的整体，而这样的整体是不容易攻破，也不容易改变的。我暗自嘱咐自己要心平气和，要挑动他们内心深处产生矛盾冲突，学会自己斗自己。

我便先出乎意料地说："你们别紧张。听说你们打架了，重点打哪几个部位呀？现在还疼不疼呀？需不需要上医院看看？"

这么一说，他们原来紧张的整体松弛下来了，准备挨训、准备对抗的戒备心理解除了。听我说要不要看病，立刻觉得不好意思了，连说："不用，不用，没事，没事。"

我放心地说："没大事就好了，大家就都轻松了，你们心里是不是也感觉轻松？倘若打伤了打残了，打胜的打败的是不是都有无穷的苦？""那自然。"他们不好意思地对视了一下。

"我知道你们本来不想打。"一听我说这话，他们顿时来了精神，感觉老师理解他们，便争先恐后地说："老师，我们真不想打架。"

我问："为什么不想打架？"

他俩抢着你一句我一句地说："打架的时候提心吊胆，怕别人打伤了自己，又怕打别人打到要害处，把祸闯大了。"

“打得轻了，还怕吓唬不住对方。”

“打败了，被同年级的同学看不起，丢面子。”

“赢了呢，也害怕，走在路上，或半夜走黑道提心吊胆的，总怕对方再勾结别人突然报复、袭击。”

“打轻了不解决问题，打重了，伤了，残了，对人家对自己都不好。”

“打完架有时还不敢回家，怕爸爸打，在学校还怕老师批评，怕学校处分。”

他们说出了一系列不想打架的原因，我给以充分的肯定：“这确实是你们的心里话，但这只是你们自我的一个好的方面，如果脑子里是这个‘好我’当家的话，你们的架能打起来吗？”

“我们要总这么想就打不起来了。”

“这说明，你们脑子里还有一个坏的自我，想打的自我，是吧？”

“坏的自我是怎样想的呢？”

李世国说：“外校的同学过去和梁强不和，他说梁强背后说我的坏话，还说我不敢打梁强，我想逞能，下午就找梁强的麻烦。”

梁强说：“他找我的麻烦，我想自己也不是好惹的，决不能让着他，头脑一热，什么纪律不纪律的，全不顾了。”

他们又谈了自己内心深处一些不好的想法。

我请他们写一份心理活动说明书，题目便是“两个自我”。

李世国写《两个李世国》，即心灵深处在打架这个问题上，好李世国与坏李世国各自怎样想；在心灵深处，好坏两个李世国怎样辩论；今后，采取什么具体办法，使好李世国强大起来，压住自己不好的那一面。

这以后，直至毕业，这两位同学相处得很好。再也没打过架，并且都为班级做了大量的好事。

回过头来想一想，我当时如果发一通火，训斥他们一通，不是到他们的心里去寻找我的助手，可能也会制止住打架，可能也管得住他们，但没有这样平心静气地分析问题省力气。更重要的，我是经常外出开会的班主任，若不从内心深处找到学生上述的自我管理因素，那么班主任不在时，没人管了，学生就会失控。

近十年来，我在全国各地做报告，总是建议青年教师，一定要学会挑动学生自己斗自己。学生内心深处，好坏两种思想发生冲突，斗起来了，倘若好思想赢了，我们便坐收渔人之利；倘若好思想斗不过坏思想，我们则伸出手去帮助好思想压倒坏思想。这时学生还不会感觉我们是站在他的对面教育他们，而是觉得老师是站在他心里帮助了他。

要紧的是，必须坚信每位学生都至少有两个自我在内心深处并存。尽管有的学生很气人，似乎是铁板一块、顽石一块，那也仅仅是似乎。实质上，没有矛盾、没有对立的头脑是不存在的。当教师的一定要善于发现“后进学生”心灵深处藏着的那个先进的自我，发现打架学生脑子背后躲着的那个不想打架的自我，发现自私学生偶尔表现出的关心别人的自我。

发现了把他请出来，研究他受压抑的原因，帮助他成长起来，健壮起来，这样做看起来费点脑筋，其实是最省力气的方法，是从根本上解决问题的方法。

用学生心灵深处的能源，照亮学生的精神世界，是最节省能源的方法。

痛而后快

痛快，痛快，痛而后快。世上许多幸福、快乐都要先付出痛苦的代价才能换来，我经常和学生谈我的这一体会。

战胜自己的狭隘可能要经历痛苦的思想斗争。长跑 5000 米，速度要超过昨天的自己，要经历痛苦的困难期；在学习的跑道上奔向目标，攻克一道又一道的难题，也要经历较痛苦的过程。我想，要引导同学们认识痛而后快的道理，在战胜一个个困难的过程中，在经受痛苦的磨炼中看到快乐，看到幸福，看到胜利，用对快乐、幸福、胜利的期待鼓励自己战胜追求过程中的痛苦。

我想，不仅要引导学生在追求过程中期待快乐、幸福，还要在成功后，认真品尝咀嚼这快乐、幸福，使之成为下一次追求奋斗的动力和源泉。

这样，幸福、快乐既是学生努力奋斗战胜困难所追求的目标，又是战胜困难所需要的动力，两者之间的痛苦就容易被冲淡了。久而久之，学生会成为内驱力充足、意志坚强、感情丰富的人。

1978 年 3 月，我刚开始教中学，在好班上作文课时，同学生商定一个规矩：每篇作文当堂完成，交老师检查合格后才离校；不合格，撕掉重写，直至合格。这规矩，当时在我教的差班也实行了，不过合格的标准降低了一些。

后来，1981、1982 届学生都愿意实行这规矩。

一般说来，刚开始的时候大家不习惯，我讲痛而后快的道理，让大家品尝作文质量提高之后的幸福、快乐，渐渐地同学们都接受了。

有一次作文课后，我有别的事，便说：今天大家都是信得过的同学，写完之后，自己检查，问心无愧，便交到前面，老师先走了。

过了一会儿，杨松同学拿着作文本追到我的宿舍："老师，看我写的合不合格。"

他过去曾几次因字写得不好，而在我检查时被撕掉重写，刚开始他还想躲过我的检查。这次怎么了？我便问他："不是说不需检查，大家都信得过了吗？"

他很诚恳地说："老师还是看一看吧！"从他那自豪的表情，看得出他一定是写得比往常认真，自己感觉到了幸福和快乐，便追着让老师给检查，是请老师肯定一下他的成绩，抑或是愿和老师分享这幸福和快乐。

我拿过作文本，认真地看了，肯定了他的几点成绩，说："人多有趣，你过去写得乱的时候，老师要查，你躲着；现在写得认真了，老师不查，你还来。过去惭愧不安，现在快乐自豪，原因在于写的过程中认真了，吃苦了，今后总这么认真，不怕吃苦，就总有快乐自豪了。"他笑了，嘴角向上翘着。

张斌同学浓眉大眼，长得又高又壮，不拘小节，写起字来，也常常不拘小节，丢胳膊落腿的。

他毕业前的一年才到我们班，作文课不懂要检查合格才准离校的规矩。来到班级第一次上作文课，他匆匆忙忙，写完便交了。

我请他把作文本拿过来，讲了本班的规矩，他忙着回家的欲望似乎很强，我便用转移他兴奋中心的办法留住他。

我问："你觉得自己的作文写得合不合格？"

他不回答。我又找了其他同学的作文，打开，放在他面前，和他的作文比较。

"且不说中心、选材、语言，单说卷面字迹，你觉得怎么样？"

他自知不如，但还想着回家，不愿承认不好。

我又说："你脑子里有两个小人：一个知道自己写得不好，愿留下来；另一个呢，也知道自己不好，但想快点回家玩，毛病以后再改，对吧？"

他点了点头。

我说:“老师脑子里也有两种思想，一种想法是:张斌作文写得乱，都乱了8年了，不好改了，我才教你一年，乱跟我关系也不大，我不管你。”说到这，他脸上掠过一丝不快。落后的学生也不愿让老师嫌弃他抛弃他，一听说老师不愿管他，他当然不愉快。

我接着说:“老师另一种思想是，你已经乱了8年，再不严要求，还可能乱8年、16年、32年，将来咱们见面，看你写文章还这么乱，咱俩都会感觉惭愧。为了将来都问心无愧，今天即使费力，也要帮你写好。你说老师这两种想法，哪种想法正确，哪种想法你愿意接受？”

话说到这种程度，他诚恳地说:“当然是第二种想法好。”

“那你就得受点苦，受点累，再重写一遍了。”

他果然撕掉了3页近1000字的作文，回到座位，写起来。

6点钟，别的同学都已走了，他交上了自己的作文。我将他撕掉的那3页展开和他新写的相比，果然有了很大进步。

我脑中突然闪出一个念头:试一试一位刚到我们班来的、过去比较淘气的学生能承受多大的心理压力，让他重写一遍作文的压力他承受了，立即让他再写一遍，能不能受得了。

我这样想，但不能这样说:“我想拿你做试验。”我换了别的角度去说，以他的两篇文章的比较开始。

“经过指导，你这篇文章明显比上一篇层次清楚，中心也集中了，特别是卷面和字迹，进步很大，你自己觉得呢？”

他看着经过努力写得工工整整的文章和上篇相比，充满了自豪感，笑眯眯地说:“我头一次这么认真地写作文。”

“快乐吗？”“快乐。”“自豪吗？”“自豪。”我说:“你知道这快乐、自豪怎么产生的吗？”“说不清。”“你经历了战胜自己弱点的痛苦，刚开始重写时是不是挺痛苦？”“是。”“你战胜自己的痛苦越深，后来享受的快乐和自豪就越强烈。你愿意再享受更强烈的快乐和自豪吗？”

“愿意！”他脱口而出，还没认真想老师想让他做什么。

“愿意，那咱就试试，再重写一遍，比这次还认真，写完以后，体验体验。老师在这儿陪你。”

他犹豫了一下，但愿意二字已脱口而出，膀大腰圆的男子汉一般讲义气，更何况教室里只有我们俩，我又充满善意。

他走回座位，迟疑了一下，但还是撕掉了3页新写的作文，一笔一画地写起来。我不时看一看，鼓励他把字写得更加认真些。

8 点 30 分，他写完了，浑身轻松，我将他的三篇作文展开，从心里感到学生的潜力是无尽的，三篇作文像出自三人之手。

张斌说："老师，我念了 8 年书，从来没有这么轻松快乐过。"我说："你也从来没有这样苦过累过，是吧！"他笑了。

走在路上，我说："你今晚吃饭一定比哪一天都香，睡觉也一定最甜。"

第二天上学，我还逗他："昨晚吃睡怎么样？"

"真的特香特甜。"

"香甜的根源在于你付出了代价，痛而后快嘛！以后老师还要使你吃得更香，睡得更甜，那就得怎么办？"

"按老师的要求，多吃苦，多磨炼自己。"

学习是幸福，是享受，不仅学习的结果是甜的，学习过程也是甜的。这是对一部分达到较高境界的人说的。学习时，也确实可以施加轻松的、快乐的意念，这都要经过较多的磨炼才能达到这样的境界。对大部分还没有到这一境界的人来说，学习过程很难轻松、快乐，大部分过程便是痛苦的磨炼。这时引导学生体验痛苦的源头与归宿都是快乐、幸福就格外重要。

痛而后快，从这样的角度去体验奋斗的过程，便会产生持久的内驱力。

能受委屈的人才是强者

学生们经过讨论，制定了一个规矩：每个星期天上午都到社会上做好事。有去火车站的，有去外宾招待所的，有去电业局的，有去客运站的。

去客运站的那个小组工作最稳定，连续去了半年多，和一些司乘人员建立了感情，受到人家热情接待和表扬。

但有一次例外了。

那一天，他们见到停车场停着一辆满是灰尘污垢的车，他们还像往常一样找司乘人员联系，但没见到。就想，以前也有没见到司乘人员就干活的时候，等人家回来，给他们一个惊喜，司乘人员更高兴。这回咱们也先干吧！

学生们端着盆，拎着桶，一趟一趟地打清水冲。冲了几遍后，开始擦车身，擦完外壳，擦车内部。学生们累得满头大汗，有的脏水溅了一身，有的脸上抹得东一道西一道，成了花脸。

正进入扫尾阶段时，一个浑身酒气的人趔趔趄趄地走来，一看学生在车里，就火了："哪来的小孩伢子？到车里捣什么乱？快滚开！"又过来一个穿着乘务员服装的人帮腔说："前几天，我们车里丢了钱，快说，是不是你们偷的？"孩子们一听，像兜头浇了一盆冷水，刚才的满腔热情顿时降至冰点，跟他们吵了一通。

他们带着沮丧的心情回到学校跟我讲这件事，诉说委屈，并七嘴八舌地吵着："我们去找他们的领导！""干脆给他们贴大字报！"（那个时候还允许贴大字报）学生们问我怎么办。

怎么办呢？我谈道，那司机和乘务员显然没道理，使大家受了委屈。怎样对待别人的攻击与坏话，可以有三种态度。

第一，你不对，我也不对，针尖对麦芒，和他对着干。你说我的坏话，我也说你的坏话；你不讲理，我也不讲理；你给我造谣，我也给你造谣。这样做，会使自己心灵的天空晴转多云，甚至下起雨来，为什么，气哭了嘛！

第二种态度是置之不理，走你的路，让他去说吧！我只要做得对，就坚持做下去，人的嗓子总有个疲劳承受系数，说累了，他也就不说了。再说，声音还有个传播限度，你沿着正确的路朝前走得远了，就听不到了，这叫作"两岸猿声啼不住，轻舟已过万重山"。这样做不耽误自己的路程。

第三种态度是用宽阔的胸怀去包容它，用善意的态度去感化他。能做到这一点很不容易，但真的这样做了，会使人有天高地阔之感，会使人心灵的天空多云转晴。

"老师说完了，愿采用哪种态度，大家自己选择吧！"

下一个星期一，同学们告诉我："老师，我们又去客运站了！""干什么去了？找人家吵架去啦？"我故意问。

同学们眉开眼笑地说："哪能去吵架呢，我们又去做好事啦。""这回人家对你们怎么样？""这回没看到那个挺横的司机。""客运站的领导还给咱端茶送水。""人家可热情啦，怕我们累着，干一会儿就让休息。"

我问："心灵的天空呢？"

"早就多云转晴啦！"

我说："其实，非难、委屈，几乎要伴随人的一生。周总理那么伟大，

‘四人帮’还要诬陷他，迫害他。上至国家领导，下至平民百姓，每个人一生中都要背一大口袋冷言冷语。伟人和庸人的区别不在于经没经受过委屈，而在于如何对待委屈。如果不能正确对待，比如你们到客运站去吵闹一通，就会白白耗费许多脑细胞，惹回一肚子烦恼，强化了大脑吵架的功能，增长了坏毛病，还耽误了学业，真是一举两失。你们若用宽阔的胸怀去包容委屈，用善意的态度去感化个别狭隘的人，时间久了，就会觉得周围的人对你充满善意。你爱人民，人民就会更爱你。一个人的幸福感，就是在这种不计较别人说什么，埋头做好事的胸怀之中产生的。能承受委屈的人才是生活的强者。

一届又一届的学生，我都强调要增强自己承受委屈的能力，做生活的强者，不要总是哭丧着脸面对生活，似乎自己是世上最委屈、最不幸的人，于是生出无尽的牢骚与怨恨。

热爱生活吗？就别怨天尤人，无论身处怎样的委屈与不幸的环境，都让自己的精神处于强者的状态，然后以一个幸运者自居，那就能充满进取精神，就能尝到生活之水的甘甜。

有人误会吗？那总比受人打击强多了。

有人打击吗？那总比无辜戴了 20 年“右派”帽子强多了。

戴上了“右派”帽子受管制吗？那总比坐牢强多了。

因直言而坐牢委屈吗？那总比被“四人帮”迫害致死强多了。因为我们毕竟看到了人民的胜利，祖国的富强，人类的发展，科学的进步。

我们就生活在这样一个使人感觉幸运的时代。物质丰富，生活幸福，环境和平，文化繁荣，几千年前的人能比拟吗？即使今天告别人类又有何憾？有惭者，无以报先烈，无以利后人也。为什么还要稍遇不顺，便让自己跳进委屈的情绪里去受折磨呢？

心灵的摄像机对准啥

十几年来，一届又一届的学生都爱问我这样一个问题：“老师，现在的社会好不好？”我问：“你说好还是不好？”学生说：“按理说社会主义好，但是您看党内那些不正之风，有的当官儿的拼命捞钱，有的给自己的亲属子女安排好工作，有的用职权压制老百姓……社会上不少坏人偷抢拐骗，打架斗殴。您怎样看这些东西？”

学生信息源特别多，这些阴暗面，有的学生比老师都知道得多，知道得具体，你否认，说社会上没有这些阴暗面，学生会觉得你是在骗人，学生便不信服老师了。

只停留在承认这些上，让学生们讲、看，学生们又会为此而生气，甚至泄气。这些丑恶的东西，不要说学生，我们大人看多了还泄气呢。

于是我引导学生讨论：“盘锦市容怎么样？”有的说好，有的说不好。

说好的同学喊：“市里有湖滨公园，有带状公园。”“有 60 米宽的大马路。”“有新修的火车站。”“有商业大厦。”“盘锦市政府大楼比营口，比锦州，甚至比沈阳市政府办公楼都漂亮！”

说不好的同学喊：“盘锦市内街道窄，车辆多。”“市内交通混乱。”“市区内有好几个大脏水坑。”“市区平房区垃圾遍地。”

“这么说来盘锦市容也好也不好，和 5 年前比呢？”“那当然好多了。”“现在是好的方面多，还是坏的方面多呢？”连说盘锦市容不好的同学也都承认，还是好的方面多。

即使在那垃圾遍地的平房区域内，迈过很脏的小巷进入每家的院落，里面还是整齐洁净的。进到屋里，许多家庭装修得非常漂亮。可见不好的地方也有好的一面。

反过来，大家都说湖滨公园好，湖滨公园垃圾箱那块脏不脏，痰盂里不全是鼻涕黏痰吗？湖滨公园的厕所里不也有苍蝇蚊子吗？那么你到公园里去看什么呢？很明显是看鲜花，看亭台楼阁，看小桥流水，看飞禽走兽。谁也不会利用星期天休息时间，买张票到公园去看垃圾苍蝇。看那些东西不是享受而是遭罪。

即使住在垃圾遍地的平房区的居民，每天也不都把精神花在看垃圾、看苍蝇蚊子上，而是看自己家里的书，看墙上的字画、挂历，看电视……

我们的心灵像摄像机，眼睛便是摄像机的镜头。面对社会，面对生活，我们拍下什么录像片在自己的心上，全由自己说了算。

社会中肯定存在不好的东西，因为社会还不尽善尽美，所以我们才追求更美好的社会来替代它。说它好，是因为它比过去好。说它好，是因为在这社会中好人占多数，好事物占多数。

我们不能因为湖心公园有垃圾箱就说湖心公园的荷花不好，就说湖心公园不好。同样的道理，也不能因为社会上有不正之风，就说一身正气的干部也不好，就说整个社会不好。

社会再向前发展一万年，也还会有垃圾，也还会有坏人。问题在于，我们应该让自己心灵的摄像机对准啥。这常常决定自己心灵世界是阴暗还是晴朗。

一个学生，从早到晚瞪着两只眼睛，总看阴暗面，总看垃圾、脏水、苍蝇、臭虫、黏痰、鼻涕、打架、斗殴、懒散、懈怠、吸毒、违法乱纪，久而久之，他心灵的录像带，左一盘右一盘全是这些假恶丑脏的东西，于是他牢骚满腹，他愤懑，他觉得天昏地暗，自己的内心也没有光明。

反过来，从小多看光明呢？阳光、鲜花、清泉、蜜蜂、老黄牛、矿泉水、健力宝、周总理、雷锋、团结、友爱、勤奋、进取、廉洁、奉公……时间长了，他心灵深处，充满了这些催人奋进的因素，于是他昂扬，他奋发，他乐观，他豁达，他觉得天清地朗，自己的内心一片光明。

阴暗的东西不是不可以看，而是把它放在应有的位置上看，别看多了，别总看。

看的目的不是发牢骚，不是埋怨，更不是跟着学，而是想到如何改变它、改造它、消灭它，想到这些不好的东西存在，自己也有一份责任，自己也该为抑制它、消灭它力所能及地出一份力量。

生活中的阴暗面，我们没有能力抑制消灭时，我想还是不看为好，何必让那些苍蝇臭虫一样的人弄得自己恶心呢。

我引导学生将心灵摄像机的镜头对准真善美，摄下了一组组感人的镜头。

严冬，野外，我们看到钻井工人冒着严寒在钻台上紧张地作业，井内喷出的泥浆浇在棉袄上、棉裤上，都冻成冰了，他们还坚守在轰隆隆的钻机旁。

盛夏，烈日，我们去郊游，看到农民在晒得发热的水田里，弯着腰薅秧拔草。

初春，我们看到工程兵在蛤蟆塘两侧修带状公园，挥大镐，刨冻土。我们穿着棉衣，而有的战士光着膀子还浑身冒汗，一个月才挣二十几元钱。抗洪救灾中，有的战士为了盘锦人民的利益，献出了自己年轻的生命。

一次，学校组织劳动，全班同学都到谷家闸南边去修大坝，往高高的大坝上抬土，大家累得汗流浃背，出完了汗紧接着是渴。

丁健、刘勇等几位同学到附近一户素不相识的农民家里要水喝，这一家农民听说学生渴了，便把桶借给学生们装水，还借给他们两个饭盒、七个茶杯和碗，带给同学们喝水用。他们挑回来的水，不多时喝没了。后来又渴，大家便排着队，又到那位农民家去喝水，人家又热情地接待同学们，嘘寒问暖，一句句真挚的话，深深地感动了同学们。

这一家素不相识、偶然接触到的农民给大家的印象太深了，同学们议论："社会上还是好人多。""受人滴水之恩当以涌泉相报，我们怎么报答人家呢？"

我说："咱们把这人家美好的心灵与言行拍摄到自己心灵的录像带上，不要拍完了就完事，而要经常拿出来放一放，使它变成激励自己上进的力量。想到自己欠了人民群众的情，然后努力学习，上进，将来为老百姓的幸福努力工作，就是最好的报答了。"

尊人者，人尊之

1986 年 9 月暑假后，又一个新学期开始了。按照惯例，我们全校师生又在剧场举行开学典礼。

当天有 1500 个座位的红旗剧场座无虚席，还有一些师生没有位置坐，于是我便要求领导班子成员和教师，还有主要学生干部站着。

大会开始，照例第一项是我讲话。

我问同学们："大家知道不知道在实验中学学习几年，得到的最宝贵的东西是什么？"

学校开校会，我习惯于用这种集体回答的方式讲话。

台下几乎异口同声地回答："是知识！"我说："不对！"

台下又回答："是能力！"我说："还不对。"

同学们还在回答着，早已不是异口同声而是七嘴八舌，各抒己见，会场人声鼎沸。

我说："请同学们静一静。我觉得，在实验中学学习几年，大家得到的最宝贵的，就是尊重人、理解人、关怀人、帮助人、信任人、原谅人的品质。

"每位同学，每位活在世上的人都有强烈的发自心底的需要，需要别人的尊重、理解、关怀、帮助、信任，偶犯错误时，需要别人的原谅。怎样才能得到别人的尊重？有没有得到别人尊重的秘诀呢？应该说有秘诀，这个秘诀就是：首先从自己做起，培养自己尊重人的品质，首先向对方、向他人输出尊重的信息。

“人心与人心之间，像高山与高山之间一样，你对着对方心灵的大山呼唤我尊重你——那么，对方心灵高山的回音便是我尊重你——你喊我理解你——对方的回音便是我理解你——你若喊我恨你——人家的回音能是我爱你吗？

“咱们实验中学的学生，一定要千方百计培养自己尊重、理解、关怀、帮助、信任别人的品质。在现代社会学习、生存与工作，能获得别人的尊重、理解、关怀、帮助、信任是至关重要的，朋友多了，合作的人多了，事业才能成功。”

讲话结束了，会后看电影，我们当领导当教师的都在侧面过道里站着看，座位省下来让同学们坐，用这种方式，表达我们对学生的尊重、理解、关怀。

立即，我们便吸引了相同的心理回声，一个又一个的学生来拽我，拽老师到自己的座位去坐，推辞了一次，又来一次新的邀请。

电影开映不久，借着银幕的反光，我看到站着的老师都没了，哪去了？被学生拉到自己的座位去了。学生呢，也真能想办法，找身材小的同学，两个人挤一块儿坐，问题便解决了。

我想若干年后，这次电影演的什么内容，师生们可能记不清了，但看电影时，你让我，我让你，师尊生，生尊师，互相关怀，互相帮助的感情却完全可能藏在心灵深处，越积越深，常忆常新。

一年又一年，一届又一届的学生，都感到我给他们出的日记题目，重复得最多的就是《尊人者，人尊之》。我说：“你尊重别人，便是尊重自己，便能得到别人的尊重；你帮助别人，一定能得到别人的帮助。”

有个同学钻牛角尖，说：“帮助了没良心的人，也能得到他的帮助吗？”我说：“举一个具体的例子好吗？”“那天李卫东同学问我数学题，我给他讲了，可是，第二天有一道物理题我不会，李卫东是物理尖子，我请他给讲，他却不肯告诉我。”“那你也得到了帮助。”“他不告诉我，我还得到什么帮助？”“你得到了两点帮助：首先你在给他讲数学题时，加深了你对数学题的理解，提高了自己的语言表达能力；其次，他帮你开拓了胸怀。第二天，你问他物理题，他不告诉你，倘若你不计较这些，给以充分的理解与谅解，你的胸怀不又比昨天开阔了一寸吗？”学生听后，笑了。

尊人者，人尊之，不能单是口号，要千方百计变为学生的行动。仅有一两次行动还不够，要尽可能在学生生活的广阔空间与时间环境中身体力行。

一个班集体，一旦用“尊人者，人尊之”的思想统帅起来，一旦成员们都在言行中尽可能多地用尊重别人的方式获得别人对自己的尊重，这个集体就会产生极大的凝聚力，每个生活在集体中的人都会感到幸福、自豪，从而发挥出巨大的潜力，取得意想不到的好成绩。

立足长处，培养自信

1992 年 5 月 6 日，我刚从深圳归来，校内来了六个省（自治区、直辖市）的老师听课。我连上了几天公开课，到 5 月 20 日轻松些了，一天只接待了四个市的客人，都是谈开会的事，我以为不会有人听课了，但是进班级时，教室的过道上又坐满了人，本该复习，听课老师一多，便改为讲课，我选了《扁鹊见蔡桓公》这一课。

同学们查资料，翻译，讨论，教学重点基本掌握了。我想，学习最差的同学能不能熟练地掌握呢？便说：“张军同学，请你翻译一下第一段。”

张军没有推辞，站起来，很有信心的样子，不料才译第一句话，便引起了哄堂大笑。原来他把蔡桓公念成了蔡恒公。在张军之前，已有五位同学读、译此文，没有语音错误，蔡桓公又是这课的主角，一篇短文里“桓侯”“桓公”出现了 11 次。从上课到张军发言，大家读说“桓公”“桓侯”不下 30 次，都是正确的，即使如此，张军也还是读错了，真是“春风不度玉门关”。同学们、听课老师们笑不奇怪，哪有人家说了 30 多遍以后，他还读错了呢？

错已成事实，课堂上，我显然不能停留在笑上，不能停留在张军不听课就批评他一顿了事上。张军就是挨批评太多，已经找不到自己的长处，没法扬长，自信心没有立足之地了。我应该帮他找到长处，帮助他的自信心建立根据地。

课堂上，大家笑过之后，我表扬了张军的长处：“我发现，张军同学有了进步，他开始独立思考问题了。”同学们先是一怔，紧接着大家为张军鼓起掌来，大家理解了老师的意思：桓和恒是形近字，上课时张军没听课，这是他的错，但到他发音时，他能根据桓字的字形，想到恒字的读音，这说明他进行了一番独立思考，而不是遇到不认识的字就不读，不想。如果他经常这样独立思考问题，学习肯定会有大的进步。

这表扬使张军增强了自信心，别的同学也从中悟出了一些道理。

张军同学是 1992 年 3 月从六班分过来的。3 月分班，每个班的倒数第一名学生都分到了我们班，而张军在这几名学生中成绩又是最低的。要找他的缺点，批评他，毫不费力就能找到许多条，但这样做，只能打击他的自信心，强化他的自卑感。显然他在自己不长的人生路上，经受的批评打击是够多的，也可以说是过剩的。他不缺少批评，缺少的是鼓励，缺少的是肯定，缺少的是别人帮他找到长处，使他的自信心有个落脚的地方，有个根据地。

刚到班级时，我便请这几位“后进同学”给自己找长处。他们开头不好意思，觉得是低着头进魏老师这个班的。我说：“找不到长处不行，你们肯定有长处，只是你们不肯告诉老师，那可不行！你们有缺点、有错误，不告诉我可以，我也不问；你们有长处、有优点不告诉我，我就狠狠地批评你们，天天批评你们，一直到你们告诉我为止。”

因为学生找不到自己的长处，老师狠狠批评他，批评得再严厉，学生也没有反感，相反还会密切师生感情。学生会想：“看看，因为咱看不到自己的长处，把老师急成这个样子，快点找吧，别犹豫了。”

事实上，每位学生都有长处，而且都不止一条长处。最“后进”的学生，也会有三条五条的长处，有的长处还非常独特，一般人赶不上。问题不在于学生有没有长处，而在于老师和学生自己有没有发现长处的能力。有了这个能力，就能从缺点很多的学生身上，发现许多条长处；没有这个能力，明明有很多长处也会被自己和别人埋没掉。

刚到班时，别的同学不到一天都找到了自己的长处，唯独张军说：“老师，我确实没有什么长处。”“找不到不行，明天再找不到让你写 500 字的说明书，后天再找不到就写 1000 字的说明书，直到你找到了为止。”

第二天，他来找我，我问：“长处找到了？什么长处？”他很紧张，脸涨得通红，极不好意思地说：“我的心肠好，爱干活。”

“这就是了不起的长处。心肠好，爱帮助别人，到哪里都会受到别人的欢迎与帮助。爱干活，你说的是爱干体力活吧，现在各行各业需要的以体力劳动为主的工作岗位还非常多，你愿干，把这当成乐趣，那就能成为优秀的工人。”

他高兴了，以后心地更加善良，愿意帮助别人，也愿意为班级做好事。班级劳动时，平均每人运 500 斤土，他一个人挑着担子，来回飞跑，比三个人干的还多。

他学习也逐渐开始认真。过了三个月，他说：“我现在开始每天都能完成量化作业了。”又过了一段时间，他说：“我的作业已经有将近一半不抄别人的，凭自己的力量写了。”现在，他已学会独立写完日记，写完语文、政治、历史、生物作业。

他的自信心，植根于长处的土壤上，一点点地成长起来。

我体会到，在犯错误的学生面前，困难的不是批评，不是指责，更不是数落他的一系列错误，而是找出他的错误的对立面——长处。只有找到了长处，才算找到了错误的克星，才帮他找到了战胜错误的信心的根据地。

放声高呼：我能成功

有的老师问我：“魏老师，我一上公开课，自己就紧张，学生也紧张，平时发言思维敏捷、语言流畅的学生也变得结结巴巴。您在全国各地上公开课，学生们在舞台上，下面一两千人看着，学生不紧张吗？”

“说不紧张不真实，但做老师的要设法帮他们消除紧张的情绪。”

“怎样消除呢？”

“消除紧张的办法，至少有 100 种，我在全国各地用过几十种，用的次数较多的是培养学生的自信心。”

“培养自信心？那是一朝一夕的事吗？那不是得经过长期努力吗？”

“长期有长期的效果，短期有短期的效果，让学生树立战胜人生道路重重困难的信心，当然要付出毕生的努力，而引导学生树立学会一首歌、上好一节课的信心，显然不必要也不可能付出太大的代价，不可能等待长期的努力。”

“那怎样在很短时间内使学生对做好一件小事建立必胜的信心呢？”

一般情况下，我喜欢这样做：

1991 年暑期，我从西藏拉萨赶到四川成都开会，又赶到哈尔滨市，赶到吉林，从吉林赶到大连市参加全国中语会举办的首次全国中青年语文教师观摩课。

钱梦龙老师第一个讲课，我是最后一个。我讲课是上午最后一节，天热，学生累，观众也比较疲倦了。学生累再加上紧张，这堂课很容易失败。

走上舞台，我问学生："大家愿学一种消除紧张，使自己充满必胜信心的办法吗？"

"愿意！"

"那好，咱们学一种简单有效的消除紧张、建立信心的办法。请同学们站直，目视前方黑板的中缝，面带笑容，好了。下面，请同学们深深地吸气，挺胸，气憋足了吗？"

"憋足了！"

"请大家大喊三遍'我能成功'，要求一遍比一遍声音大。"

同学们听了都大喊起来，但喊得不齐。

我说："这回老师说预备起，请大家齐声喊。好了，预备——起！"

同学们齐喊，但三遍基本一样，没有层次。

"这回请同学们想一想三次力量分配，不要平均使用力气，最后一遍用全身的力气高呼，好！再来一次！"

"我能成功！我能成功！我能成功！"

学生们一声比一声大，喊过之后，会场里充满了活力，学生紧张情绪一扫而光，对上好这堂课，充满了成功的信心。

我的学生一上课也经常这样高呼，特别是全班同学齐声高呼时，有一种群体效应，一种场效应，大家互相竞争、互相感染、互相鼓舞，在这"我能成功"的声浪中，怯懦、紧张、疲劳、懈怠、拖拉、自卑等常常被驱赶得无影无踪，尽管这些过了一段时间还可能回来，但经常这样驱赶，自卑紧张等就少得多了。

也有时候，自习课比较累了，有的同学便建议："老师，高呼几遍吧！"不用说呼什么，大家已心领神会，热烈赞成，一声令下，大家起身，昂首挺胸，吸足气，放声高呼："我能成功！"

有的学生管这叫"精神充电"，也有的说"这是精神加油站""这是精神食粮"。

学会驾驶大脑这部汽车

红旗剧场，全校师生正在参加开学典礼，我讲了本学期工作重点中的一点，便是每位师生都要提高驾驶自己大脑这部汽车的能力。

“咱们的大脑像不像汽车？可以开进知识的广阔原野，可以开向无限宽广、前途无量的人生大道，也可以开进游戏厅，可以开进同胞反目的械斗场。开得快时，每天能写上万字的作业，开得慢时，一个短短的公式、定理也要拖到明天去学，拖到明天去背。

“细想起来，咱们每位同学的大脑真像一部汽车，咱们全校 1516 位同学便有 1516 辆大脑汽车。同学们想过没有，这些汽车的驾驶员是谁呀？”

“是校长！”同学们又用老办法，集体回答我的问话。

“不对！”

“是老师！”

“也不对。这汽车驾驶员，便是每位同学自己。每位同学有脑子、有汽车是一回事，能不能科学地使用自己的脑子，也就是会不会驾驶大脑这部汽车是另一回事。”

我们经常遇到这样的同学，脑子透精透灵，思维敏捷，猜个谜语、玩个花样什么的，非常快，邻居家长都夸他聪明，可是一参加考试，成绩就低，是在倒数第三名之内。为什么聪明的头脑没有好成绩？原因在于驾驶大脑这部汽车的能力低。像皇冠、奔驰牌汽车那样，性能极好，但若由一个不会开车的人去驾驶，这么好的车也照样上树、下沟、追尾、顶牛，可能连 10 公里都出不去便出事故。

也有这样的同学，看起来不太聪明，反应不够敏捷，但每次考试，成绩都在年级前五名之列。如同一部性能较差的北京 212 吉普，由驾驶技术极高的司机开，便能安全地用 10 个小时从盘锦跑到北京。而那位不会开车的呢，尽管开皇冠、奔驰，不要说去北京，就连盘锦市郊区都开不出去。

我们要想取得优秀成绩，有聪明的头脑重要，有优良的驾驶大脑的技术，更重要。全校同学都要努力提高驾驶大脑这部汽车的能力。这种能力也可以叫作自我教育的能力。

每个人有汽车是一回事，会不会开汽车是另一回事。每个人有头脑是一回事，能不能、会不会用自己的头脑，会不会驾驶自己的头脑汽车是另一回事。人在少年时期，学会科学、理智地驾驶自己的头脑汽车，将能极大地发挥个人潜能，为他人为社会做出较大的贡献。

培养这种能力从何入手呢？我觉得要从建立计划、监督、反馈三个系统入手。

首先，每位同学都要建立自己的计划系统。全校同学都要学会给大脑这部汽车制订计划：每年、每月、每周、每天，驶向哪个目的地，各有多少里程，平均时速达到多少，完成什么样的运载任务。计划要明确具体，特别是近期计划，可操作性必须强。计划系统也包括自己的作息时间表、各科学习计划、行为规范、做什么、不做什么等对自我的具体要求。

其次，同学们还要建立自我监督检查系统。自己订了计划，便该忠实于自己，不能觉得完成计划是在为老师扛活，为老师当长工。完不成计划首先是不忠实于自己，对不起自己。为监督自己及时完成计划，就要想出具体可行的监督检查自己的办法，甚至想出惩罚自己的措施。古往今来，有作为的人的一个共同特点，是及时检查自己的言行以及学习工作任务完成情况，发现失误，立即采取有效措施补救。

最后，每位同学要学会建立反馈系统，看看为自己制订的那些计划、规矩，是否符合自己的实际。过高了达不到，失去了信心，干脆躺倒不干，还不如低一点的计划。过低了，毫不费力便完成，剩余大部分精力无处使用，甚至去做无益有害的事情，显然更糟。过去的规矩曾经是符合实际的，现在情况变化了，环境改变了，还非要坚持原来的做法，就会碰壁，就会失去朋友，失去机会，所以那就得根据现在的情况，及时修改过去的规矩，使之适合于自己的需要。

驾驶大脑这部汽车是一件大事，是一个极大的题目，单是三个系统中的任何一个，仔细研究起来都可以各写成一本书。更具体的驾驶大脑的技术，我们以后还会更细致地讲。今天讲这些，就是希望同学们都能客观地看待自己，客观地看待自己的大脑。冷静地对待自己的感情，冷静地对待自己许多不成熟的冲动。从这样的角度提出问题，容易使学生变得成熟，容易使学生跳出自我的圈子，站在第三者的角度，站在更高的立足点上，客观公正地看待自我，分析自我。

青出于蓝——三代师生共期盼

1985 年，我的母校沈阳三十二中的石健校长，请我的班主任何老师通知我回母校一趟。

我立即遵命前往。自 1968 年下乡已有 16 年没有回母校了，踏进校门，百感交集，思绪万千。教学楼前的花坛依旧，两侧曾给我大量课外知识的宣传栏里，诱人的新题目争先恐后地吸引着我的目光。

我见到了久久思念的班主任何老师。豁达开朗的王云天老师是教我语文的，王兴华老师教我们美术，当年便那么幽默风趣，时隔 16 年，他们似乎一点也不老。笑一笑，十年少，这话说得对，乐观的人永远年轻……

石校长让我向全校老师汇报了我的工作后，当即决定，找一个星期日，全校教师牺牲休息时间到盘山来听我的课。

那是一个令人激动的星期天。头一天，我向同学们报告了这一消息，教室里沸腾起来。那时同学们便每天接待来自祖国四面八方的老师，有时一天四五百人，最多时达到 700 人。时间长了，同学们已经有点害怕来客人了，但一听说我的班主任要来，听说我母校的老师们要来，立即生出前所未有的热情，忙碌着，准备着，盼着快些见到老师们。

这一天终于来了。学校领导、教师、学生们热烈地欢迎我的老师们来到学校。在一片掌声中，母校 50 多位任课教师在我们的大教室里落座。

全班同学都充满好奇，探头探脑，交头接耳，商量着，猜测着，询问着："究竟谁是咱们老师的班主任？"

赵德民等几个急性子，猜不出来，便悄悄来问我，我说："这点事都侦察不出来，你们自己去问嘛！"他们真的去打听去问了。

上课之前，唱完了课前一支歌，可离事先约定的上课时间还有几分钟，我很随便地像往常那样问："这几分钟咱们干点啥呀？"不料学生们竟异口同声地喊起来："请咱们老师的老师讲话！"

这真是一个突然袭击，我没想到，我的老师更没想到。我感到难为情，若想到学生这样回答我就不问了。不过我的何老师毕竟久在教坛耕耘，世面见得多了，她从容地站起来，不慌不忙地讲起我们小时候的事情，讲起我读中学时学习的特点。我真佩服她的记忆力，她的讲述把我带回了中学，她说到的几件事立即激起我一圈圈记忆的涟漪……我沉浸在回忆中，几乎忘了上课。

上课时，我请同学们口头作文："今天同学们袭击了我的老师，我替我们老师也袭击大家一次。请同学们谈一谈听了我的老师的讲话以后的感想和体会。"

同学们争先恐后地讲自己的感受，冯秀玲同学的最后一句话这样说："我要记住石校长、何老师的话，将来长大了，一定超过我们的魏老师。"在场的老师和同学们都被她说乐了，一时间，大教室里三代师生心心相印，充满了欢乐的气氛。大家都希望我们的教育事业真的能够一代胜过一代。

有的学生，毕业以后，知识水平和专业技术超过了我，我替他们高兴。

有的学生，刚刚毕业参加工作，掌握的实权便超过了我，在社会上有很强的活动能力，我替他们高兴。

也有的学生，参加工作三四年，实际工资收入便超过了我，住房条件也超过了我，我更替他们高兴。

我盼望学生们不仅在知识上、学习上、工作上超过我，更希望他们不再过我们像他们那么大时连玉米面都吃不饱的生活，更希望他们在生活条件方面远远超过我。

与职业技术学院的学生在一起

第三章

班级管理人性化

全员参与，相互制衡。在我的班中，学生人人都是管理者，人人又都是被管理者，管理因时而动，权力彼此制约，而教师则处在一个驾驭、服务的位置上。如此管理，教师如何不轻松？

格言警句，像一盏盏心灯，倘在学生心灵中点燃，会有利于学生选择正确的道路，朝着自己理想的高峰攀登。

条条大路通罗马

初夏的盘锦，赶上艳阳高照的时候，已经很热。教室内我正在讲课，班内的几个胖子，一边流汗，一边听课。

忽然，室外起风了，而且越刮越大。我们三年级七班的教室在教学楼外面，有 18 米长，专供听课用的，走出教室便是大走廊。走廊的门被风吹得关上又打开，关时撞在门框上，开时撞在墙壁上，发出咣当咣当的响声，搅得人心烦。

这时李威娜同学从座位上走出去，到走廊把门关住，用插销插上了。回到教室，我问她为什么插门，她说："老师，我是承包门的。"

"这么热的天，把门插上，室内不通风，胖子们热坏了怎么办？"

"门开着，风一刮就乱响，影响大家听课怎么办？""难道风大时，让门不出声音只有插上门一种办法吗？老师不是常说，不是自古华山一条路，而是条条大路通罗马吗？不是常说每件事都有 100 种做法吗？明天请你把这个问题解决了：刮大风时，门要开着，还不让门发出声音。一种办法还不行，还要写出 10 种办法。"

李威娜是一位思维敏捷、想象力丰富的同学，用不着指导，她就一定能想出好办法来。

果然，第二天，问题解决了。她用一根比门框的宽度略长的方木，方木的两端各开了一个槽，槽的宽度等于门的厚度，然后将两扇门打开，将方木横在门的上端，槽恰好卡住两扇门。这样一来，门被顶在两端的墙壁上，风大也不能再往墙上撞了。往内呢？因为有槽顶着也回不来。同学们看了，都称赞这个办法想得妙。

大家正欣赏着这项小发明，李威娜同学又递给我一份材料，我打开一看，材料的题目是"刮大风时开着门但没有碰撞声的 10 种办法"。

1. 如目前使用的方木顶门。

2. 可在门与地之间的缝隙处加两个楔子，使门稳定。

3. 可在门下方设两个顶门的墩子。

4. 可在门后贴墙壁处钉两个橛子，橛子上设挂钩，门上设羊眼圈，一挂即可。

5. 可在门的中部设弹簧，弹簧力向内拉，而门外再设小弹簧拉住，成为有弹性的固定。

6. 跟 5 的办法大致相同，用橡胶皮条内外拉住亦可。

7. 在门的上部安上类似窗户扇下部挺钩那样的防风动装置。

8. 门上部内侧各钻一个不透的凹洞，然后制作一个可伸缩顶门闩，两端顶住凹洞。

9. 门下朝地面部位安上门插销，然后在水泥地面上打孔，门开后，将插销插入孔内固定。

10. 可安装像钢窗那样的构件，虽然复杂一些，但却是防风动效果极好的挂钩。

我看着这份材料，认真一想，这些方法确实都行得通，都能达到刮大风时，开着门还没有碰撞声的目的。

教学活动中，我经常提出这样的问题：我们要做某件事，大家想想有多少种办法？

张军同学感冒了，大家想想，有多少种办法能治好？同学们七嘴八舌地议论开了："吃速效伤风胶囊。""吃感冒片。""吃银翘解毒丸。""打退热针。""打消炎针。""针灸也能治好。""按摩也能治好。""轻微的感冒，洗洗热水澡，一出汗就能好。""喝姜糖水治感冒。"……

"吃速效伤风胶囊需白开水送下，请同学们想一想，烧开水有多少种方法？"就容器而言，大家说"用锅""用壶""用盆""用盘""用饭盒""用杯"都能烧开水。就容器的质地而言，金的、银的、铜的、铁的、铝的、陶的、瓷的都可以。就燃料而言，有天然气可以，没有天然气就用液化气，用煤，用木头，用稻草，用废纸，用酒精灯，用煤油炉，用电饭锅，用太阳灶。这样想来，人的思路开阔，做事时容易成功，不至于因缺少某一个条件，一种办法行不通了，就宣布此事没法办。

甚至同一句话都有 100 种说法，比如只有 5 个字的一句话："为人民服务。"就语速而言，可慢，可快，可先快后慢，先慢后快，就这 5 个字的距离至少可有 100 种不同的摆放方式。就音量而言，可悄悄地耳语，可小声说，可大声说，可高喊。就音调而言，可高音，可中音，可低音，ABCDEF 等 14 个调值均可用来说这句相同的话。就语气而言，可陈述，可感叹，可疑问，可祈使。就说话时的感情而言，或喜，或怒，或哀，或乐，又有相当大的差异。不同性格、不同品质的人说这同一句话，别人听了感受不同。周总理、雷锋说这句话，人们觉得真诚、恳切、发自内心，听了以后使人感动，使人共鸣，使人受教育。林彪、康生说这句话，流露出的是假大空的虚伪，是只知空喊、不想实做的欺骗，人们听了，受到的是不说假话办不成大事的反面教育，是不得不做形式主义敷衍的教育。11 亿人同说这一句话，方式方法不就更多了吗？一句话既然有上百种说法，我们为什么不尽可能选择那种能鼓舞人、教育人、感染人、激励人的说法呢？

再往细说，一个字也有 100 种写法。比如学习的“学”字，甲骨文、金文、隶书、篆书、魏碑、行书、楷书、草书、仿宋等哪种写法写出来都读“学”。单就楷书而言，柳公权、颜真卿直至现代的启功、赵朴初这些大书法家又都风格各异。这样看来，仅仅一个“学”字，也不仅有100种写法，1000 位书法家，或 1000 位学生同写“学”字，至少会有上百种区别吧！更值得思考的是，我们很难比较隶体的“学”字和篆体的“学”字孰优孰劣，也很难一致做出哪个书法家的“学”字能排在第一位的决定，而是觉得书法家的“学”字千姿百态，变化万千，各具特色，妙处无穷。

烧开水这样的小事，一句话、一个字这样的小事，尚且有这么多种不同的做法，最后殊途同归。为什么对当班主任、管理班级，任命班干部，讲课等许多教育教学过程中复杂得多的事情，却认为“自古华山一条路”，只有一种模式呢？

马克思在《评普鲁士最近的书报检查令》中说：“你们并不要求玫瑰花散发出和紫罗兰一样的芳香，但你们为什么却要求世界上最丰富的东西——精神只能有一种存在形式呢？”

人的思想一旦从一种模式中解放出来，就会发现，教育教学改革的天地十分广阔，方法非常多。

一个班会可以由班主任主持，也可以由班长主持，普通同学主持亦可；大家轮流主持可以，几个人同时主持也可以。找到一种方法，再找到第二、第三……第十种方法，比一比，试一试，哪种方法大家感兴趣，效果好，就用哪一种。

有一天，天气闷热，似乎要下雨了，一位同学跟我说：“老师，天气一闷热，我就心烦意乱，上自习的时候心烦意乱就什么都做不下去，看书、写作业，都静不下心来。怎么办呢？”

我说你用原来的老办法，大概控制不了自己的心绪，但你必须有这样一个坚定的信念：这种不良心情我能控制，老办法控制不住，我还能想出新的几个、十几个、几十个控制办法。有这个坚定的信念，你的情绪稳定些了，接下来就想办法，如：这段时间回忆自己过去学习效率最高之时或回忆自己战胜逆境时的经过，胜利者的心态便容易恢复；你也可以闭目冥想，自己是一个神奇的圣斗士，眼前一些不利的气候根本不算什么；你还可以从所学的 11 个科目中挑选自己最愿意学的科目，再选最喜欢的科目中最愿学的章节，从最爱学的章节中选最喜欢做的习题，这样越挑选越高兴，越愉快，逐渐会忘了心烦意乱的情绪而开始做实事。“好了，好了，老师您先别说了，让我自己再想一些新办法吧！”

一旦把学生从“自古华山一条路”的思维定式中解放出来，他就有豁然开朗、柳暗花明又一村之感，老师点出一个办法，他就能想出一串符合自己实际的办法来。

自习课如此，战胜自己好动的毛病、语言不规范的毛病，以及听课、作业、参加社会活动和旅游参观等，莫不如此。

牢记“条条大路通罗马”，就能在做事一筹莫展时持积极的心态，想出几种、十几种，乃至几十种、上百种办法来。

我当班主任，绝大部分事请学生做。刚开始时，个别所谓理论家也持批判态度，觉得我和某位理论家的某个观点不一致。但由于这样管理班级效率高，我便一直坚持这样做，时间长了，便也成了一种办法。

我喜欢“条条大路通罗马”这种思维方式，这种思维方式，不至于使人钻牛角尖，容易使人变得开朗、乐观、豁达。

运用某种方法没做好，无须懊悔，无须烦恼，再换一种就是了。

运用某种方法挺好，也无须骄傲，无须故步自封，因为事物在发展，方法在更新，我们目前运用的方法绝不是最好的方法。我们应该不断研究、探索，再往前去寻求更好、更科学的方法。

写日记——道德长跑

十多年来，我外出报告，大会上我不止 400 次地向青年教师真心诚意地建议：坚持每天写日记。散了会，和老师们座谈，我又常常不厌其烦地建议青年人写日记。

为什么总这样建议，因为我自己从写日记中获得了多方面的益处。

日记能使我们记住自己做过的事、见过的人、用过的物，记住自己的经验与教训。人很奇怪，许多过去好的经验、好的做法常常忘了。我常想，人如果不背叛自己童年、少年时心灵深处真善美的一面，坚持自己那时勤奋上进的好习惯，那么每个人都会成为杰出的人，都可以成为伟人。遗憾的是，人常常善良一阵子之后，又觉得恶人常有好报，于是便也学着作恶，但终于狠不下心来像恶人那样无耻，于是又回归自己的善良；人都有过勤奋的时刻，但又经受不住安逸者的诱惑，向往无所事事又觉得太问心有愧，于是又踱回勤奋。生命便在这善与恶、勤与懒的犹豫与踱来踱去中过去了一大半。写了日记，常翻一翻，人容易记住自己，不失去自己，忠实于自己真善美的一面。

写日记有利于改变自己、改造自己。很少有人劝自己狭隘、自私、消极、懒惰，精神正常的人一般都在日记中劝自己、鼓励自己要宽厚，要助人，要积极，要勤奋。这发自内心的劝说鼓励同来自外界的劝说鼓励相比，作用更大。

写日记能磨炼人的毅力。写一篇日记容易，坚持下来难。特别是时间紧、任务重的时候，再坚持写日记就更难。而一旦坚持住了，便产生了心理惯性。如某人已坚持写了一年日记，某一天要他停止，他往往不甘心，觉得那是不忠实于自己，积累起来的惯性也不允许，于是他坚持极忙的时候也写。日久天长，磨炼出“一不做，二不休”“不管千难万险，也要坚持到底”的毅力。

写日记，很多时候都是解剖自己，分析自己。现代社会，节奏紧张，人们忙于工作，无暇认识自我，即使只是思考分析，也不如形成文字认识得更清楚、更透彻。人正确地分析、认识、评价自我，才能有效地更新、改造自我。

写日记能提高自己分析认识社会问题的水平。日记的内容很大部分是对社会的观察分析。写出来，能认识得更清晰。如社会超前消费问题，初写可能是罗列现象，表达不满，再写则可能寻找原因。过一年再写，就可能想出扭转超前消费的切实可行的措施。

人有了烦闷，宣泄出来，烦闷会减轻，头脑会清醒。在工作单位宣泄和在家里宣泄都免不了使别人不愉快，较好的宣泄方式是记日记。有了什么烦闷，都对它说。写出来，说出来，再看一遍，原来的怒气、闷气不知不觉之间没有了。难怪有的学生管日记叫“无声的朋友”“最知心的朋友”“最冷静的朋友”。

写日记可以积累材料，提高写作水平，这一点，许多人早已认识到了。即使什么也不写，也不想恢复昨天那高涨的工作热情，单是翻看日记本身，就是一件十分愉快幸福的事情。我经常跟着我的日记到“昨天”去旅游，不知怎的，昨天那万般痛苦、惆怅的事，今天想来都觉得宝贵，觉得可亲。写日记的好处，当然不止以上这些。

我管写日记叫作道德长跑。为什么叫道德长跑呢？我看到，那些春夏秋冬、年复一年地坚持长跑的人，都变得身体健康、强壮有力。还有一些别的体育锻炼的方式，倘长年坚持也能身体健康。

能不能有那么一种锻炼方式，倘长年坚持不懈，就能使人心灵健康、开阔呢？我觉得写日记就有这种作用。绝大部分心理正常的人写日记时都说心里话、说真话，这便起到了教人求真的作用。绝大部分人写日记一般都劝自己上进向善，劝自己助人改过，绝大部分人都在日记中针砭丑恶，赞扬美善，歌颂心灵美的人，歌颂美好的事物，这便起到了教人向善爱美的作用。

所以我总跟同学们说，坚持写日记，便是坚持道德长跑，能使人的心灵求真，向善，爱美。每位学生一入学，便要开始写日记。

“不会写怎么办？”有人问。

我说：“保证都能会写，学习最差的同学也能会写。”

“那怎么能会写呢？”

“对不同的同学提出不同的要求就可以了。好同学一篇日记五六百、千八百字都可以，差同学就不能这样要求，要引导他们超越自己。”

刚开始，对学习“后进”的同学，提的要求不多，能多写的多写，不能多写的，就把当天的年月日写上，至于内容，只写一句话就行：“今天我到盘锦市实验中学读书了。”第二天，介绍自己的同桌的外貌，写两句话就行。第三天，介绍自己的教室，写三句话，前面、顶棚和两侧的墙壁各有什么。第四天，介绍各科教师，语文、数学、英语、政治教师各一句话，以此类推，写上两个月，60 多天，学生日记字数就达到每天 500 左右了。

有的老师问：“学生写了一些自己不愿公开的事，不愿让老师看怎么办？”

不愿让看，老师就不看，我一直跟同学们这样商定。真正的日记，作者可以公开，也有权不公开。作者不愿公开时，任何人不得强看，这是作者应享有的隐私权。我们手头的日记，实际含有作文选、作文集的性质，要定期检查，互相指导，必要时还可互相批改。请同学们不要把一些不愿公开的内容写在这上面，如果你不愿公开的事情很多，并且愿意记下来，那就再写一本日记，准备一个抽屉或小箱子，买一把新锁头，只有一把钥匙，由你自己掌管。

因为日记含有作文选的性质，那就既可以凭自己的兴趣选题选材，又可以由老师确定日记题目，并且进行日记指导，通常情况下，后者居多。

有了日记指导，才使学生人生的航船不至于在个人的小河上打转，而把它导向广阔的人生，导向社会，导向世界，才使它真正起到道德长跑的作用。

日记当然有一部分内容要谈到自我，但我力求使学生认识到那是一个比昨天更新的自我，认识到一个比昨天更广阔的自我世界。

十多年来，我曾几十次引导学生写两个自我的日记，戴明峰同学就写《两个戴明锋》，蔡乐同学就写《两个蔡乐》。写这两个自我是怎样就某件事展开争论的。有时请学生写《我心中公与私的对话》《勤与懒的对话》《善良与邪恶的对话》《我心中的天平》《我心中上帝与魔鬼的斗争》。写这样的命题日记有助于学生学会辩证地看待自己，实事求是地分析自己思想深处的两个方面，然后理智地调动头脑中的正义之师，去战胜那些把自己拖向泥潭的错误思想。

我还让学生们认识到，每个人的思想不仅仅分成两部分，其实每个人心灵深处就是一个广阔的世界。我请同学们写《我的心灵世界》，意在请同学们感受到自己内心深处确实同外在世界一样广阔。里面江河山川、花鸟草虫、日月星辰、城市农村、阶级政党、真善美、假恶丑都切切实实地存在着。写《谈天人合一》，天者，自我之外的客观世界也；人者，主观世界也。中外杰出的教育家都认为教育的最高境界是实现天人合一，即主观世界全面正确地反映广阔的客观世界。人达到了这一境界，就真正获得了思想的解放，真正掌握了改造客观世界的方法，就获得了最大限度的自由，就如马克思所说，实现了从自在的人向自为的人的飞跃。因此，人最根本的任务，还在于开拓自我、挖掘自我、改造自我、战胜自我，真正把自我改造成适合宇宙发展规律的，同时也是适合人民利益、党的利益需要的人。

就如何处理好与别人的关系而言，学生更需要引导。学生从小能正确处理与同学、与父母、与老师的关系，长大了才可能摆正与人民的关系。我多次引导学生写这样的日记：《尊人者，人尊之》。我说这是使人尊重自己的一个秘诀，谁想被人尊重、被人理解、被人信任，就照这个秘诀去做，保证灵验。我的学生还常写这样的日记:《常思己过，莫论人非》《多琢磨事，少琢磨人》《记长不记短》《记恩不记仇》《滴水之恩当涌泉相报》《隐恶扬善》《要助人，莫贬人》《助人力增倍，贬人力减半》《为别人吃亏是福》《宁可人负我，不可我负人》《责己严，责人宽》《只有助人才能有乐》等。引导学生写这些命题日记，有助于学生养成尊重人、理解人、帮助人、原谅人的好品质。

我特别强调学生要爱自己的母亲。十多年来，我反复向学生强调：一个连自己的母亲都不爱，不理解母亲、不替母亲分忧、不关心母亲、不帮助母亲的人，一定不可能去关心同学、帮助同学，更不可能热爱人民。不管他说得多么好听，也一定是在欺骗别人。我反复引导学生写《妈妈笑了》《替母亲分忧解愁》《我为母亲做了些什么》，旨在引导学生从心灵深处爱自己的母亲。

为了从更高层次帮助同学，也为了替老师出主意、想办法，我还多次请学生写这样的日记:《假如我是许东辉的班主任》。许东辉同学头脑极聪明，性格也开朗，就是学习没毅力，成绩远远没有达到他的智商应达到的水平。全班同学都来帮他，想出使他增强毅力的方法。他自己也写这一题目，站在老师的角度分析自己、教育自己，这就使他的思想发生了较深刻的变化。《他不溜号了》，谁不溜号了？我们班最爱溜号的同学也假设自己将来当上了教师，遇到了一个上课爱溜号的同学，经过自己的努力，这位同学增强了注意力，就写这个故事。这样学生便设想将来成为教师以后怎样教书，怎样讲课。多年来我引导学生写过30多篇假设自己当教师的日记，意在引导学生更深刻地认识自己与别人，将改造自己与改变别人结合起来，学会从思想上、品质上，从最根本的问题上关心帮助同学和朋友。

为了正确分析、理解、认识社会，我多次引导历届学生写社会上的变化，使学生认识到一旦真正把发展生产力作为中心任务，国家各项事业的发展确实会突飞猛进。国家在发展，社会在进步。人们有生之年的短暂，使人普遍容易产生理想主义的成分，希望在自己的有生之年，人类社会便发生巨大的、翻天覆地的、近似实现共产主义那样的变化，这显然是不符合发展规律的。理想主义成分太浓，人们对社会的期望值便过高，便容易失望，容易悲观，容易发牢骚。我引导学生以“我心中的共产主义”为题写日记，意在引导学生思考共产主义与社会主义初级阶段的不同，从而理解在初级阶段还会长期存在大量不尽如人意的地方。写题为“心灵的摄像机对准啥”的日记，是引导学生多关注党内那些真正的共产党员，那些为人民利益咬牙硬干的党的干部，让周总理、焦裕禄、雷锋的形象在他们心中高高树起，学会把那些政治投机分子、腐败分子看作钻到党内的病菌，生活中的苍蝇、蚊子、臭虫、黏痰。学会小看他们，不接近他们，待自己长大有能力的时候，再荡涤这些污泥浊水，一点一点地把他们扫进下水道。

引导学生写“我为祖国做了些什么”“替祖国母亲分忧解愁”的日记，则是引导学生从看客，从指手画脚的批评家的角度，转变到国家主人的位置来思考问题。国家有不尽如人意的地方，而我们为消除这些做了多少实实在在的事情呢？命题日记“谈同舟共济”写的则是我们 11 亿人同乘一艘航船，每个人都是这船上的工作人员，既然同舟，自然应该共济。“谈责任感”则是引导学生思考社会上不尽如人意的地方，我们都有责任，都有制止它发展的责任，有制止的责任，至少有从我做起不参与的责任。大家都这样尽自己的责任，那么，广大人民群众厌恶痛恨的那些不正之风就会减少，就会收敛一些。

引导学生每天都写一篇日记，每天都站在比较正确的角度，分析自我，分析他人，分析社会，经常制订战胜自己的措施，制订为别人、为社会做实事的计划。自然提高了同学们的思想觉悟和认识水平，增强了自我教育的能力。

为养成写日记的习惯，同学们想了许多具体措施，比如上届学生，有 5 名同学比较懒，经常几天不写日记，有时写，也不认真，写两三百字应付一下。怎么办？请这 5 名同学自己想办法，怎样才能战胜懒病，使自己勤奋起来。他们便选了第一懒的梁强，当懒病治疗小组的组长。组长每天放学负责检查其余 4 个人的日记，第一看写了没有，第二看写够了 500 字没有，没有写或写的篇幅不够 500 字，组长便让他们当天补上，还要加写一份说明书。这个办法实行 3 个月以来，这 5 名同学一天也没缺日记，篇幅都达到了要求。有一天梁强同学感冒没上学，这个组的成员还主动找别人检查，合格了才高高兴兴地回家。

我们班同学的日记经常被全国各地来访的教师借去看。人家来了，不管谁的，拿出一本，随意翻阅，就会感到题目挺有意思。一天，一位记者到班，拿起一本日记，随意一翻这位同学从 1984 年 10 月 10 日开始写的一本新日记，依次的题目是“近几日我的效率问题”“再谈骄傲”“国庆话焰火”“钟摆”“为什么要学习文化科学知识”“我的悔恨”“在我的周围”“高枕果然无忧吗”“人生能有几回搏”“生命的价值何在”“晚自习剪影”“近几日的我”“也谈车锁被窃之事”“当我没有日记题目的时候”“我这个人呀

（一）”“做世界第一流的”……这一本，到 12 月 11 日止，两个月的时间便写满了，其中“我这个人呀”一题，连续写了 8 篇之后还不肯罢休，说理、记事、言志、抒情，乃至心理分析、自我解剖，令人感到他的思想在不停地奔跑，在奔跑中调整着自己。

就这样，14 年来，凡进我班的学生都要写日记，写得最多的李琦同学，3 年时间 32 开的日记本写满了 8 本，有 70 多万字。有两届学生，毕业前两个月，我说可以不写日记了，他们中许多人仍自觉坚持到毕业，有的坚持到大学还写。

有的同学毕业后来信，谈到一个最大的损失，就是离校后没有坚持写日记。认识到必须恢复写日记，才能不断提高管理自己的能力，才能生活得更清醒，更愉快。

从学生的日记里，可以看到他们在心灵的田野上向着真善美奔跑的足迹。

我从 1968 年下乡时开始写日记，但那时不是每天必记，到 1978 年 2 月，零零碎碎的连工作日记并在一起还不到 6 本。

到学校工作后开始每天必记工作日记，内容主要是记上午、下午、晚间自己做了什么事，开了什么会，接待了哪些客人，校内有哪些大事，到了哪个省市，见到哪些朋友。这种日记一直记到昨天晚间共 13 本，约 70 多万字。

另一种日记从 80 年代第一天开始每天写（以前是断断续续地写），或记叙，或议论，或说明，或描写，或抒情，或几种表达方式兼而有之。写所思所感，写风土人情，写崇敬的人，赞喜欢的书，颂感人的事……到昨天晚间，已经在写第 18 本，约 130 多万字了。

我有过比较忙的时候。以今年暑假为例，我赶到北京，又到廊坊讲学，后到山西忻州讲学，又到太原讲课，从太原返北京奔桂林。7 月 27 日在桂林讲完课后，从会场出来便奔机场，赶到上海又奔无锡。7 月 28 日在无锡讲完课后连夜乘车奔枣庄，7 月 29 日凌晨两点到枣庄，天亮后，在 36℃的高温下讲了一天，30 日我又站在青岛的讲台上讲课了。紧接着到北京讲，又到兰州讲，从兰州返回北京又讲。即使在这样比较热、比较忙、比较累的时候，我也坚持把日记写完。累了一天，让自己的思绪轻松、愉快、自由自在、随随便便地顺着笔端流淌在日记本上，愿怎么淌就怎么淌，感到那是一种享受。

我不仅要求学生写日记，也提倡青年教师写日记，1987 年发展到要求全体教师每学期至少都要写 40 篇日记。我唯一的孩子刚上小学时，我便开始要求他写日记。1989 年 10 月他还不满六周岁，我带他上丹东，回来以后，他竟写了 300 多字的一篇日记（实际大部分他都是用拼音代替），我不辅导他功课，也不告诉他不会写的字，只让他随随便便地写。前几天，他还把自己过去的日记，一篇篇地翻来看，情不自禁地为自己当年的幼稚笑出了声，这更坚定了他今后写日记的信心。

每一位坚持长年写日记的人都会有多方面的收获。我常想，如果我们 11 亿中国人中有一半的人坚持长年写日记，那我们民族的思想素质、文化素质真会提高得快一些。

将近十岁的《班级日报》

1983 年 10 月，我看《营口日报》，脑子里突然产生一个念头：国家有《人民日报》，但我们省还办《辽宁日报》。那时我们归营口市管，市里也办有《营口日报》。不同部门办的报纸有不同的宣传重点，起到了促进本地区两个文明建设发展的作用。我们班级不也像一个小社会吗？班级若办一份日报，一定能有利于提高班级管理自动化的能力。

我和同学们说了自己的想法，同学们热烈赞同我的建议。1984 年 1 月 10 日，第一期《班级日报》由团支部书记刘勇同学办成了。

先由几位班干部带头办了 5 期，以后，就按学号轮流，每人办一期，每天轮到一个人。

有同学问："星期天、节假日、寒暑假期间还出不出报纸？"同学们说："照常出报，《人民日报》节假日还扩版呢！我们怎么反倒不出报呢。"

"寒假一个多月，怎么办报，出了报谁看？"

"放假前，先排列好顺序，大年三十，大年初一……都分别轮到一位同学办报。他可以到同学家去采访新闻，反映同学们的寒假生活，开学以后拿来，30 多期报纸展览，就是丰富多彩的寒假生活的再现。"

报纸的篇幅像《营口日报》《参考消息》那么大。纸张要选择质量好的，有的同学为办报买来了大张的图画纸，有的找来绘图纸，更多的同学用挂历的背面。

下面是1984年一张《班级日报》的主要内容。

主编：黄医兵。主办单位：盘山三中三年级一班、七班。出版日期：1984年7月25日。

一版头条是《要闻简报》四则。

◎ 今天学校放暑假，但还有一部分同学和老师不怕炎热，放弃休息来护校，使学校财产免遭损失。

◎ 班长和刘颖连续两天拿着水壶到校外为同学去打水，他们自己却不喝，这种精神值得赞扬。

◎ 今天班级来了一名新同学叫杨佚成。傅代诚同学去海城，今天回来了，同学们都很高兴。

◎ 我们班从明天开始放假。

一版二条是特写《今日三·七》："……今日的三年级七班，歌声就是命令，两支歌唱完后，听到的便是翻书声，一分钟后，教室里'沙沙沙'，只有这一种声音。自习课上说话的人极少，唱歌时拉长声的没有了。无论老师在与不在，教室里都是那样静，同学们在拼搏，在奋发。各种各样的计划在日记中订好，各种各样的课外书摆在同学面前，下学期崭新的教材同学们已经看了一半。学习风气正浓，锻炼身体也不忘，同学们一下课就出去玩，打篮球、捉迷藏、散步，丰富得很，既完成了学习任务，又锻炼了身体。同学们，让我们拉起时代的纤绳前进吧！"

两个版之间的中缝是《班级实事》，报道班级总人数，缺席人数及迟到、早退、违纪的人数。

中缝里还有《箴言》。

◎ 段国清：生活是考场，你一言一行全是考卷。

◎ 李庆：轻信他人容易上当，不信他人一事无成。

一版下面的文章是通讯《前进队伍中的路长——潘忠良名列榜首》，文章写道：

"同学们早已预料到了，这次期末考试总分第一名一定是潘忠良。不错，正是。那么他为什么名列榜首呢？我想主要原因有两点：①他上课认真听讲，基础知识掌握得比较牢。正像吕厚昌说的那样：课堂上45分钟就像一日三餐，三顿饭吃不饱，靠吃零食能健康吗？②他学得活，把所学的知识真正变为自己的了，不管出什么题，他都能灵活运用公式。学习潘忠良吧，掌握好方法，以便提高成绩。”

下面的一个栏目是《班级四方》：“我们班同学哪来的都有，可谓来自五湖四海。有来自四川的张延仲，有来自贵州的李琦，有来自新疆石河子的张晓辉，还有来自朝阳的严俊华，来自丹东的曹旭红，来自锦西的周轶男……大家从各地走来，进入一个班集体中生活，情同手足，但愿我们互相关心，互相爱护，努力学习，刻苦锻炼，成长为共产主义一代新人。”

第二版，我们从下面读起，专栏是《人物趣谈》三则：①刘勇数学得了100分，班里的数学大师还没到100分，出乎同学们的意料，可是，这又有什么奇怪呢？谁努力谁就有好成绩，这正应验了一句名言：天才是百分之一的灵感，加上百分之九十九的汗水。②一头牛又在耕地了！他默默地修好了教室内的几张桌子，这就是副班长侯耀东……③丁健是一个很有趣的同学，他活泼、乐观、学习好，是一个很值得研究的人。他下课龙腾虎跃，玩得最快活，但一上课就严肃认真，不说不笑了。预习完化学就做一些课外数学习题，一会儿又写物理习题，一天下来，发现他净学理科，这样他理科基础好。等到期末考试了，他用大部分精力学文科。他的学习成绩逐步上升，已进入前10名的行列。

二版上方是两个醒目大字标题——品格，副标题——班长二三事。

如果她是一滴春雨，她就会落在干涸的沙漠；如果她是一滴露珠，她也会去滋润青翠的绿叶……这不正是班长的写照吗？

“我爱中华”歌咏比赛的日子即将到来了，班长紧张地忙碌着，她组织同学们好好练，口干舌燥，毫无怨言，还要维持纪律。有的同学不听话，她开导教育，个别同学仍难改，她着急得流下了泪。可是，老师的信任使她重新振作起来，她记住了老师的一句话：“你是班长，同时还是一名普通的、为大家服务的同学。”她的行动，她的耐心，终于感动了那几位同学。

快考试了，谁不想抓紧时间复习呢？可班长却为我们印提纲、抄题，她在考试的前几分钟还在帮值日生扫地，难道她不想取得好成绩吗？不，她把宝贵的白天时间贡献给别人，自己只好向夜间索取，她奋斗在长明灯下。

让她作为我们生活中的一个楷模吧！

这样及时反映班级学习生活的报纸，每天一期，报上的内容给同学们以启迪，以教育，好的激励同学向上，不好的苗头给同学们敲响警钟。

《班级日报》像一切新生事物一样，有一个逐渐走向成熟的过程，随着年龄的增长，日报比昨天好得多了。到日报八周岁生日的时候，班规班法中关于《班级日报》的法规增加到了 10 条，这意味着，日报比昨天更完善了。这 10 条规定是：

第一，日报的纸张需长 54 厘米，宽 39 厘米，上面留出 3 厘米宽的白边为装订线，左、右、下分别留出 1 厘米的白边，看上去有整体美。

第二，写清办报具体时间、办报单位、办报人姓名，以利于若干年后查找。

第三，当天的日报必须在当天中午 12 点之前夹到报夹子上面，不能拖拉为晚报。

第四，日报须用碳素墨水或彩笔誊写，以利于长期保存。

第五，直接反映本班同学学习生活的内容要占 60% 以上的版面，如《班级新闻》《学先进》专栏，《本班好同学的学习方法介绍》《好人好事》《警钟》专栏等。

第六，必须设有《文章病院》专栏。

第七，对班级纪律、卫生、出席、课间操、眼保健操得分情况必须及时报道。

第八，为昨天的值日班长开辟一小块工作失误及补救的分析园地，及时分析班级工作失误的原因及制订补救的措施。

第九，每期报纸必须有图画点缀，黑白的可以，彩色的更好。

第十，日报每月装订成合订本，也由同学按学号轮流负责装订。

这些规定都是同学们在办报实践中发现不足、发现失误后提出来，经同学们讨论后确定的。刚开始，日报没有统一的尺寸要求，报纸积累一个月后，装订时大小不一，长短不齐，很不雅观，有的同学为充分利用版面，不仅上面不留装订线，连下面和左右也不舍得留空白，这样报纸的容量确实增加了，但总体看起来不美观，大家便做出了第一条规定。

有同学办报只写月日，过了几年便不好查找，也有的不写办报班级，甚至忙乱中忘了写自己的名字，针对这些失误做了第二条规定。

有同学提出："咱们的日报该改名字了。"我问："为什么？""常常到晚间才和读者见面，这不成晚报了吗？”我问同学们怎么办，大家提出了当天日报在中午 12 点之前出版的建议。有同学提出，那怎么报道当天下午的新闻？当天下午的新闻归第二天的记者报道不就行了。于是便通过了第三条规定。

以前有的同学用纯蓝墨水誊写，过了一两年，因墨水质量不好便模糊不清了，甚至《班级日报》展览专栏中，一份纯蓝墨水写的日报已成了一片空白，从那以后，便规定用碳素墨水了。

有同学又提意见："咱们的日报又该改名字了。"我问："为什么？""老师，您看这两期日报，大部分内容都是〈世界新闻〉〈谈天说地〉〈笑话台〉〈音乐生活〉〈体育之声〉〈美术与健康〉，这不成了《文摘报》吗？"同学们一想，也是，如果办文摘报就用不着我们动手了，订两份不就行啦！大家讨论认为《班级日报》必须以反映本班同学的学习生活为主，才能起到《班级日报》宣传、鼓励、表扬，引导全班同学积极上进的作用，大家一致同意：今后日报，反映本班同学的内容必须占 60% 以上，达不到这一要求怎么办？撕掉，重办。

日报是学生办的，免不了有错字、病句，为及时指出这些错误，使办报同学今后改正，每天的日报上都设立了一个《文章病院》专栏，今天的总编给昨天的日报挑毛病。有病栏目则大，无病则小。对毛病较多的同学，文章病院的小医生们还开办了文字科、标点科、句子科、篇章结构科。既激发了自己给同学挑错的兴趣，又使得同学的批评富于幽默感。

学校对班级的纪律、卫生、出席、课间操、眼保健操等活动每天都要检查、记分，并在值周板上公布，但许多同学并不注意去看。同学们便建议将检查结果公布在本班日报上。班级情况及时反馈，增强了同学们的集体荣誉感，这样便产生了第七条规定。

倘若班级在出席、纪律、卫生或其他方面出现失误，那么值日班长就要对此承担责任，并在第二天的报纸上对失误进行及时分析，查明原因，制订补救措施，以利将来进步。这是日报第八条规定的意义。

《班级日报》不同于许多严肃的国家大报，它来自中学生，为中学生服务，这就要适合中学生的需要。生动、活泼、富于变化、色彩斑斓，可读性、趣味性强，读来使人赏心悦目，于是便做了第九条规定。

刚办报的前两年，承包日报的同学每月将本月报纸，从报夹上取下，或折叠，或卷曲，不利于保管，更不利于查找资料。我们从《人民日报》《光明日报》的合订本中得到启示：《班级日报》不也可以搞合订本吗？谁来订？还是班级的老规矩，按学号轮流。装订的同学给每月合订本加了结实的封面，有的封面设计得很漂亮，画一幅山水画或人物画或花鸟鱼虫画，封面上写着：《班级日报》1984年3月份合订本；办报班级：二年级七班；装订人：边闺茹。到现在我们已积累了8年多共100多个月的《班级日报》合订本。现在如果想要了解8年前的学习情况，如1984年12月的情况，那么找到这个月份的日报合订本，从月初到月末31天的学习情况便一目了然。

翻开一期期日报，会感受到学生们创造思维的火花在闪耀，不要说栩栩如生的画面，不要说五彩缤纷的构图，不要说异彩纷呈的栏目内容，也不要说千变万化的报头题字与位置安排，单是版面设计，就不能不使人佩服同学们的创造力，有的把整个版面设计成一个人的头像，用不同颜色的彩笔写字，使头像显露出来，有的将版面设计成一只蝴蝶，远远看去，整张报纸似一只蝴蝶欲翩翩起舞。

张卓伦同学是负责《班级日报》的，他的报纸更具特色，整张报纸如同迷宫，可开可合，成为立体。你想看班级新闻吗？打开写着“班级新闻”的那个“门”便看到了。张颖的报纸最后一个栏目是问题与谜语，全装在一只大靴子里，你有兴趣可以写个条子放在靴子里请编辑回答，也可以到靴子里抽谜语来猜。

写到这里，我看到李东昊同学今天的报纸出版了。

这张报纸的报头——班级日报四个字做成了五角星和四角星，贴在报纸的中央。

日报共分《赛后》《班级十大怪杰》《班级7日下午新闻》《我们的未来》《班级8日上午新闻》《前任班长评价》《前任班长工作总结》《文章病院》《征求意见》等9个栏目，其中6个栏目都用赤橙青蓝紫，打上了底色，然后再在彩色上写黑字，再配上栩栩如生的机器猫漫画，整张报纸显得充满活力。

现将李东昊同学这张报纸具体介绍一下。

《班级日报》1992年12月8日　星期二

本报版面设计：李东昊

本报记者：李东昊

本报插图：李东昊

办报单位：实验中学二年级七班

赛后

昨天与三班的篮球决赛，我们班输了，输得很惨。不是我们的实力不如别班，而是我们队员的情绪不稳定，水平没发挥出来。

可能由于前几场都轻松地过了关，放松了警惕。尽管大家都尽了力，但总是打得不顺手，该进的球也蹦了出来。

比赛结束后，同学们带着压抑的心情进了教室，每个同学都很难受。有的同学说:“要是魏老师在家就好了！”是啊！要是魏老师在家，他一定能为我们压阵脚，激励队员们信心十足地投入战斗。可是我们不能依赖魏老师，像一个断不了奶的孩子似的。没人告诉，没人提醒，每位同学都自觉地安慰篮球队员们。

在大家安慰之后，队员们又恢复了常态，脸上又浮起了笑容。这笑容，是苦笑，还是……我也不知道，我也不想知道，因为我明白，这笑容包含得太多太多了，口里不说，心中却似明镜。一场不快从表面上看似乎消失了，我们班又成了往日那个“乱班”，上课时争先恐后发言，热火朝天争论。但是，每个人的心灵深处却留下了一块烙痕。

这烙痕不代表骄傲，也不代表屈辱，只代表着那一刻我们跌倒了，我们受了挫折。可我们不会一蹶不振，我们会重新鼓起勇气，去勇敢地迎接一次又一次新的挑战，因为我们是魏书生的学生，因为我们是实验中学的学生，我们要振作，要经受风雨。经过风雨的洗礼，我们会更加成熟。

——摘自步智玲同学的日记

班级十大怪杰

我们班人才济济，许多同学都有独特的长处，现在我来介绍几位。

1. 吕冰。爱说爱笑，上课爱说话，下课爱在操场打闹，还为班级做了大量好事，学习成绩却总在班里排第一。岂不怪乎?

2. 滕玉欣。是一个全能好手，能画画，能中长跑，学习成绩好，还是班级的文娱委员。她这么多爱好，也不知怎么安排时间。对了，她还在联欢会上为同学们表演过小提琴独奏。

3. 张颖。以画国画《竹》在我们班一炮打响，开朗而且活泼，一个瘦瘦的、好单薄的女孩子。

4. 蔡乐。我们班的大忙人，班长，总是腰板直挺挺的，平时很开朗，偶尔考试失败也会心情沉重的男孩子。他已考了三回年级第一名了。

5. 王海鸥。爱蹦，爱跳，像小猴子一样的小孩子，脸上总挂着顽皮的笑。她今年才 12 岁，是全班同学的小妹妹。

6. 郑兰兰。一个平时说笑起来无边无际，但真正表演的时候慢条斯理的“假小子”。

7. 张晔。勤奋，沉默寡言，在班上默默无闻地无私奉献。

8. 亓峰。文思敏捷，词汇丰富，写起文章来是行家里手。

9. 王娇。我们班的体育骄子，每次运动会，必拿金牌归来。

10. 齐岩。令人尊敬的团支部书记，在自己的岗位上默默地耕耘着。

我们的未来

1. 吕冰。攻下了博士学位，在北京某名牌大学当教授。

2. 朱宏峰。在国务院总理身边任翻译（会八国语言文字）。

3. 滕玉欣。一个著名的女化学家兼业余歌唱家。

4. 王磊。继华罗庚、陈景润之后，又一位享誉国内外的大数学家。

5. 孟昕。是全国最大的一家广告公司的特聘人员。她设计的广告、宣传画，多次在国内外获奖。

6. 白桂红。是北京某私人律师事务所所长。

7. 孙玲玲。全国著名的大书法家。下笔刚劲有力，刚中有柔，绝！

8. 亓峰。诺贝尔文学奖获得者，著名儿童文学作家。

9. 雷蕾。在教师的岗位上耕耘。是第二个“魏书生”老师。

10. 王娜。全国著名的、像亨特那样的大侦探。

班级 8 日上午新闻

◎ 上午的四节课同学们听讲态度都很好，很认真，老师领着复习，受益匪浅。

◎ 课间纪律较好，没有大声喧哗的同学，但有极个别同学在走廊打闹，提出批评。

◎ 眼保健操做得认真，没有睁眼睛的同学。

前任班长评价

我的前一任值日班长是宋君同学，她平时是我们班的一个大好人，谁都不得罪。可是我发现，她当起值日班长来，倒大有一种“新官上任三把火”的味道。

第一把火，卫生搞得好。在整个教室地面上，你找不到一小片纸屑，或堆积成“山”的土。走廊和教室内都用拖布拖得干干净净，令人佩服。

第二把火，课间纪律搞得好。并不只是喊“别说话了”，而是落到实处，喊到某个人身上，使他不得不停止说话。

第三把火，自己以身作则。以往有的班长，只去管别人，自己却没有做好，使一些人不服气，可宋君却一句闲话也不说。

这张报纸还有 800 字的《国情教育》专栏和 400 字的《文章病院》专栏。

《文章病院》专栏的开头和结尾部分这样写道：“宋君同学办的报纸字迹清楚，版面工整，整体看来，无大毛病，但还存在如下小病……

“这里提一点，宋君同学本没有这么多的错误，由于版面太大，不得不‘鸡蛋里挑骨头’，请多多原谅。”

在报头边上，李东昊写道：“如果哪位同学提什么意见，本人十分感谢！哪位同学指出本报的不足，更要说一声‘谢谢’。”

统计一下，这张报纸的容量当在 4000 字以上，本班内容也超过了 60%，尽管字写得不够好，但总体看来办得很有特色。报纸一出版，就吸引了同学们，大家围着看、抢着读，很多内容引起了大家共鸣。

班级每天出一期这样和大家息息相关的报纸，其教育作用是不言而喻的。

办报的编辑呢，不是一个全面受教育的过程吗？

到外地，我喜欢介绍我们的《班级日报》。我班级管理的许多具体做法，我都建议人家无须照着做，我只是抛砖引玉。而对《班级日报》，我却不谦虚地到处宣传，到处劝人家办，谁办谁受益。

我甚至设想，全世界的教学班如果都办班级日报，届时搞一次世界性的《班级日报》大赛，则功莫大焉，善莫大焉！

每天点一盏思想的灯

阳光、火光、电光，能照亮江河山川，照亮道路，照亮物质世界。

思想之光，能照亮人的观念，照亮人的思想道路，照亮人的精神世界。

小时候，一本《今古贤文》，我不知读了多少遍。至今“尊人者，人尊之”“隐其恶，扬其善”“宁可人负我，不可我负人”“一万次口号抵不上一次行动”“曲不离口，拳不离手”“聪明的人改变自己，糊涂的人埋怨别人”等许多格言警句，还深深刻在脑子里，成为指导我言行的明灯。

从教书开始，我便注意给学生抄格言警句。在农村教书的时候，我给学生讲，给学生抄，到了城里教中学，我买了《名人名言录》，放到班级图书箱里，给学生看，以后又买了几本不同版本的《格言选》《格言精编》等。

从1979年4月起，便由我给学生抄格言，改为学生按学号轮流抄格言，每天轮到一个人，挑选自己认为对大家最有教育意义的，写在黑板的右侧。

首先，同学们注重格言的内容，看谁的格言能量最大，最灿烂，四射的光芒能最大限度地照亮同学们的精神世界。

其次，大家也注重形式，看谁的格言写得最认真，字写得漂亮，图案设计得吸引人。有的同学用彩色粉笔在黑板的右侧勾出一片1米高25厘米宽的天地。有的格言出自古人，便画上古色古香的图案花边。有的格言高远辽阔，便画上大海、天空的图案。有的格言惊世骇俗，便配上电光与利剑。

还有的在格言上方画上我校的校徽，有的画上团徽，有的画上国徽。

最常见的形式，还是今天宋君同学这样的，先勾出这片天地的范围，然后在上部画出五分之一位置，用彩色粉笔写上大字：今日格言。下部画出十分之一的位置，写上格言抄录人的名字：宋君。中间是格言正文，一般像竖式条幅一样，字要竖写。

从学生选择哪条格言，也可发现学生心灵世界的一些奥秘。

如果有谁说，魏书生班的学生每天学一条格言，所以每个人都变得积极进取，思想发生了巨大的变化，世界观发生了根本的转变，你千万别信。每天一句格言不可能有那么大的教育力量。

如果有谁说，魏书生班的学生几年如一日，每天学一条格言，一点用处都没有，学生无动于衷，你也别信。有的格言是千古传诵的，曾经激励过一代又一代的仁人志士；有的格言是学术界公认的至理名言，曾成为千千万万做学问的人的座右铭，怎么可能一点作用没有呢？

格言有它独特的作用，春风化雨，点滴入土，日久天长，潜移默化。学生的精神世界，有了这些格言明灯的照耀，一定要比昨天更明亮。

几年来，一届又一届的学生，多次选择周总理的话，恭恭敬敬、工工整整地写在前面："我们应该像春蚕一样，把最后一口丝都吐出来，献给人民。"

也有的写陶铸同志的诗："如烟往事俱忘却，心底无私天地宽。"

还有的写程思远先生发人深省的话："人不能从八十岁向一岁活，如果能够从八十岁向一岁活的话，那么我敢肯定，世界二分之一以上的人都会成为伟人。"

为了劝诫同学们珍重友情，有个学生抄了爱因斯坦的话："世界最美好的东西，莫过于有几个头脑和心地都很正直、严正的朋友……"

为了鼓励同学们乐观地面对生活，有的学生写道："生活像镜子，你对它笑，它也对你笑。"

也有的同学互相摘录自己编写的话，读起来，使同学们感觉离自己的思想更近。"经常谈论别人的短处，会使一个人变得心胸狭窄，活得又疲劳，又无聊。"这是蔡乐同学写的。

"一个忘我的人能够彻底摆脱烦恼忧虑，真正体验到生活的乐趣。"这是张颖同学写的。

学生抄的格言，不仅使学生受到启示，也常常使我受到启示。记不清哪位同学抄过这样一条格言："乐观的人把困难当作帮助自己前进的机会，悲观的人总是在机会中首先看到困难。”这句话后来我曾数百次地背诵，记着它，使我充满了战胜困难的勇气，努力做一个乐观的人。

名人伟人，经历了比常人更多的磨难，做出了使常人仰慕的贡献，他们的名言曾鼓舞自己在磨难中矢志不渝，奋力拼搏，努力做着贡献。他们的名言经过历史长河的冲刷，仍然能放射出光芒。人们如果在自己的有生之年，采撷不到这光芒四射的名言，那确是人生的一大憾事。

学生抄的这些名言，给我以启示时，我常想，如果在少年时代我看到，那将会减少很多在黑暗中摸索的弯路。我越是这样想着，越觉得“每天由学生轮流抄一条格言”这条班规订得有理，符合学生们的切身利益。

名人格言，每天陪伴着我们师生，一年又一年，一届又一届，已经十几年了。它还将陪伴着我们师生一起走向未来。

我深深地体会到，这是有百益而无一害的事情，我也愿它和全国更多的教学班为伴，每天点燃一盏思想的明灯——抄一句格言，一起去开创教育改革灿烂的明天。

有三部分内容的座右铭

外省来听课的老师，看到每位同学桌子上都放着一件做得很好看的五面体，上面写满了字，便问：“这是什么？”

“是座右铭。”

提倡贴座右铭，是十几年前的事了，要求全班必须贴座右铭则是 1985 年的事。1986 年我当了校长，便要求全校 1516 名学生每人都要贴座右铭。

原来座右铭全校要统一规格，长 10 厘米，宽 6.18 厘米（符合黄金分割律）。

1988 年，我又要求全校学生课桌上都要蒙上白桌罩，这样一来座右铭没办法贴了，学校便号召大家搞小发明，解决桌罩和座右铭统一的问题。

有的同学将座右铭写在桌罩的右上角，但看起来很脏，又不利于更换内容。

有的将座右铭写在一块钉了按扣的布上，桌罩上也钉了按扣，比上一个好，但看起来窝窝囊囊、皱皱巴巴的，不够美观。

有的将座右铭用透明胶粘在桌罩上，这样虽然比较好看，但洗的时候不方便，容易撕坏。在这些发明中，我们暂时采用了这样一种，即做一个长 10 厘米，宽 6.15 厘米，高 1.5 厘米的五面体，从两个侧面看是腰长为 6.15 厘米，底边为 1.5 厘米的等腰三角形。这个五面体可以用硬纸板折叠而成，也可以用塑料板、五合板、铁板做。

有的同学更有趣，用整块塑料，或整块木头，锯成所需的五面体，打磨平了，蹭光滑了，看上去像一件工艺品了，才在上面贴上座右铭。

这种形状的五面体放在桌罩上比较稳固，不会碰倒，不易被风刮走。

座右铭上写清三部分内容：

第一，自己最崇拜的人的名字或加上照片。

第二，自己要追上的同学的名字。

第三，针对自己思想弱点写一句医治这一弱点的格言。

我爱读人物传记。孟子、诸葛亮、岳飞、文天祥、周总理，是我自小学起一直崇拜的偶像，尽管我们很难达到伟人的境界，但以伟人为人处世的言行为典范，指导自己的言行，显然有利于人的成长。朝着伟人的方向攀登，本身就是一种人生幸福。

一个凡人，始终不渝地崇拜着一位伟人，他一定能减少许多庸人层次的烦恼，一定能较容易地使自己摆脱低层次的事情的缠绕，从而使自己在许多问题上能超凡脱俗。

谁都有过这种体验，当读爱因斯坦这样对人类有突出贡献的伟人的传记时，自己也感觉人生天地高远、辽阔，觉得大自然美好、人生可爱；觉得踏踏实实做事便有无穷的幸福和欢乐；痛感自己做的实事太少，应该抓紧为自己生存的这个世界尽一份责任。

我从伟人身上吸取了力量，便也愿引导自己的学生这样做，引导学生看伟人传记，引导一届又一届的学生把伟人的名字写在座右铭上，天天看，时时置于伟人的鞭策之下。

敬爱的周总理的纪念章我已佩戴了十几年，学生见我最崇敬周总理，于是许多同学在自己的座右铭上写道：最崇敬的人——周总理。

也有的同学写最崇敬的人是华罗庚，有的写陈景润，有的写焦裕禄，有的写雷锋，有的写张海迪，有的写孔子，有的写岳飞……

不少同学写的崇拜的人是外国人，如爱因斯坦、爱迪生、牛顿、华盛顿、哥白尼、居里夫人、撒切尔夫人……

1992 年 7 月在山西忻州，我讲课时，四川一位老师便提出了这样的问题："假如学生在自己的座右铭上写最崇拜的人是希特勒怎么办？"我的学生还没有崇拜希特勒的，但有的写最崇敬的人是拿破仑。我问："崇拜拿破仑的哪些方面？"答："崇拜他统率千军万马的英雄气概；崇拜他历经多次失败，但仍然不屈不挠的顽强意志；崇拜他虽然有身材矮小等弱点，但却决不自卑的品质。"显然，学生说的拿破仑的这些优点都是值得人崇拜的。学生也讲了他讨厌拿破仑有时盲目自大，目空一切，傲慢、自私、贪婪、残忍。但这些并没妨碍拿破仑成为伟人。这些东西我们不学就是了。

座右铭的第二部分内容是写出在本班要追上的同学的名字。

这些年来我组织学生进行学习竞赛，不只让学生追尖子，当冠军，更多的是鼓励学生自我竞赛，鼓励学生和自己程度相近的同学竞赛。

张军期中考试在全班排在第 70 名，那么你期末奋斗方向就是追上第 69 名同学李健。能超过李健，你成了第 69 名就是伟大胜利。

这样的竞赛，这样的追击，取胜的希望值大，也就更能激发学生的竞赛积极性。

倘若鼓励第 70 名学生经过两个月的奋斗成为第 17 名学生，而同在一个班，同样的教师教，前面的学生一直努力，第 70 名学生以前又不是没努力，他自己也感到两个月进入第 17 名是开玩笑，由于根本没有可能性，他当然就不积极进取了。

引导学生追击紧挨着自己的同学，这本身就是对他的一个刺激，他自己的内心深处也不服这个同学：我以前比他强，这次考试，我没在意，被他超过了，下次我一定超过他。这种不服气的心理才容易激发竞赛的积极性。

每位同学桌子上都写着前一位同学的名字，而自己的名字又写在别的同学桌子上，公开成为别人挑战的目标。这样大家都前有榜样，后有追兵，班级便形成了一种你追我赶的学习气氛。

全班只有倒数第一的同学没有追兵，但处于这个位置，他也不能不着急，没人追他，他也会尽最大努力超过倒数第二的同学，改变自己的处境。学习最好的第一名同学没有追击目标，但后边那么多人都追他，想代替他的位置，这么多动力推着他，他也会奋力向前。

座右铭第三部分内容是写一句格言。要求必须针对自己的思想实际，最好针对自己思想的弱点。

一位同学针对自己的格言是："勿做小马蹄坑。"

什么意思？本班同学都知道，她这是告诫自己胸怀不要太狭窄，不要像小马蹄坑那样，一点小事都装不下，投入一个小石子，也会激起巨浪。这显示出这位同学已成熟了，她敢于正视自己的弱点，敢于否定自己的弱点。后来这位容易生气、多愁善感的同学变得很开朗，很洒脱。

有同学写："一部机器常常就坏在一个零件上。"

我看了，不明白，便向写这句话的鞠艳辉同学请教。她说："老师，我的脑子总体挺好使，但只有注意力这个零件经常出问题。注意力好的时候，我什么都能听懂，教材上、练习册上的难题都会做。赶上注意力不听话、胡思乱想的时候，整个脑子便乱成了一锅粥，什么都听不进去，连简单的题也不会做了。我写了这句话告诫自己，一旦溜号，便把注意力拽到正道上来，试了两个月很管用，现在我的成绩明显好起来了。"

班长纪磊把最喜欢的一段话写在座右铭上："是中学生，一定得有这个气魄，有一个挨得起饿，受得起冻，经得起摔打的身体；有一个不怕风吹，不会失眠，不知道什么叫眩晕的脑袋。"

有位同学是班上"四大闹将"之一，他的座右铭很有意思，只有"闭住你的嘴"五个大字。他把这五个字用笔描得很粗很粗，十分醒目，远远就能望到。

我问："怎么写这样的话呢？"

"老师你不知道，我这张嘴，在过去的学校里是盲人闹眼睛——没治了。总说，说惯了，利用率极高，有时说得我自己都烦自己。到咱班来，自习不让说话，我的话少了不少，但和别人比，还多，怎么办，我也想过办法，甚至想用粘胶把它粘上，可不好意思。写座右铭，针对自己的弱点，我的主要弱点就是闲话浪费了脑细胞。我就写了这五个字，并下定决心，想说话时，便用上牙咬住自己的下嘴唇，还真灵，一下就说不出来了。咬的次数多了，渐渐就不想说闲话了。"他的变化受到了全班同学的热情赞扬。

座右铭、伟人是来自学生心中的选择，像太阳一样时刻照耀他们的内心世界。格言，也是学生针对自己内心深处弱点的选择，像良药一样，治疗着他们心灵深处的疾病。因其来自内心，在发生作用时，就把心理抵抗减到了最小限度。

座右铭，使学生天天看到的是深刻的充满哲理的话，天天想到的是杰出的人，是伟人。这教室里就像有几十位伟人帮我做工作，帮我进入学生的心灵深处谈心。用格言谈心，用警句谈心，他们的教育效果怎么能不突出呢？

许兵同学是承包座右铭的，每天早晨他在教室走一圈，看一遍，看谁的座右铭没及时放在桌子上便提醒他，日久天长，人人养成了注重座右铭的习惯。

治病救人周

人追求平静，人也追求波澜。人们看惯了湖面的平静，便想去看看大海的波澜。怒涛翻滚的大海喧闹了几天后，人们又盼着它能平静下来。

生活也是这样，每天有波谷，也有波峰，每周有高效日也有常效日。每月呢？每学期呢？也应从平静中涌出波澜，使每个星期都涌出不同内容的教育波澜。

我和学生商定，确立每学期中的几个星期围绕一个重点问题，掀起波澜。

有的叫“高效学习周”，有的叫“控制闲话周”，有的叫“发扬特长周”，有的叫“增强注意力周”。

还有“发现新我周”“增强信心周”“助人为乐周”“开拓胸怀周”……

“治病救人周”主要以自己给自己治病为主，每位同学找出自己心灵中的一种主要病症，然后写出症状、发病时间、治疗方法和疗程。

以我自己为例，10 年前的那个“治病救人周”，我找出自己的主要病是拖拉。我这样描绘发病时的症状。

“三岔路口，一个人走过来，踱过去，徘徊，观望，选择，犹豫，当终于选定其中一条路时，青春已经逝去。

“一件事已经做完，面对明天，将要去做些什么新事呢？想着拖着已经到了明天的下午。

“反正业余学习没有人逼迫就往后排，排到天黑了，夜深了，胡乱看一点就入睡了。

“做正事，写东西，总盼望有个无干扰的环境，稍有干扰心便乱起来，钻不进去，而没有干扰的时间在一天当中又极少，于是分分秒秒就在这盼望中流过……”

怎样治这种病呢？我当时想的办法是，马上就做，不停地做。尽管没有现在想的治疗方法多，但是集中时间治“犹豫症”还是取得了较好的效果。

我同学生们谈了自己集中一周时间治病的体会，激发了学生参加“治病救人周”活动的兴趣，纷纷进行自我诊断、自我诊治。

大多数同学都找到了自己主要的病症，并且找到了较科学的治疗方法，本来要求写 500 字的病历，张斌同学写了 1000 多字，连不爱动笔的刘志军也写了 1400 多字。学生们都能够把找出自己的病症作为分析能力强的表现来看待。

其中一份病例这样写道：

“在我心灵深处，主要有两种病：①小马蹄坑病；②懒病。

“1. 小马蹄坑病。发病时间：我从小学一年级起就喜欢‘咬尖’，长大以后，逐渐变为小马蹄坑病。以前，为针鼻大的一点小事，好和同学计较。现在，经过班级治小马蹄坑的班会，在学校有了点进步，但在家里还不行，经常为小事跟弟弟吵架，一句话也不让。妈妈说我，我总感到委屈难受，在一边生闷气，弄得大家都不愉快，气氛紧张，还耽误了大量时间。治疗方法：要‘大事明白，小事糊涂’。在家里也一样，争取一星期内见效。

“2. 懒病。懒病从小学就开始有，到现在一直没有彻底好。发病症状是：拖拖拉拉，早晨不愿起床，明知有大量实事要做，总是想到学校再做吧，到校又想中午再做，中午不愿干又推到下午，下午自习课不愿做事只愿摆弄东西玩，不知不觉快到放学时间了，只好推到放学后。放学后因为事情堆得多了，就更不愿做了，只好自己安慰自己：先看完电视再说。第二天，这样的懒病又重复一次，欠债更多。治疗方法：先干自己爱拖拉的事。当自己犯病时，要有恒心、有毅力，一狠心开始做实事了，心情就会好一些，养成习惯，懒病就会治好。我要在两周内治好这个懒病，首先要有一个科学的计划，然后严格要求自己按计划去做。”

这是学习“后进同学”写的一份病历。使人欣慰的是，他能够真心实意地去找自己内心深处的弱点，敢于正视这些弱点。人都有这种体会：自己的弱点，别人给指出来，常常感觉不愉快。有的还有逆反心理，硬是不肯承认。自己公开披露弱点，不仅有一种胸怀开阔的自豪感，还常常产生一种强者才有的自信心，容易把弱点压到一个无法躲藏的角落。

全班同学都这样谈论，都这样围剿自己的心理病症，会形成一个强大的心理攻势，会形成一个较强大的心理场。再连续进攻一周时间，容易收到令人满意的治疗效果。

学习生活中经常掀起这样的教育波澜，学生感觉兴奋、新鲜，增强了自我教育的兴趣。

控制“三闲”

我经常要求学生计算“三闲”的数量。从1979年起，我便建议学生每天像苏联生物学家柳比歇夫那样，细致地计算时间的利用率，然后统计一下今日“三闲”有多少。

后来我便要求学生，每天写完日记以后，便在最末一行记下当天“三闲”的数量。

所谓“三闲”，即闲话、闲事、闲思。

我发现，凡学习不好的同学都有一个共同的特点，不是他们控制了“三闲”，而是“三闲”控制了他们。

不只学生，就连自以为有点自控能力的我，也常常某一段时间无所作为，明知有许多实事可做，但脑子就是不配合，不知不觉地或很不情愿地任脑子闲思，任手不由自主地做闲事，也有时不由自主地成了清谈俱乐部成员。

应该说，我算是一个比较忙的人，但即使在完成较多任务之时，我觉得自己脑子仍不自觉地向闲思贡献两三个小时的时间。

由此我想到缺乏自制力的中学生们，被“三闲”控制的时间一定比我多。

统计“三闲”，先要具体分析什么叫闲话、闲事、闲思。

闲话，指没用的话和有害的话。没用的话是指人家在那上自习、看书，他在那说笑话、说玄话、说大话、说课外的话，当然都没有用。人家在听广播、看电视、参加会议，他讲起了吃零食的事，自然没用。这类话，不说为好。另一类是有害的话。人家学习，他故意干扰别人，分散人家注意力；人家进步，他编了瞎话，造了谣言伤害人家；别人团结，他背地里传话，搬弄是非，背后说人家短处，即使无意，也是有害的话。

闲事指无用的事或有害的事。如一个中学生，并非研究电子游戏机的专家，却把课余时间消磨在电子游戏厅里，这显然是没用的事。老师正在讲数学，个别人数学成绩不好，却在下面看武侠小说，当然无用。同学们都在上自习，他却在那里做学龄前的事，叠纸船，画儿童画，有用吗？一位同学并非对服装设计有兴趣，却用相当多的时间跟父母要钱，逛市场，买花样翻新的服装。如此支配精力，显然也没什么用处。

对中学生有害无益的事也不少，个别学生逞强妄为，想称王称霸，满脑子计算怎样打别人和怎样逃避别人的打，并付诸行动。人家上自习，他哼小曲；人家用下午第三节课活动、跑步，他偷偷跑去买糖果吃；还有不少违反《中学生日常行为规范》的事，都应在控制之内。

闲思困扰人的时间就更多了。有一类闲思只是没用，耽误做实事，闲思本身并无直接害处。如：正听着历史课，思路不由自主地从课堂教学讲的晚清文学，联想到《三国演义》，又联想到《封神演义》，联想到姜子牙垂钓遇文王……不知不觉，下课时间到了，毫无用处的闲思统治了这位同学半节课。也有的同学正听着英语课，思路不知不觉到了前面同学的衣服上，随着衣服又到了服装厂、纺织厂、印染厂、服装店……这样的联想倘是有目的，为了创作，为了训练自己的联想能力，当然有用。倘在不需要联想的时候，联想却无拘无束地自由驰骋，这至少可以说没有用途。认真统计，细心观察，会发现许多“后进同学”的大量时间便是在这类闲思中糊涂地度过的。何止学生，就是我本人，昨天一天，今天下午，至少有 4 个小时的时间被这类闲思夺走了。

另一类闲思则是有害的。如学习、生活中遇到不顺心的事，或考试成绩不理想，就忧虑和担心同学们怎么议论自己，父母怎样批评自己，邻居又会如何瞧不起自己。结果越陷烦恼越深，越不能平心静气地分析失误的原因，更谈不上采取积极有效的纠正失误的措施了。这样便形成了恶性循环链：考试失误，情绪低落，无心纠正，成绩更差。不少“后进同学”就是沿着这条恶性循环链，使自己从中等甚至上等的位置，滑到了最底层。这类闲思尤难控制。以我自己为例：昨天上午给 140 位外校教师正讲公开课时，被唤出，告知学校东风车在阜新拉煤时发生事故的消息，我立即被担心忧虑的情绪控制，自知无效，也难摆脱，只是当重新回到课堂，向老师们讲语文教改时，不良情绪才被紧迫的实事挤走。散会后，不良情绪正要袭来，朋友来找我陪远方来的客人，闲思便被控制了 3 个小时。客人走后便是省教科所 3 位老师到校谈国家教委重点课题，闲思一再想冒出，又一次次被紧迫的实事所控制。下班后，没有了紧张的必做的正事，全凭意志便很难控制住，以致失眠，到了后半夜，还被这闲思所扰而未眠。

由自己，我想到学生经受挫折时，产生的闲思一定多于我，倘不有效地控制，确实贻害无穷。

引导学生控制“三闲”，就使学生较明确地将无用有害的言、行、思和有用有利的言、行、思区别开来。一旦有了区别，下意识和潜意识就会起作用，不知不觉地对其加以限制。区别之后，又提出千方百计控制，虽不至于完全控制住，但有一点可以肯定，控制比不控制要好得多，“三闲”数量一定要少得多，学生的言、行、思要理智得多。

一位同学从别的中学转到我班，到这以后须写日记和统计“三闲”，我看他刚来时的日记最后一行写着今日“三闲”数量:闲话 280 句，闲事 13 件，闲思 3.5 小时。能有这么多吗？据我观察，他实际“三闲”数量，只会比这多，不会比这少。

过了半年，我再看他的日记，确实写得比过去好多了，看他写的《自我教育计划》，感到他想问题较全面，一个月中自己德、智、体、美、劳几方面都有较明确的追求目标。

谈到控制“三闲”中闲话这个细目时，这位同学这样写道:“这个月我要努力把自己的闲话控制住，目标是每天控制在 52 句以内。”我从来没要求他具体规定自己闲话的句数，没想到他竟提出了这样的目标，便问他：“这 52 句是怎么回事？”他回答:“经过控制，我闲话比以前减少了一多半，但和同学们比仍然比较多，要全部去掉，显然不可能。我计算了一下，自习和上课我能控制住自己不说闲话，但在家里和校内课间活动时，还不知不觉说些使别人不痛快的闲话。每堂课间 6 句便是 36 句，早晚还有那么长时间，不由自主地各说 8 句便是 16 句，合计 52 句。”我听了，没说好，也没说不可以，只是说你可以试一试。效果好，就继续试。

又过了一个月，我再看他的日记本，这位同学在本月《自我教育计划》谈到闲话这一项时写道:“经过上月努力，我已实现了把闲话控制在 52 句以内的目标，本月要继续努力，把闲话控制在每天 39 句以内。”

一年以后这位同学纪律明显好转，基本控制住了自己的闲话，成了全校书法和美术活动小组的尖子学生。

有的同学在日记中写道:“一个能够控制‘三闲’的人，不管在什么岗位上都能是一个幸福的人、快乐的人、有所作为的人。”

控制“三闲”要注意，一定要引导学生弄清“三闲”的概念，个别同学以为学习以外，特别是学习课本知识以外的所有言、行、思都是无用的。这是偏见，不利于学生的全面发展。有这种偏见的学生甚至不愿参加社会公益劳动，不愿参加体育锻炼，拒绝参加课外活动小组。这种思维方式本身就是一种有害的闲思，倘不加以控制，学生长大以后将难以在信息多元化、交往广泛化的现代社会生存。

具体控制“三闲”的办法应当有几十种、上百种，每位同学都应根据自己的实际选择不同的方法。我感觉最有效的方法之一，便是尽可能多地做实事，明确做什么事，做几件，用多长时间做一件。心情不好时，做喜欢做的、难度小的事。实事做多了，形成较牢固持久的兴奋中心了，“三闲”便不容易侵扰了。

学生座位自愿组合

1985 年以来，我们班学生的座位，刚入学时，先按大小个排列，以后随着大家相互了解的加深，可以自愿组合。

组合有两个条件：第一，有利于学习；第二，要四厢情愿。

我常跟学生说，人和人的组合是一门大学问，不要说万物之灵的人，就是简单的物体，再简单一些，构成物体的原子，其组合方式也是一门大学问。

同样是碳原子，排列组合的方式不同，便分别构成了世界上比较软的物质——石墨，和世界上最硬的物质——金刚石。

咱们再谈人，两个人和两个人合到一起，不一定就是 4 个人的力量。比如一个书记加一个厂长，倘两个人配合默契，情同手足，患难与共，相辅相成，那么加在一起就完全可能等于 3 个人、4 个人甚至更多人的力量。遗憾的是这样的例子太少了。另一种情况呢？其中一个人老实厚道，谦谦君子，甘心情愿当配角，这样一加一便还是一个人的力量。也有的两个合不来，你定的我不同意，我定的你不同意，或一好一坏，一个创业，一个败家，一个挣钱，一个挥霍，一加一等于零。还有的两个人为了个人权力，在堡垒里拼命战斗，打得不可开交，置党和人民的事业于不顾，结果企业亏损，一加一等于负一，甚至负二、负三。

同学之间组合、交友也是如此，有的懒同学交了个勤奋的朋友，不久也变得勤奋起来。有的好计较生气的同学总和憨厚开朗的同学在一起，渐渐不爱计较、不爱生气了。也有的同学本来衣着朴素，不会花零钱，就因为总和社会上几个讲吃讲穿的失学学生在一起，也变得花枝招展、零食不离口了。

一届又一届的学生我都一次又一次地叮咛，要研究和谁接近，和谁疏远。

疏远了谁，不意味着断交，不意味着不是朋友，而是少在一起的朋友，是多鼓励对方，为对方祝福，暗暗地为对方加上进之力的朋友。

对“后进同学”，也不是让大家都疏远他，而是让“后进同学”相互疏远，安排先进同学接近他们。这样大家才能共同进步。

生理上的病，如感冒、痢疾、肝炎，有传染性；心理上的病，如懒惰、狭隘、冷酷，也有传染性。大家都认为我说得有理。

7 年前，有 3 个好朋友找到我，要求我给他们做分离手术。我问：“为什么分开呢？”

“老师您没发现吗？我们 3 个人都有懒病，凑在一起，相互传染，相互鼓舞，每个人的懒病都成 3 倍，成立方地增长了。”

“怎么做分离手术呢？”

“您以后再发现我们在一起，就让我们写 1000 字的说明书；请您再跟全班同学说，号召全班同学帮帮我们的忙，监督我们。无论在家、在校外、在学校，只要发现我们在一起，就检举，我们保证感谢，保证有一次就写一次说明书。”3 位懒学生争先恐后地说。

“但愿你们今后也能记得今天的话，别等以后反悔了，同学们检举，你们恩将仇报，反倒恨人家。”

“那哪能呢？”

“你们要这样想，虽然不在一起，还是好同学，还是好朋友，还要互相在心里鼓舞。为了对得起朋友，为了让朋友勤奋起来，就得暂时和朋友隔离。”

他们 3 人说话算话，好长时间不在一起，每人都找了勤奋的人做伴，后来都变得比较勤奋了。

我们班四大闹将之一，一天晚间跟我商量：“老师，您让我到第二组第四桌去坐吧，我保证能改好好说话的毛病。”

“为什么这座能治你的毛病呢？”

“那座的左邻是咱们班的学习尖子，右邻呢？是最不爱说话的女同学，前面是张 ××，我和他合不来，平时基本见面不说话，后面是咱班的生活委员，我特别佩服他，他也能管住我，坐在这里，您说我和谁说话去。”

“那我得问问，左邻右舍同意不同意你去。”一商量，再加上我的劝说，他们同意了，这位闹将乐得蹦起来，过了两个多月，便基本改了自己好说闲话的毛病。

“后进同学”要换座，有时我帮着做工作，一般同学要换座，则要具备第三个条件：四厢情愿。假设原来甲乙两同学一桌，丙丁两同学一桌，甲同学要换到丁同学的位置去，必须征得其他 3 个人的同意；乙同学同意甲离开自己和丁到自己座位来；丙同意丁离自己而去并愿意接收甲；丁则愿意离开丙又愿去和乙同桌。四厢情愿，跟我说一声，立即就可以换，有一个人不情愿也不行。愿意换的同学就去做工作，什么时候做通工作什么时候换，人家不通就不换。学生换座四厢情愿就可以换，但必须要跟我说一声，我把 4 个人找来一问，大家都同意了，立即换。这个权力我没有下放给班干部，我总觉得，这件事比较复杂，涉及一些微妙的关系。学生找我之前一般考虑比较全面了才来，换得有道理的时候居绝大多数。换得没道理，换完之后对学生发展不利时，我能及时发现，给予建议，得到及时纠正。我几次想把这个权力也下放给班干部，但一直没有下这么大的决心。

引导学生从科学的角度研究人与人的组合，研究坐的位置，有利于使学生变得更理智、更开阔。

随意调换座位并不是让大家都疏远“后进同学”，相反地，还提倡先进同学和“后进同学”一个座位，既提高了“后进同学”的成绩，也提高了先进同学帮助人、改变人的能力。

周继明同学是班长，临毕业前一年，他主动要求我不要把他和一位“后进同学”分开坐。他帮助这位同学已有两年了，为了这位同学的进步和班级的工作，周继明倾注了大量的时间和精力。我怕这些负担影响他个人的学习，便想给他减轻一些，找一位中等同学和他同桌。他知道了，恳切地说：“我和他已经同桌两年了，我们已经有了深厚的感情，互相理解、互相支持、互相帮助。为了支持我的工作，他改了贪玩的毛病，为班级做了大量好事，学习也有了进步。离毕业不到一年了，如果分开，我感到对不起他，也对不起班级。”我问：“你不怕影响自己的学习吗？”“帮助他虽然失去了一些时间，但也使自己受到了锻炼，给他讲题时，我也加深了对问题的理解。再说，即使失去了时间，我的成绩在班级仍然是上游，将来升学了，不再支付这段时间了，这也是一个时间或精力的储备。那时再全身心地投入学习，一定能挖掘出这些储备，挖掘出这些潜力，从而使自己学得更好。”

张小飞同学是班级的团支部书记，一直热心于帮助“后进同学”，临毕业的前一年，她主动找到我，说：“老师，让我和赵 ×× 同学坐一桌吧！”我问：“为什么？”“赵 ×× 同学对人很热心，为别人做了大量好事，可他现在学习成绩不好，我怕他升不了学。”张小飞同学曾帮助过不少同学进步，她已尽到了自己的责任，我没想到临近毕业，她想的还是别人，我答应了她的要求。毕业后，那位同学也达到了录取分数线，升入了自己喜欢的学校。

也有时，两个看来很好的朋友，经过商量成为同桌，起初挺好，过了一段时间，两人一同来找我，请求分开。我没有发现她们两人坐在一起有什么不合适，不解地问：“你俩在一起不是挺好吗？”她们回答：“正因为我们挺好，好得过了分，彼此之间失去了互相制约的那部分作用，上课时，有时老师让讨论问题，我们便不由自主地谈点知心话。上自习也常常惦记我们下课后去玩什么，明知不对，又不好意思制止对方，也不好意思不迁就对方。这些细微的变化，别人不容易看出，只有我们自己才能感觉出来，再坐一段时间，我们的成绩肯定会下降。”我记得 1988 年那届学生临毕业前两个月的时间，先后有 5 对好朋友来找我做分离手术。

也有时，两位看起来很淘气，并且合不来的同学，谁都觉得难以坐在一起，而实际上他们坐一桌，双方都有了进步。

王海鹏同学思维敏捷，理解力强，精力充沛，上课一听就懂，剩余时间不愿深钻，爱说话，多少次班级选举说闲话最多的人，他都位居榜首，最多时高达 25 票。李健同学原在四班成绩倒数第一，调入我班后，虽有进步，但仍不爱学习，也多次被选为爱说闲话的人。

一天，王海鹏同学来找我，要求和李健同学一桌，我还认为是同我开玩笑，便说：“放学了，今天老师要赶写一篇文章，没时间跟你开玩笑，快回家吧！”他像往常一样，脸上仍不失顽皮的笑，瞪大了眼睛：“老师，真的，今天不是开玩笑。”“不开玩笑是什么，两个最能说的人凑在一起，疾病互相传染，不成了不治之症了？”“老师您只知其一，不知其二，我和李健都爱说，不假，但我们说的不是一类内容，有时我们票数比对方多时，彼此还都有过不服气的时候，我们坐一桌，说不定互相制约住了呢。”我心里还是不愿意，他又说：“您不是总说试试并不吃亏吗？让我们试一段时间，不行，再换回来也不迟。”“李健能同意吗？”“一定能同意。”

他们成为同桌，已经两个多月了，效果出乎意料地好。不仅他们两人之间自习课不说话，还能控制着不同左邻右舍说话，并且两个人的学习积极性都比以前高。

他们试了两个月，还要继续试下去，我总感觉他们时间长了相互会有不好的影响。但仅这两个月的成功就足以使我认识到：学生的相互交往中，学生与学生的组合中，有许许多多奥秘远未被我所认识。

班级要做到“八有”

教室里要养花，要养鱼，窗户上还要有窗帘，教室前面要有脸盆、毛巾、香皂等洗手用具；还要有暖壶、茶杯等饮水用具；有推子、剪子等理发用具；有纸篓，有痰盂。加在一起是八项公用的备品，我们管它叫“八有”。

“八有”是逐渐增加的，7 年前，我刚当校长时，只提倡班级“七有”，那时还没有养鱼这一项。

这几种备品，花钱不多，学校可以发。但我觉得，为了强化学生的集体观念，使学生有一些把班级当家的观念，这些东西，还是要求各个班自己准备比较好。

这些备品都可以鼓励学生献，献花、献鱼、献盆、献壶……也可以说借，毕业了再拿回去。这样，个人献给集体东西，他会更爱集体。

我体会到，培养学生的集体主义精神，最有效的办法，便是吸引他为集体出力，为集体流汗，为集体贡献一些个人的东西，吸引他为集体倾注心血。心血倾注得多，感情自然就会深起来。个人对集体，集体对个人，父母对子女，子女对父母，基本都如此。

有的孩子先天不足，是残疾儿童，但那孩子的母亲却总觉得那孩子是世上最可爱的孩子。为什么？就是因为当母亲的为这个孩子倾注的心血太多了。有的子女之所以直到晚年也一直惦念着为年事更高的父母做点事，也是因为他们从幼年起，就为父母做力所能及的事，以后又不断地为父母尽力做事，深化了他们对父母的感情。反过来，有的人直到三四十岁还总想着如何占父母的便宜，搜刮父母的钱财，这样的人可能从小就很少或根本不为父母做事。

从对一届又一届的学生的观察中，我认识到，那些热爱集体、关心班级、对班级有深厚感情的学生，都是平时乐于为班级奉献、乐于为班级做事的学生。某个感情冷漠、薄情寡义、被同学称为“冷血动物”的学生，肯定是遇到集体的事想法逃避，遇到为集体奉献的机会也想办法逃避的学生。使这样的学生感情升温的有效办法，就是千方百计吸引他，甚至是强迫他为集体做事，为集体尽责任，为集体奉献。

这些年来，我坚信，适当地吸引学生为集体做一点奉献，有利于培养学生对集体、对社会的热情和爱心。

为班级献一盆花，献两条鱼，对现代独生子女来说，根本不算什么经济损失。献完之后他们得到的精神上的开阔与满足远比失去的一点钱财要多。

“八有”也可以不捐献，而由班集体收费来买。低档的，每位同学交 1 元多钱就可以了；买好一些的，每人交两三元钱，就可以使班级有较漂亮的备品了。这备品的所有制是集体所有制，切切实实每个人都有一份。每位同学看到这备品也感到自己为集体做奉献是切切实实的。

“八有”还有具体保管人，管花的叫花长，负责养鱼的叫鱼长，别的具体承包人就不叫长了。

负责窗帘的同学，窗帘脏了便由他去洗。

负责洗手用具的同学，要把脸盆刷好，把毛巾洗干净。

张海英同学负责饮水用具，她把暖壶、玻璃茶杯擦得晶莹透亮。学校要求每个班饮水杯不能是搪瓷杯或塑料杯，那些杯太结实，不容易打碎。每个班必须准备玻璃杯，作用同玻璃鱼缸一样，有利于约束同学们的行动。

理发用具，我们班从 1980 年开始准备，那时同学们组成了理发互助组，每两位男同学组成一个组，互相理发，不仅节省了理发时间和理发的费用，还学会了理发技能。近几年，理发用具不像以前用得那么好，主要原因还在于独生子女们对发型的要求比原来高了一些，不愿随随便便理发了。

有人问，像痰盂那样的备品都有人愿承包吗？这就需要跟同学们商量承包工作量大的备品的利与弊。当同学们磨炼自己的欲望被点燃起来，燃烧得强烈了的时候，便产生以吃苦为荣、以克服困难为荣的认识，于是许多同学抢着承包痰盂。这时便从中确定一位学习好且有毅力，心地坦诚的同学，这样他能一包到底，干得出色。工作过程中，他自己也更进一步受到磨炼，不怕脏，不怕苦，于是比以前更有毅力。他承包的成功，也使同学们认识到：一个人为集体、为别人多吃苦，多磨炼自己，不仅有利于他人，而且有利于自己的成熟与进步。

8 种备品的集体所有制、承包制，增强了同学们的集体观念，增强了班集体的吸引力。

一粒瓜子壳 1000 字说明书

新年快到了，学生们忙着排练节目，买节日用品，大家喜洋洋，乐陶陶。

生活委员说：“老师，这几天地面不干净了，不仅有纸，还有瓜子壳。”

“怎么办？大家讨论一下吧！”

脏东西主要来源于吃零食，零食该吃不该吃，全班同学都发表自己的意见。

首先肯定零食的范畴：非吃饭（包括间食）时间内吃的一切食物，统称零食（病号需要当然除外），特别需指出的是瓜子、冰棍、糖葫芦，这些带壳带棍的食物在校内吃饭时也不准吃，在校外则另当别论。

吃零食有没有利？当然有，但总体而言，弊大于利。表决结果，大家通过了在校内，特别是在教室内不吃零食的决定。

按班规班法，有了一项较重要的规定，便要确定一位同学具体负责。

谁负责提醒大家不要吃零食呢？刚一问，班内便有数十人竞争，高高举着手，抢着做这项工作。大家都抢，究竟谁干？争执了一会，不知谁冒出一句：“平时谁最爱吃零食就选谁！”

“好！”同学们齐声拥护这个建议。三年级七班选的是卢建。

卢建站起来问大家：“如果发现别人吃零食怎么办？”

“发现一次罚写 1000 字的说明书。”

“对吃瓜子的还应该罚得重一点！”

“重到什么程度？”

“谁扔到地上一粒瓜子壳，就罚写 1000 字的说明书。”

“瓜子带到学校来也不行，卢建有权力检查吃零食同学的衣袋，在衣服口袋里若发现一粒瓜子，就写 100 字说明书。”

“如果有 100 粒呢？还要写一万字不成吗？”

“就该写一万字，谁让他装那么多瓜子在身上呢？”

“法规定得严些是为了不让人触犯。你如果规定吃一粒写 100 字，衣袋里有一粒写 10 个字，那别人不害怕，也就制止不住吃零食。”

我说：“停止争论，现在表决。同意吃零食一次写 100 字说明书的同学请举手。”

只有两名同学赞成。

“同意扔地上一粒瓜子壳就写 1000 字的请举手。”

班内举起了 70 只手，以压倒多数通过了严罚吃零食者的规定。

第二天，卢建同学上任了。为了获得说别人的权力，他先从自己做起，用毅力控制自己爱吃零食的习惯。

他控制住了，别人也开始控制自己。通过决定后的 5 天内，大家都忍住了，卢建尽管十分注意观察，也没能发现该罚的人。

第六天中午，带饭的同学在教室吃饭，并热烈地交谈着，一位同学忘乎所以，平时他极爱吃零食，此时以为班级放松了对这件事的管理，终于控制不住，剥开一粒瓜子吃，并下意识地将瓜子壳扔到了地上。

上任 6 天的卢建正为自己没能发现惩罚目标而着急，见状，立即上前，当场让那位同学捡起，并问：“还记得班规吗？”“忘了。”“那好，找法律顾问吧！”

找到管理班规班法的同学，打开班规班法，查到卫生部分，吃瓜子的细目，明白了：“要写 1000 字的说明书，还要看衣袋里有没有，若有，每粒再加 100 字的说明书。”

卢建从那位同学衣袋里又翻出 16 粒瓜子，两者相加，便是 2600 字的说明书。

“好了，马上开始写吧！放学后交给我。”

十几年来，我任教的各个班学生，吃零食都是最少的，大部分同学跟我一样，不会吃零食。我总觉得社会再向前发展一万年，人均收入再增长一千倍，整个人类都达到极其富裕的地步了，到那时，我想仍然要提倡不吃零食。那绝不是出于经济上节俭的考虑，更多的，还是考虑到一个有志者的个人形象，考虑到每个人身体健康，考虑到公共场所的卫生。当然那时低层次的零食也许不存在了，高层次的零食包装仍会污染环境。应考虑到人们更有规律地饮食起居、吃喝玩乐，考虑到人们该养成学习、工作时就全身心学习工作的习惯。

一届又一届的最爱吃零食的同学跟我说："刚开始，不吃瓜子，不吃羊肉串、糖葫芦什么的不习惯，见了就馋，就想，吃起来，耽误事。有时上课、学习时还惦念上哪去买，怎么吃。班级管得紧，过了几个月，也就习惯了，现在感到利确实大于弊，不只节约了钱，更重要的是学习心静了，节省了精力，节省了时间。"

这不意味着一律禁止，旅游时，过年开联欢会时，还提倡大家吃。

播下关心的种子

全校学生在辽河电影院参加演讲比赛，徐建峰同学演讲的题目是"关心"。他讲的是刚入中学时，我送他回家的一件事。这件事，他讲了几次，实际上这是很小的一件事。

那是 1982 年深秋的一天，我的一份教改材料要在当晚油印出来，然后带去参加省中语会学术年会。

放学了，我搬来了油印机，将蜡纸校对完。我刚要开印，门被推开，张向红、侯耀东、徐建峰几位同学笑眯眯地进来了，非要帮忙，撵他们也不肯走，只是笑。

只好允许他们帮忙，翻篇的，掌胶滚的，干得兴致勃勃。天越来越晚，撵他们，他们偏要干完，固执得很。120 份材料印刷装订完毕，已是晚上 10 点了。离家近的几人，说笑着，唯有离家远的徐建峰，从窗户向外一望，外面是漆黑的夜，没有星光，没有月亮，恐惧情绪笼上心头，小声嘀咕着："我们胡同有狗，叫起来真吓人。"

他的个子虽然高，但毕竟还是孩子，干到这么晚，我打定主意要送他。看他不让，我便说："不是送你，老师在学校干了一天累了，想散散心，还想到你家串个门见一见你的家长。"沿着夜路走，我们谈了很多。空旷的夜晚，只有两个人走时，这两个人的心容易贴得近。钻进小胡同，果然一只只狗狂叫着，似乎向我们扑来，两个人同行，便不再害怕。走过深深的小巷，到了他家，他进门去召唤家长。我怕晚了打扰人家全家休息，说了声明天再见，便转身跑进漆黑的深巷中。

这件事，我忘了，他却记着，说是我“关心”他。其实首先是他们“关心”我，而我确实只是做了该做的事。

师生之间，有许多感情解释不清、分辨不清究竟是谁关心了谁。

又应了我那句话：在人世间，感情总是相互的，当你向对方表示关心之情时，必然也得到对方的关心。

这种关心的感情幼芽开始时肯定很弱、很嫩，全然不像炮火连天的战场上用全部生命表现出来的那种关心。但你别嫌它小，珍惜它，一点点地培植它、抚育它，它就会长，长得蓬蓬勃勃，长得苍劲有力，长得经得起狂风吹、暴雨打。

我和徐建峰之间的互相关心，就起源于这么一件小事，有了这件小事做种子，我们心中便萌生了关心的幼芽。后来，他珍惜这幼芽，时时浇水，时时关心着我，我也觉得受他的关心太多，从而更多地回报他、关心他。

到大学，到参加工作后，他还总是关心着我，听到我有什么困难，他心焦，总是跑来安慰、帮忙。我关心着他大学的学习，毕业后的分配，工作后的发展。

在和平环境里，在家庭经济条件都比较好的现代社会，师生之间不可能有战争年代师生之间生死与共的那种感情，也难以有许多文学作品、影视作品中歌颂的那种教师为学生献出了生命的机会。更多的还是这种在平平凡凡的日常生活中播下的一粒粒平平凡凡的互相关怀的种子。我们不能因为平凡，就不重视它，甚至忽视这些平凡的种子，幻想一下子就种出一棵值得歌颂的感情的大树。轰轰烈烈的机会很少，如果等不来轰轰烈烈，又放过了平平凡凡，岂不是一无所获。

教师一定要善于在平凡中、在小事中播种关心学生的感情。不要只是播种，还要培植种子萌发的幼芽，一点点浇水、施肥，它才能长成参天大树。

只要善于播种，就到处都有播种的机会；只要善于培植，你就能生活在幽深茂密的长满关心的感情之树的森林中。

开出了哭声的班会

1987年秋季，校内来了100多位老师听课，我因忙于校外的事，老师们便跟学生一起活动，看学生怎样自觉管理班级。

我回到学校，新生农场的老师跟我说："我们看了你班学生自己组织召开的班会，班会开出了一片哭声。"我一惊，以为班级出了什么事，他告诉我："是令人感动的哭声，有的听课老师都流了泪。"

后来，我才知道了为什么班会开出了哭声。

赵广民同学是班级体育委员，心地极善良，谁有什么困难他都愿帮助。为班级开好运动会，他东奔西走，借来了标枪、铁饼、跳高架、助跑器等训练器材。有的器材借不到又急需，他就用自己的钱买。同学们在他的带动下刻苦训练，班级获运动会总分第一名，长跑、跳绳比赛达标率都是第一名。

为班级办日报专栏并不是他的事，他也抢着帮忙，买纸张、文具，经常偷偷用自己的钱。有的同学病了，他买了药给人家。班级中哪位同学有了困难，便想到找赵广民，赵广民成了大家最信任的人。

赵广民把一颗心、许多钱献给了班级，给了他人，其实他家不仅不富裕，而且有许多波折，要比一般同学困难得多。细心的同学发现，冬天到了，寒风阵阵，赵广民却穿着单薄的衣服；别人穿棉鞋，他却穿着破旧的球鞋。于是同学们自发地收了钱，买了鞋和用具等，非要送给他。

赵广民属于那种硬汉子，自己关怀别人可以，若别人帮助自己，就觉得难受，觉得有损"硬汉"的形象，他便跟收钱、买东西的同学吵了起来，各说各的理，互不相让，只好找到班长来调解。班长一听双方都有理，做不了主，便提出在班级最高权力机构——全体同学大会上裁决，时间定在星期二的班会。

星期二到了，班级18米长的大教室后面挤满了听课的老师。同学代表问班长："来了这么多老师，咱们的班会还开不开了？"班长说："老师不是总强调以法治班吗？按照班规班法，今天该开班会，怎么好改变呢？照开不误。”

下午自习课，听课的老师们看学生怎样自习，第二节班会，听课的老师更多了，都愿看一看学生自己怎样组织班会。

班会的议题是：班级该不该关心一心为班级的人。赵广民抢先发言：“我做的一点事都是从心里感到是一种责任，做了这些事，我已经获得了幸福。如果大家反过来补偿我，我感到不好，感到心里不是滋味，感到问心有愧，反正我说不太清楚，觉得如果收了大家的东西我很难过。”

赵广民很孤立，没有人站在他一边，一位接一位的同学上台发言，讲的都是赵广民舍己为人的事迹，讲的是他不惜牺牲自己宝贵的学习时间，为同学们家里做事，领同学去看病，讲的是他省下钱来帮助别人的事迹。

赵小波同学是热心肠又是细心人，她讲道：“赵广民把这么多时间、财物、感情给了别人、给了班级，可大家注意过没有，他自己没有一个像样的书包，没有一支好的钢笔，他从来没买过零食。有一次中午修理桌椅，回家吃饭来不及了，他跑到校外，转了一圈，回来说买面包吃了，实际上，当时有人跟着他，他根本就没舍得买。冬天这么冷，上操的时候，他站在前面指挥，穿得比谁都单薄，同学们有毛衣毛裤，他没有，他的鞋比谁都破旧，他冻得浑身发抖，还在那儿硬挺着。赵广民你说你接受了同学们的帮助心里不安，心里难受，那么我们看着一个为大家满腔热情办事的人，这么苦，这么累，生活这么困难，我们心里能安吗？我们心里就不难受吗？……”

赵小波说着，自己已难过得滚下泪来，几位爱动感情的同学也跟着哭，哭出了声，感染了更多的人，甚至感染了听课的老师，有的也跟着流泪。

这次班会辩论的题目，最后得出了怎样的答案，究竟哪一方胜利了，当时我忘了问。直到今天也不知道那些东西、那些钱究竟是给了赵广民，还是退给了同学们，还是算作了班级积蓄。我觉得开这样的班会，便是使学生们在心灵深处受到真善美的感染。通过这样的班会，同学们加深了相互之间的理解和尊重，感受到了关心别人和被人关心的幸福和自豪。

这些年来，我向一届又一届的学生反复强调：“人人为我，我为人人。”“一人为大家，大家为一人。”“一人为全班，全班为一人。”同学们这样想，这样做，与他人、与集体的关系就融洽和谐，个人也会感觉心情舒畅，充满上进的力量。

课间与学生交流

第四章

日常管理自主化

有人管卫生、有人管做操、有人管字词默写。有多少事情就有多少学生来管，各管一项，负责到底。这样形成了由班主任、班级干部、学生组成的三级管理网络，人人参与管理，同时便于人人接受管理。

选好常务班长

1993年1月18日，我在宁夏体育馆中间的篮球场上给银川十五中的学生讲《得道多助，失道寡助》，四周看台上坐的是从四面八方来的老师。翻译课文时，学生让我给译，我说："我这个人很懒，总让学生自己试着干，实在不行了，我再帮忙。"学生没了依靠，便自己查资料，讨论翻译，也译出来了。课讲完了，我征求同学们的意见，一名男同学说："我对老师的'懒'，感到满意，正因为老师'懒'，学生才勤快，能力才强。"我接下来说："这就是俗话所说，没娘的孩子早当家。"

没娘的孩子早当家这个道理，我一遍又一遍地向一届又一届的学生讲，意在引导学生不要什么事都依赖父母，而要更多地为父母分忧解愁，以增强自己的能力。

反复讲这个道理也是为了使学生不要什么都依赖班主任，而要以班级主人的姿态为班级做工作，为班级尽责任，这样才能增强自己的管理能力。

十几年来，我一直跟学生讲，老师之所以不管班级具体的事，之所以做甩手班主任，主要不是因为我的事多，为了给我省时间，而是为了培养学生的能力，增强学生管理班级的能力，增强学生协调自己与他人、自己与集体关系的能力。

班级要实现管理自动化，先要培养一批热心于班级工作的干部。班委会委员、团支部委员、值周班长，这些干部中最关键的是常务班长。

我们班的常务班长，用我校老师们的话说，其实就是一位班主任。班级从纪律、卫生，到出勤、学习、体育、劳动、集体比赛、社会服务，都由常务班长总负责。

常务班长的选择确定，是我新接一个班之后的一件大事。

我先注意发现上学放学身后都有一些学生跟着的"孩子王"，这样的学生一般都有组织能力，所以才成为领袖人物。再注意从发现的几名领袖人物中，寻找心地善良、胸怀开阔的。领袖式人物有两类，一类凭好心，凭帮助别人、凭能容人，取得威信，这样的威信能够长久。个别学生也有凭逞强霸道，暂时吓住了几个人，似乎也有一定的威信，但难以长久保持住自己的威信，即使保住，他也活得很累，和好同学的关系总处于紧张状态。在心地善良的领袖人物中再对比一下谁的头脑聪明、思维敏捷。

一有组织能力，二心地善良、胸怀开阔，三头脑聪明、思维敏捷。我选择常务班长主要看这三条。

大部分常务班长由我提名，同学通过，有时也由我任命。刚开学就能发现常务班长的人选吗？第一天不容易看清楚，过了三五天，就能发现几名人选，拿不定主意怎么办？可以让七八位候选人轮流当值日班长，每人轮上四五天，一个多月过去，几个人的差异便显露出来了。

倘若再拿不定主意，也可宣布几个人同时为代理班长，轮流执政，过一段时间，征求同学意见，便确定了。

1988 年入学的那届学生，我采取了竞选的方式来产生常务班长。原因是这届学生相当活跃，愿意当班长的较多。谁想当班长，便在竞选班长的班会上发表竞选演说。

有一次辽宁电视台记者来采访，恰逢我们班召开竞选班长的演说会。记者在录像过程中不断称赞学生的讲演才能和为治理好班级想出的闪耀着智慧火花的办法。

每名演说者都要说明自己为什么当班长，以及采取哪些具体可行的措施建设好班集体。

本届班长竞选演说由上届班长负责主持，那次参加竞选的有 8 名同学，经过比较，大家觉得王海波同学的措施更切实可行，投票时，王海波的票数遥遥领先。

谁当常务班长，谁便有权确定以自己为核心的班委会成员由谁担任，就像谁当总统，谁提名组织自己的内阁成员一样。

有一次我外出开会半个月归来，发现膀大腰圆的体育委员不组织体育活动了。这名同学跑得快、跳得高、投得远，是全市有名的运动员，还有一定的组织能力，今天怎么不负责任了呢？

我问经过竞选新上任的班长郭丽娇："怎么体育委员不负责任？"郭班长答："我把他撤了！""为什么撤他的职？""他工作忽冷忽热，凭自己的情绪，高兴时一心一意工作；情绪低时，体育活动谁愿干啥就干啥，他不管。不撤他的职，咱班体育活动的成绩上不去。"

谁当班长谁组阁，这是她职权范围内的事，我尽管有点不理解，也不好更改过来。

郭丽娇任命一名女同学范海蓉当体育委员。

初冬的一天下午，寒风凛冽，寒风中班长郭丽娇正同另外两名同学立正站着。我从办公室出来，见操场上这三人冻得发抖，便不解地问："这么冷的天，你们在这儿站着干什么？"

"我们犯错误了。"

"犯什么错误了？"

"按体育委员规定的集合时间，我们迟到了一分半钟。"

原来这天下午第三节活动课，体育委员规定要练集体舞，以参加学校的集体舞比赛。规定上课铃响便立即集合。班长和这两名同学有点别的事，来晚了一分半钟，体育委员为强调纪律的严肃性，便罚她们在操场站着。

我反对体罚学生，但新上任的班干部由于经验不足，而偶然使用一点体罚办法，当时我并不制止，以便维护干部的威信。过后我再找干部说明这样做为什么弊大于利，并让全班同学设身处地地理解班干部当时的心情。

更重要的，是要引导全班同学树立这样的观念：只有对同学严格要求、不讲情面才是对同学的尊重，才是对同学最大的关怀与帮助。

看到范海蓉是郭丽娇亲手提拔的体育委员，对班长尚且如此不讲情面，别的同学就更服从命令了。郭丽娇甘心情愿接受体育委员的惩罚，威信反倒更高了，大家觉得她身为班长，深明大义，以身作则，于是更敬重她，她成为竞选连任时间最长的班长。

这次参加学校集体舞比赛，全班同学动作协调，舞姿矫健，配合默契，获得全校总分第一名。

我 1979 年开始进行班级管理自动化的试验，那时的班长张筠工作认真负责，性格开朗，勇敢泼辣，办事公正，维护团结。别的教师用她来教育自己班上的干部："看人家的班长，教师不在时便领着同学们开展活动，老师放假回沈阳家，她便组织同学送行；老师回盘锦，她又领着同学到车站接。"

1989 年 6 月，武汉《学语文报》副主编马鹏举老师在盘锦市卫生防疫站采访已工作两年的张筠。马老师写道：

张筠蓄着三节式的短发，显得十分潇洒，她面孔圆而红润，乌黑明亮的眸子透出灵敏、智慧。

她落落大方地接待客人，并马上沉湎在愉快的回忆之中："魏老师接班前，班上很乱。他来了后，5 点半到校，在操场上跑步、打拳，早自习，再吃早餐，上课。课外活动挺多，练书法，唱歌，游戏，出学校写生，大家挺愉快。二年级时，魏老师建议‘八一’建军节与部队联欢。我问怎么个做法，他说：‘我不管，你们班干部组织。’我犯难了，只好大着胆子到部队去。也不知找谁联系，就对一位站岗的战士说：‘我们班同学想同你们联欢，你们同意吗？’战士一听挺热情，连忙说：‘好呀，我带你找指导员。’见了指导员，我也不慌了，我们很快谈好了，他们对我们的提议很感兴趣。我回来后加紧组织节目。‘八一’那天，我带着全班同学打着彩旗，敲着锣鼓到部队营房去了。战士们的节目是打拳，我们的是唱歌、跳舞，联欢会开得很成功。慢慢地，我的胆子大起来了。”……

马老师继续写道：

我在盘锦市高中（重点中学）同时采访了魏书生第四轮（1985届）实验班班长周继明、戴明峰。我们一同坐在该校政教处办公室里，周继明坐在我旁边，戴明峰坐在我对面，他们都是去年考入这所重点中学的。周继明说：“在初一时，我是文娱委员，初三分班，一个班分成两个班，因为教室坐不下了。我当一个班班长，戴明峰当另一个班班长。班上的小事，魏老师从来不管，他强调班干部要主动、独立、创造性地开展工作。班长代表班主任，是有权的。比如：为了配合工作，我自己挑选了几名班委，条件是肯讲话，活泼胆大，学习好，表现好。我把班委名单交给魏老师，魏老师马上同意了。然后再提交同学们表决。我一个月召开一次班干部会，在会上讨论、决定一些重大问题。比如一次歌咏比赛，事先就召集几个干部开会商量，唱什么歌，什么时间排练，怎样排好队列……这次合唱，我任指挥，我们先唱了校歌，又唱了《黄河颂》。我到校外借来手风琴，请一位老师伴奏，这次演出很成功。”说到这里，他情不自禁地笑了，那是人们在回忆愉快的往事时，由心底发出的微笑。“有一次，一名同学生病，有两天没上学，又没有送请假条来。上学时，我在班上批评了他，他不服，就顶撞起来，完全不虚心——因为他是新转来的，不习惯我们班的做法，还是其他同学劝解开了。放学后，体育委员赵广民同学上我家来，批评我不冷静，劝我上那名同学家里去做自我批评，也疏导疏导他。我一想，也对，于是一道到那名同学家去了。那名同学很感动，我们很快就和好了，这件事魏老师还不知道。”

“同学们听你们干部的吗？”

“都很听，因为许多事都是大家讨论通过了的，只要举手超过半数，就算通过了，就得执行。”

“现在许多学生不愿当干部，怕吃亏，你当时怎么想的？”

“没想到吃亏不吃亏，只想到应该把工作做好。”

“老师对班干部有什么优待吗？”

“没有。老师对干部要求更严。第一，事情来了，要求比别人先干、快干、多干。第二，如果团员、干部和群众同时犯错误，团员、干部加倍处罚，群众写500字的说明书，团员、干部则要写1000字说明书，要求干部有更强的自我教育能力。”

周继明侃侃而谈，谈话间，常常皱皱眉思索着。拘谨而内向的戴明峰在一旁不停地点头，补充着什么。他们很乐意谈初中这一段生活，不时流露出深深的眷恋。

孩子们同我握别了，他们要上课了。当然我们成了好朋友。我很关心他们现在的表现，戴明峰的班主任赵鹤鸣老师介绍戴明峰道：“他仍当班长。学习很努力，肯动脑子，自学能力十分突出。工作挺负责，很有组织能力，很能自我约束。在家里有自己的小书房，一放学就关在小屋子里学习。他为集体想得多，教室后排有一个大个子同学上课时爱讲话，他主动向老师建议：‘我到后面去坐，好维护课堂秩序。’这在一般人是做不到的，学生上高中了，一般都不愿意管事儿。”

周继明的老师介绍周继明：“他是我班文娱委员，思想状态不错，性格开朗，关心集体，文娱活动组织得很出色，学习成绩中上游，挺聪明，但偏爱文科。”

前几天，到德国同外商谈判归来的刘斌同学来看我，他11年前是我第二届毕业班的常务班长。他回忆起当年的学习生活，谈到刚当班长时，还对老师把什么工作都交给他做有些不理解，现在想来，正因为那时做的工作多，才锻炼了自己的工作能力，才激发了自己的学习积极性，激发了自己的创造性。到现在，面对一个全新的世界，才充满了信心。

我发自内心地感谢我的一届又一届毕业班的常务班长：1981 届毕业班是张筠；1982 届是刘斌；1985 届，三年级一班是高岩松，三年级七班是纪磊；1988 届三年级二班是戴明峰，三年级八班是周继明；1991 届，三年级二班是杨丹，三年级七班是郭丽娇；现任班长是蔡乐。一名又一名常务班长不仅帮我做了大量工作，也给我以多方面的启示。我从他们身上不仅吸取到了前进的力量，也学到了许多科学的符合实际的工作方法。

没娘的孩子早当家。孩子学会当家，学会理财，学会处理各种人际关系，处理有关的社会事务，显然有利于他们步入社会。他们步入社会之后的工作能力肯定要比从小娇生惯养，长到十七八岁还要母亲给洗袜子，长到三四十岁还琢磨怎样搜刮父母钱财的人要强得多。

那么班主任是不是真的像没有一样，一点不起作用了呢？当然不是。

班主任是班干部的后盾，是班干部的顾问，是班干部的教练和导演。

人都潜藏着组织领导能力，之所以有的人显示不出来，是因为没有后盾，唯恐做错了事，自己承担不了责任。我同一届又一届的学生讲明："老师要培养同学们的工作能力，不管谁承担那一份工作，刚开始做都没有经验，都可能出现失误。失误以后，不要害怕，责任不在大家，在于老师，大家尽管大胆开展工作。特别是当老师不在家时，就更要班干部大胆工作。班干部指挥可能失误，即使失误了大家也要先服从，不争论这样做的对与错。等老师回来，再研究确定以后纠正的方法。"只有这样坚决地给班干部做后盾，班干部才没有后顾之忧，才敢于放开手脚大胆工作。

在较复杂的问题上，学生初次做时确实一点经验都没有，班主任则不妨当当学生的顾问。如入学后初次组织到千山或到沈阳旅游，学生不知怎样联系车辆，我则简单告诉几种联系方法，任学生们选择。又如学生们跟部队、跟机关团体有了较深的交往时，我也给学生提供一些使关系更为融洽的方法。

还有的问题属临时发生的，时间要求紧，倘干部开会讨论则可能贻误机会，如修大坝劳动、突击城区内某段的卫生等，班主任则完全可以扮演教练或导演的角色，比较具体地指导班干部怎样活动，自己在台前幕后观察，发现漏洞也不到前台，待休息时再加以指导，或如同教练要求暂停一样，悄悄到干部身边面授机宜。

没娘的孩子早当家，那是逼出来的。倘若孩子的母亲、学生的班主任都立足于培养学生的自主能力，当好后盾、顾问、导演，那么孩子们的自主能力一定比自然逼出来的要更强一些。

设立值周班长

学校的值周工作每周换一次领导、教师和值周班，每周对各班纪律、卫生、出席、眼保健操、集体舞的情况做一次全面的评价。

班级的值日班长每天换一次，班级总体工作由常务班长负全面责任，两者和学校的值周联系都不够紧密。

为强化班级管理，为使班级管理与学校值周工作实现某些方面同步，几年来我尝试设立值周班长。

值周班长的人选自报，我确定。一般都是班内责任心强、头脑聪明、思维活跃、勇于大胆开展工作、组织能力较强的同学。每学期每班挑选 10 名同学，轮流负责。每人轮过两周，一个学期就结束了。

值周班长向常务班长负责，可以指挥值日班长。

好处在于进一步减轻常务班长负担，使组织能力强的同学获得了进一步增强能力的机会。另外，值周班长要根据上周班级管理状况，围绕一个中心问题，开展本周的活动，能对本周诸位值日班长加强指导，加强上周班级管理的薄弱环节，提高本周班级评比的分数。

亓峰、滕玉欣、雷蕾等同学当值周班长都当得非常出色，他们既善于为常务班长分忧解愁，又能指导值日班长不费冤枉力气，把工作做到点子上。

有的值周班长还提前找本周的 7 名值日班长开会，讨论上周管理中出现的问题，分析上周扣分的原因，提出下周改进的具体措施。

由于值周班长和常务班长、值日班长的职责有相互交叉的地方，权力又没有常务班长大，职责又没有值日班长那么多、那么细，因此，能力强的同学，干起来能有声有色，而能力较弱的同学常常觉得自己可有可无。

值周班长工作开展起来，总体讲来没有常务班长和值日班长那么好，这是有待今后努力的。倘若所有的值周班长都能像亓峰、滕玉欣、雷蕾那样开展工作，班级管理水平将会提高一大步。

设立值日班长

常务班长工作多、负担重，集班级大小权力及事务于一身，显然既不利于提高班级工作的质量，也不利于常务班长自身的学习。于是我自 1983 年开始设立值日班长。

我觉得现代社会的特点之一，就是由集权制向分权制发展。愚昧落后社会形态的特点，都是权力高度集中于统治机关，特别是高度集中于中央政府，更可悲的是集中于某一个人。这样，千百万人俯首听命于某位救世主，千百万人的积极性受到了压抑，千百万人不得不把自己的命运交给别人操纵，不得不变得被动，直至变得懒惰、愚昧。

回忆“文化大革命”，七八亿农民都去种粮食搞饭吃，结果，种地的硬是吃不饱饭。我们知识青年拼命干一天活，回到知青点，连玉米面窝头都吃不饱，类似大锅清水汤的盐水煮白菜，每人只能分到一小碗，刚喝到半饱，饭菜就都没了。那时，中国农民和我们这些知识青年没少费力气，可为什么弄到连饭都吃不饱的可怜地步？重要原因之一，就是农民自己的权力太少了。

农民是种地的，可地里种什么，农民说了不算，种了点果树，种了点香瓜，便被批判为对抗“以粮为纲”的最高指示，统统让拔了不算，还要挨一通批判。现在说起这些像笑话，但在那个年代，都是真真切切的事实。

一个村的农民必须统一步伐，集体下地，集体收工，甚至连农民每天挣多少工分国家都要管。

农民卖几个鸡蛋，卖几只鸡，都可能被抓住批判一通，真是动辄得咎。

农民本应该钻研农业技术，但钻研技术被批判为白专，于是几亿农民不得不学“无产阶级专政下继续革命的理论”，不得不去大呼小叫着批判“孔夫子”，不得不都大轰大嗡地学习小靳庄，都去写诗。明明吃不饱饭，还要写各种各样歌功颂德的诗……这些事尽管荒唐，但那时没有别的权力的农民只好无可奈何地一件一件地跟着做，地怎么能高产？饭怎么能够吃饱？还想什么鱼肉蛋！

党的十一届三中全会以后，中国农民焕发了极大的生产积极性，人们这才发现不需要那么多人种地，中国的地里长出了吃不完的粮食不算，还养出了这么多的马牛羊、鸡鸭鱼，种出了这么多瓜果梨桃。

细细想来，同是这块地，同是这些人，差距为什么这么大？重要原因之一，就是不再喊以粮为纲了，由集权制向分权制转化了，由什么都要管农民到许多事情让人家自己说了算了。种什么，怎样种；养什么，怎样养；卖什么，怎样卖，农民自己可以自由选择了。几亿人的脑子都从自己的实际想问题，当然比一个人想好得多了。

何止单对农民，对工厂，对教育，对文化，对商业，由于权力过于集中，强调计划，强调集中统一，带来的可悲后果确实令人痛心疾首。

大到联合国处理国际争端，治理国家，小到一个班级的管理，甚至家庭过日子，许多基本原理都是一致的。

我发现有的班级管理效率低，重要原因就是班主任集权于一身，事无巨细，统统亲自出马，亲自决定，忙得不可开交，焦头烂额。学生或是莫名其妙，或是手足无措，或是紧张焦虑，或是隔岸观火，帮不上忙，也不会帮忙，结果，按下葫芦起来瓢，效率甚低，最后集烦于一身，集怨于一身。

我总回忆个人受压制、人民群众受压制的往事，决心在自己的班级不让此类事重演。十几年来，我不断向学生宣传分权制的好处，提出班级管理的一个原则：

干部能做的事，老师不做。

普通同学能做的事，干部不做。

我觉得，替学生做人家自己能做的事，同替学生吃饭一样有害。学生失去了吃饭的机会，便失去了生理上汲取营养的机会；学生失去了做事的机会，便失去了心理上汲取营养的机会。

我们设立的值日班长，便给每个同学都提供了做事的机会，提供了施展才能的机会，提供了使用权力的机会。

值日班长，按学号轮流，每个人都要当，轮到谁，便从早到晚对班级工作负责任。经过讨论，班级制订了值日班长10条职责：

1. 负责记载当天的出缺席情况，及时在班级日报上登载，对迟到的同学提出批评，予以处罚。

2. 维护自习课纪律，对自习课说话的同学予以批评、处罚。自习课有准假权。

3. 维护课间纪律，及时发现并制止课间大声喧哗以至在走廊打闹的行为，在无声日期间，对课间在教室内说话的同学予以批评、处罚。

4. 领导两名值日生搞好班级卫生，每天早、午、晚各拖地一次。发现地面上的碎纸，谁的座位底下谁负责，及时征求值周班长对班级卫生的意见。

5. 协助体育委员，督促同学们认真做好课间操。

6. 协助生活委员，督促同学们做好眼保健操，发现眼保健操不认真的同学，则予以批评、处罚。

7. 在任班长的前一天晚上放学后，选择一条对班级现状有针对性的格言，抄写在黑板的右侧。

8. 协助体育委员组织好体育活动。

9. 在当天的 12 点之前将班级日报装订在班级的报夹子上，并在第二天的班级日报上刊登自己在任职期间的工作总结。值周评比若对出席、纪律、卫生、课间操、眼保健操中的某项活动不满意，被扣分，值日班长则需写清失误分析登在日报上。

10. 当天学校若召开班主任会，则可代替班主任参加会议，倘若召开班长或班干部会，而干部不在或不能脱身时，则可参加班长或干部会议。

有一次，我们班较淘气的张铁同学轮上当值日班长，那天正赶上学校召开班主任会。我要求政教处开会就要解决实际问题，要做实事，不开不干实事的会。既然开会的目的是干实事，那么只要能把事落到实处，谁来开会就是次要问题了。所以我进一步主张，管理自动化程度高的班级，可以由学生代替班主任开会。

张铁同学参加班主任会，坐在老师们中间，增强了他的自豪感，他做的会议记录，比有的班主任都详细。初次担任新角色的人都有一种格外认真的心理。回到班级，他把当天学校要开展的活动布置得井井有条，同学们都奇怪，他怎么会有这么强的组织能力？到他往下传达第二天的活动时，他灵机一动说：“明天我就不当班长了，当然也不能主持明天的活动，我个别向常务班长汇报吧！”

1986 年初冬，我到北京、河北、湖北、云南连续开了几个会。离开学校半个多月，回到班级一看，前面贴的值日班长职责不是 10 条而是 14 条了。我问常务班长戴明峰，值日班长职责为什么增加了 4 条？

戴明峰说：“老师不在家这些天，我们发现班级有的事没人干。老师不是总告诉我们一个管理得科学的集体，应该做到事事有人做、人人有事做吗？经过讨论，有几件事便落实给值日班长了。例如，老师在家的时候，总给我们出日记题目，老师不在家，日记不知写什么题，怎么办？就把这项任务落实给值日班长了。”

我看第 12 条写的是：值日班长要负责给全班同学打开水。原来班级的开水无固定人打，只是由具有雷锋精神的同学自觉拿暖壶到水房去打水。赶上大家学习紧张都很忙时，就顾不上打开水。靠“雷锋”去打水，不是法治，而是人治，人治就没有规律，于是把这项任务也落实给了值日班长。

第 13 条，负责提醒同学们放学时开展路上一个单词的活动。

第 14 条，要求值日班长督促检查同学们的座右铭。

这几件事原来没有专人负责，我不在家时，学生察觉出了管理的疏漏，于是将任务落实给了值日班长，这显然比没人具体负责强多了。

我觉得，这又违背了我们班级管理的另一个原则：一般同学能做的事，班干部不做。值日班长的职责多到 14 条，容易顾此失彼，反倒不利于开展工作。于是我又组织学生讨论，将这 4 件事分别落实给了其他 4 名普通同学。

当值日班长的过程，既是为同学们服务的过程，也是教育同学们的过程；既是提高工作能力的过程，也是增强主人翁责任感、义务感的过程，还是自己受教育的过程。

一些纪律较差的同学就是通过当值日班长改好了自己的某些毛病。

有名同学谈体会说：“原来我自习课爱说话，我当值日班长那天，发现一名同学自习课说话，便去罚他。他说，你平时还总说呢，还好意思管别人！一句话，使我感觉心里很不是滋味。平时干部管自己时，我还不愿听，今天轮到自己当干部，才体会到当干部真不容易。要抓好自己的学习，还要维持班级纪律，今后我可不让干部操心了。”后来他的纪律果然好起来，自习课效率提高，学习成绩也好起来。

值日班长的设立减轻了常务班长的负担，调动了全班同学的积极性，为每个人都提供了一次当班长的机会；使同学之间、干部与群众之间加深了了解，密切了关系。干部不觉得自己总是处于管理者的位置，同学也不认为自己总是处于被管理者的位置。管理者和被管理者经常有转换的机会，这也是现代社会的一个特点。学生从小多次经受这样的角色转换，长大以后，便容易适应社会了。

养鱼负责人——鱼长

我们班级教室前面靠窗户的部位，横放着一张双人课桌，那上面放着两个鱼缸，一个方的，一个圆的。里面的红金鱼正怡然自得地游动，阳光照得它们那金红色的鳞片闪闪发光。

负责养鱼的鱼长付国栋同学讲起养鱼来眉飞色舞："鱼分食用鱼、观赏鱼。观赏鱼又有两大类：热带鱼、温带鱼。温带鱼种类不多，价格也不算贵。热带鱼学问可就大了，在鱼市场上有上百种，听说北京的大观赏鱼市场上有数百种，价格最贵的，需上千元钱一对……"

他还谈到什么鱼适合在什么温度下生活，谈到鱼食的种类与价格；谈到加氧泵的种类，加氧泵的选择与使用。我还是第一次在他那里明确知道加氧泵这个概念的。

在养鱼这方面，我感到自己的知识远远不如这个小鱼长丰富。

一天，我发现一条白鱼的嘴上长了一圈类似水泡般的东西，便问是怎么回事。小鱼长说他早就发现了，这可能是一种叫作鱼口白斑的病，他已经采取了治疗措施，将它单独养在一个小鱼缸里，水里面放了某种消炎药，估计再过两天就能好。两天以后，白金鱼的斑果然没有了，它不再那样没精打采，并又回到大鱼缸里和别的同伴追逐嬉戏。

1991 年，我要求全校每个教学班都必须摆放鱼缸养鱼。有的班主任不理解：鱼缸那么易碎，碰坏了怎么办？学生纪律不好，挤掉地怎么办？

我说："如果哪个班级的用品备品都是砸不碎、踢不坏、捶不烂的东西，以防备学生砸碎、踢坏、捶烂，以防备学生纪律不好，那么我敢保证，这个班级一定会成为最乱的班级。为什么？就因为这些东西太结实，于是不愿砸、不愿踢、不愿捶的人，都想上来踢上几脚，捶上几拳，非试一试把它砸坏不可。反过来，如果你的班级备品尽可能用高雅的、易损的、易碎的，学生的行动、手脚就会不由自主地受到约束，为什么？怕把易碎的东西碰坏呀！"

各班都养上了鱼，不久，那些起初不理解的班主任也改变了观念：以前下课时，不少学生聚在教室前面的窗户旁向外望，大家互相推挤。这回那个位置放上了鱼缸，养上了鱼，平时爱打闹的同学，走到那里也格外规矩，生怕碰坏了鱼缸。

教室里养鱼，美化了环境，陶冶了学生情操，又使学校生活增添了一点情趣，增加了学校对学生的吸引力。我总觉得，学校不能只靠传授知识一种手段来吸引学生，德、智、体、美、劳各个方面都应尽可能多地有吸引学生的手段、方式。这些吸引学生的地方越多，学生也就越爱学校，学校的凝聚力也越强。在这种情况下，进行智育教育效率一定会更高。

教室里养鱼有没有坏处？万事万物有一利必有一弊，坏处肯定会有，不过目前我们感觉好处明显多于坏处，我们便继续试下去。

鱼长也不是任职以后绝不改变。付国栋同学由于学习成绩不突出，为了减轻他的负担，前些日子便已请张海滨同学接替了他的职务。

张海滨与付国栋的区别在于办事更认真，学习更努力、更刻苦，自觉性更高。他不像付国栋那样喜欢热带鱼，他更喜欢温带鱼，一上任，鱼缸内便出现了文章开头所说的 4 条大金鱼，远远看去，像 4 支火炬，显得班级生活更加红火。

养花负责人——花长

10 多年前，当我们学校还是两栋平房夹着一个涝洼塘似的操场，四周连围墙都没有的时候，我和实验班的同学们便商量买了花盆，养了花。开头只有茇茇草，后来又养了金枝荷叶、九月菊、君子兰、文竹、仙人掌、韭菜兰、灯笼花、月季花……教室里的花，缩短了我们和大自然的距离，吸引学生热爱生活，热爱大自然，感受到生活的美好，感受到环境的安宁。

原来我们那个专门接待外省市客人来听课的大教室里，最多时有 80 多盆花。

有时我们的日记就以花为题，将两盆花摆在讲桌上，请全班同学观察，如写《金枝荷叶和九月菊》，要求写这两种花的共同点与不同点。同学们边观察边比较，训练了观察力。有的同学下课后，还对着花静静地观察、思考，还不时闻一闻花的气味。由于源于生活，尽管写的是植物，还是写得很形象很感人，花的形状、花的色彩、花的味道，读来如在眼前。

1985年冬天，上海一位记者到班级听课，窗外北风怒号，天寒地冻，千里冰封，我们教室里的菊花却正怒放着，色彩斑斓。他问："这些花为什么开得这么好？"我说："这些花都由花长承包，花死了要'偿命'的。"一任又一任的花长为了养好花，付出了大量辛勤的劳动。

花长在普通同学中产生，挑选学习成绩好、心比较细的同学担任，花长大部分都是女同学。花长的任期一般是由入学一直到毕业，中间偶然发现学习吃力、不能胜任花长工作时，个别也调换过。教室花尽管多，但花长只挑选一人，即使一个教室有80多盆花时，也只任命一名花长。我喜欢强调不把一个和尚的活交给两个和尚去干，宁肯让别人失业，也要压缩在职人员，以便提高他们的工效。这样失业的人才会有危机感，才会千方百计去寻找新的就业途径。

上届花长——三年级七班的贾薇和三年级二班的刘琳琳毕业了，这届的花长是张士英。20天以前放寒假时，她跟我说：

"老师，我布置家近的同学把班级的花拿回家去养，开学再拿回来吧！"

"可以。"

放学她布置这项工作时，白桂红同学站起来商量："不拿回去好吗？我家离学校特别近，我定期来浇水行不行？"

张士英说："那当然好，但是教学楼的大门寒假能开吗？"

我说："白桂红是学校最优秀的运动员，门卫老大爷认识你，你只要说明是来浇花的，一定能给你开楼门。"

事情就这样定下来了，班级的花就这样度过了一个又一个假期。

有一盆仙人掌，是1983年在班级新栽种的，栽的时候还不到20厘米高。一月月过去了，一年年过去了，一届又一届的花长精心莳弄它，它长到30厘米高，又长到半米高、一米高，长到一米五高。到1991年，这棵仙人掌长到了一米七高，长得又粗又壮。

一天，负责承包的花长很为难地同我商量。

"老师，这仙人掌一人多高，还在长，前不久换了挺大的花盆，又不行了，花盆太大不好换，也不好保管，怎么办呢？"

看那样子，花长一定有自己的想法，只是不好说，我便安慰说："你大胆说，想怎么办呢？"

"我想把它裁成3截，重新扦插，盆可以小些，还增加了数量。"

“跟同学们商量商量吧！”花长跟同学们商量，大家尽管舍不得，又想不出更好的办法，我们又毕竟不同于专业养花的园丁，花太大了，养起来确实有难处。于是那仙人掌被截为3截，分栽到3个盆里，起初长势就不怎么好，后来抢救，也无济于事，终于离我们而去了，大概是伤了心吧！

现在我们学校环境比以前强多了，到校门口，一按电钮，宽6米的大门便自动打开，迎面是假山、喷泉，喷水池后面便是花坛。三座楼前是150多米长的花坛，花坛的尽头向右转便是种着9种树、十几种花的小花园，内有凉亭走廊。春天来了，迎春花首先怒放，接着各种花次第争艳。直至中秋、晚秋，五颜六色的大丽花，色彩缤纷的秋菊花，亭亭玉立的月季花，还顶着风霜开放。

我喜欢大自然，也喜欢养花，我觉得学生们在生机勃勃、色彩斑斓的花的旁边学习，会不知不觉地受到熏陶，受到感染。

炉长

到海南去开会，给海口市的学生上课，课后，有学生问我：“听说东北冬天很冷，真的滴水成冰吗？”我说：“真的，最冷的时候零下32℃，你拿一杯水，一滴滴往下倒，刚到地面，便成冰了。不过这么冷的天很少。”

为了度过寒冷的冬天，北方的住宅、办公室、教室里都安装了暖气，外面冰天雪地，屋里却温暖如春。

1987年以前，我们学校不仅没有实验楼、体音美楼，连教学楼都没有，校舍是两栋各一百多米长的平房。室内没有暖气，每个教室都靠自己生火炉取暖。

给大家带来温暖要付出很多牺牲，冬天到来之前，班级要选举为大家生炉子的同学。谁愿干？很多同学抢着报名，同学们便在这么多的报名者中选出自己信任的人来。这名同学上任了，同学们便称呼他为“炉长”。

一任任炉长都有一串串感人的事迹。

每名炉长上任的时候，我便给同学们布置一篇作文，题目是“炉长”，要求在这篇文章中有动作描写、语言描写、表情描写、心理活动描写。一个冬天都在培养学生的观察力，从炉长的行动中受到教育、受到鼓舞，通过分析炉长美好的心灵使自己的内心产生共鸣，学会感恩。

炉长呢？当然也意识到自己的言行已置于同学们的观察之中，同学们还将写文章表扬他、赞美他，他便格外严格要求自己，忠于职守，尽心尽责。

王迎、卢建良、陈东兴、赵广民、徐建峰……在众多感人至深的炉长中，徐建峰同学是任职时间最长的。他连选连任了两年，到快毕业的那一年，他真诚地要求还选自己，愿意为同学们服务到毕业。大家拥护他，同时也感觉过意不去，他为同学们做出的牺牲太多了。

徐建峰是班级的体育委员，思维敏捷，进取心强，还精力过剩。学习任务压不住他，他总比别人先写完作业，老师讲的，他一听就明白，什么都学会了，便需要为剩余的精力寻找出路，于是难免有些犯纪律的小动作。他起初并没想到要当炉长，是我向他建议将剩余的精力用于有益的事情。

我说："精力像水，可以载人奔向理想的彼岸，也可冲毁农田。学习如运河、如渠道，学生精力如水。有的学生精力过于旺盛，现有的学习渠道注满之后还有余，倘不开辟新的渠道，便会溢出来，危害他人。"

徐建峰同意了我的建议，参加炉长竞选，被大家选中，他把过剩的精力用于烧炉子，淘气的时间自然少了。

他是个上进心极强的人，干什么都要干好。每天早来晚归，把炉子烧得暖烘烘的。每天早晨他冒着寒风来到教室，搓一搓冻得冰凉的手，运煤，砸煤，添柴，添煤，清理煤渣，每天干这枯燥而烦琐的工作，但他没有怨言，他享受更多的是炉火升腾起来的快乐感，是看到同学们在温暖的环境中学习的幸福感。

冬去春来，冰雪消融，到绿草悄悄覆盖大地，迎春花怒放的时候，同学们也完成了酝酿了一个冬天的《炉长》一文。

从一篇学生的作文中，我发现了自己的失误。

炉长用那颗热心，点燃了炉火，也温暖了全班同学的心。

春天来了，我们都为炉长松了一口气，他可以免遭严寒之苦了。春天召开开学典礼，照例要表扬奖励上个学期的优秀学生。我们想，炉长一定是头一个，不料，三好学生名单念完了，没有他；优秀学生名单读完了，还没有他；优秀团员、模范干部的名单上都没有他。听着听着，同学们沉不住气了："同学们推选了炉长，学校怎么给取消了？”大家愤愤不平。靠近炉长坐的那宏伟问他：“你怎么什么也没评上呢？”炉长脸有些红，但回答的语调是平静、坦然的：“没什么，下次争取！”

他的平静和坦然不知怎么使我的心灵受到震动，比看到他三个月来起早贪黑地为大家带来温暖受到的震动还要强烈得多。他确实做到了在更高的层次上看待人生的得失。

原来，上报三好学生名单的时候，由于疏忽，我漏掉了徐建峰的名字。更由于另一层疏忽，我竟然没注意到开学典礼上没有公布他的名字。他的平静坦然感染了同学们，他也淡泊名利，会后没人提，一切像没发生一样，徐建峰照常热心地履行体育委员职责。到我看学生作文的时候，才发现了自己的失误，我向同学们检讨。有的同学改写了作文，有的同学为此又写了意境更深的文章。我呢？也深深佩服徐建峰同学对个人荣誉的淡泊态度。

1987 年，我们学校建了教学楼，建了锅炉房，楼内安装了暖气。从此，用火炉取暖便成为历史的回忆了。

条件好了，该高兴才是，但不知为什么，每到冬天，望着那一排排的暖气片，我的心底却涌出一股股潜流，在心里流着流着，汇成一股股空荡荡的感觉，汇成一股股对温暖的火炉的回忆，汇成一股股对一任又一任无私奉献的炉长们的深深的思念。

炉子没有了，炉长便没有了，我和我的学生们都失去了一次学习机会。

桌罩，专人负责检查

学生课桌上蒙桌罩有利，还是不蒙桌罩有利，校内两派争论了许多年也没有结果。

我想光争论也不是个办法，先干一干试试。有了实践才有比较，有了比较的争论才会有实际意义。

1988 年 9 月起，我要求全校同学每人都要做一个白颜色的桌罩，套在自己的桌子上。

一走进每个班级，显得整齐、干净，学生看着自己洁白的桌罩，也有一种美感。

我所教的班都是大班，每班近 80 人，单人桌摆不下，便还用双人桌。同桌每人做一个桌套，一个星期同桌轮换一次，使桌罩保持洁白。单人桌的同学呢，就星期天拿回去洗一次。

第一次做桌罩样式不限，下届学生就规定了大家都认为较好的一种样式：下面加牙，不加花边，以免显得臃肿；四面稍长一点，超过书箱。这样，在教室前面望去，洁白一片，显得更整洁。

每个班的做法不求一致，有的规定了样式，同学们自己买布去做，也有的班级统一买布，统一做。一般说来，统一做的效果更好一些。

蒙上桌罩以后，还有利于对自己所负责的桌子的保管，不少桌子用了四五年，看上去还和新的一样。

实践 4 年半之后的今天，说蒙桌罩利大于弊的人越来越多。

当然蒙桌罩也有弊端，持反对意见的人攻击最厉害的就是在蒙上桌罩的桌面上写字，不利于本子的移动，并且用了相当细致的描写方法。我于是更认真地去体会，近几年，我的文章都是在蒙了桌罩的学生课桌上写出来的。我手头正写的这本书，已经 20 多万字了，还没有过一页稿纸不是在学生课桌上写出来的。春节放假这几天，我在岳母家写，每天伏在缝纫机上，也故意蒙上一个窗户帘。蒙惯了桌罩，倘桌面太滑，反倒感觉不舒适。看来，有人感觉的这一弊端在我倒成了有利的一面。

随着历史的进展，我们可能有更好的形式来替代桌罩，不过目前还没有更好形式时，就得采用它。采用了就要坚持，定了一件事就要办到底，有一个人一天不蒙桌罩也不行。谁来督促检查？这么简单的事，当然用不着班干部，更用不着让常务班长操心，找一名老百姓管就行了。找谁管？谁最先忘了带桌罩，以后谁就负责检查桌罩。

这是挺简单的一件事，早晨上早自习前，检查桌罩的同学站起来一看，一目了然，谁不蒙桌罩，那不是极显眼吗？于是负责人走到他面前，问：“按班规班法，该当何罪？”没带桌罩的同学马上就明白了，需跑步回家去取。取回来，蒙上，再写 500 字的说明书交上去。头一个星期，还有个别人会忘，过了十来天，习惯成自然，就不容易忘记了。负责人也就是在每个学期刚开学时督促几次就行了。

鼓励学生自荐

面对现代社会，人们应该有勇气向社会推荐自己，有勇气向别人、向集体介绍自己的特长，以使自己的特长及时被他人、被集体、被社会发现，及时服务于社会。

1987 年国庆节快到了，按照惯例，我们学校又要搞一次大合唱比赛。节前校园里歌声回荡，各班都在紧张地练唱歌咏比赛的歌曲。

我的两个班级深知大合唱比赛中指挥的作用，早早选出各自的指挥：三年级一班是孙亚玲，三年级八班是周继明。两班同学雄心勃勃，都要在全校大赛中夺魁。

一天早自习，王贻爽同学走到我面前："老师，请您看看我的日记，看前天、昨天的两篇。"我明白，一定是她有什么心里话要告诉我，或有什么困难需要我帮忙了。

几年来，我的工作一直极忙，一般的小事学生们不忍打扰我，有了较大的事，想说，又怕我没时间，便用这种形式和我沟通。有什么心里话、有什么困难写在日记上，交给我，告诉我是哪一篇，我忙，就先把日记拿在手里，什么时间有余暇便拿出来看。

恰逢这段时间我没事，接过日记本说："好，我马上看。"

前天的那一篇是写她自去年班上大合唱以来，就认为指挥很重要，去年同学们本来唱得挺好，如果指挥再出色些，一定能得第一名，于是自己便产生了当指挥的愿望，并在家里偷偷看这方面的书，边看边练了一年多。今年又要歌咏比赛了，可选举指挥那天，没人知道她在家练习指挥的事，更没人知道她有想当指挥的想法，当然便没人推荐她，老师也没让同学们推荐她，她失掉了一个施展才能为集体争光的机会，感到十分失望。

昨天的日记，写这两天思想斗争激烈，感到自己的指挥水平肯定高于孙亚玲，应当由自己担任指挥，可是又怕别人不理解，说自己出风头。两种思想矛盾着、斗争着，谁也没能战胜谁，不愿放弃这次机会，又没有自荐的勇气。

看了这两篇日记，我很受感动。王贻爽同学终于把她的日记给我看，这说明她自荐的勇气还是占了上风，这样的胆量在我们的青少年时期是难能可贵的。我很赞赏她热爱集体、关心集体、乐于为集体争光的精神。

第二天，语文课前几分钟的练唱中，我提议请王贻爽同学上讲台担任指挥。王贻爽当然明白这是老师在全班同学面前考核自己，便大大方方地上了讲台。她面带微笑，眼观全场，轻轻地领唱一句，然后双臂一举，又猛地向下一滑，用一条优美的弧线牵出了整齐、嘹亮的歌声。她的手势实在娴熟、优雅，她的表情、动作，她的全部感情都和《黄河颂》的旋律严丝合缝地统一在一起，使我也不知不觉跟着她的指挥唱起来。全班同学的情绪被激发起来，越唱越雄壮有力。说心里话，这是自 1981 年林华同学毕业以后，我发现本校最好的指挥。她的水平明显地超过孙亚玲。我高兴地说：

“大家看看，这次合唱指挥是不是换王贻爽更合适？”

我满以为同学们会热烈鼓掌通过我的提议，不料同学们你望我，我望你，都不吱声。我有些奇怪，以为自己的评价标准和同学们不一致，便问：

“是王贻爽不如孙亚玲，老师看错了？”

“不是。”同学们齐说。

“啊！那么我明白了，大家是怕孙亚玲丢面子，另外，看到孙亚玲这几天辛辛苦苦地练指挥，把她换下来，大家感觉于心不忍，是不是？”

同学们都笑了，我也笑了。

我说：“同学们这种心情可以理解，但这种观念确实是落后了。咱们以前倒霉就倒在这地方，干部的选拔没有一个竞争的机制，本来就埋没了一些人才，而一旦发现了人才，又不好意思让原来占着位置的人下来。一旦人才要自荐，为集体为社会多负些责任，便被视为异端，视为不安分，甚至被指责为有野心。于是明明一匹十里马在上面站着，下面的千里马也得唯唯诺诺，自称不如。因为这样，咱们才弄到这么落后的地步，不仅国家遭殃，而且也不利于人才的成长，既不利于千里马，也不利于十里马。没有竞争制度，没有轮换制度，没有淘汰制度，十里马便没有危机感，便难以变为百里马、千里马。我们毕业以后要面对一个全新的现代社会，优胜劣汰是现代社会一个最基本的原则。理解这一原则，便能顺应世界发展潮流，发现自己的长处，发展自己的长处，向社会自荐自己的长处。另一方面，也无须掩饰自己的短处，无须把比自己更强的人压在自己下面。接受一个比自己更有能力的人，让位于一个比自己更有能力的人，是古仁人尧舜的胸怀，更是现代人应具有的气概，于己、于人、于集体、于社会、于事业都有利，是这样吧？”

同学们说：“是！”

性格开朗的孙亚玲马上表示，愿意愉快地退出指挥的位置。“这样王贻爽同学能发挥自己的才能，班集体能够取胜，学校的指挥水平能提高一步。我若愿当指挥呢，便努力锻炼，提高能力，争取超过王贻爽；不愿当指挥呢，便省下练指挥的时间与精力，用在发展自己数学特长方面。”这样想来，人生之路极宽，最窄的人生之路其实是拼命挡住比自己强的人的路。

我说：“全班同学要学习孙亚玲同学的胸怀，也要学习王贻爽同学自荐的勇气。在现代社会，这一勇气尤为重要，自荐绝不单是为了施展自己的才能，更重要的，是有利于促进别人的进步，事业的发展，国家的繁荣。”

劳动不吃大锅饭

不仅常规性要做的事要订计划，非常规性的任务一旦出现，我们班级也努力在事前订计划、订程序，以提高效率。

1985 年暑期，盘锦许多地方遭水灾，中央电视台播放了盘锦水灾严重的镜头：一片片的民房泡在水里，一片汪洋中露出房脊、树梢。1986 年春，为提前做好防洪排涝的准备，市里动员全市城乡人民大修水利。

我们学校也领了任务，我请政教处同志们按年组、班级分配任务。

我们班级领的任务是往 20 米高的大坝上运 10 立方米土。劳动前我同学生商量：是制订具体的程序计划，还是大家一齐干。同学们都认为大家一起干是吃大锅饭，任务不明确，程序不清楚，容易窝工，应该事先制订较周密的计划。于是请同学计算出了 10 立方米土，压得再实，最多也就是 13.5 吨。我们班 72 名同学，留出 12 名同学挖土装土，其余 60 人平均每人运 500 斤土就一定能超额完成任务。

每个人的任务量明确了，每名装土的同学给哪 5 名运土的同学装土明确了，那运土的同学用什么工具最好呢？

有同学提出用土车，有的提用土筐，有的说用编织袋，有的提出用盆。

刚有人提出用盆，同学们便觉得荒唐。讨论之后，大家觉得，土车上高坡，占路宽，效率低；用土筐挑不动，得抬；用编织袋，装卸都不方便，感觉最方便的还是盆。

工具确定了，每个人的任务量确定了，还应确定一下完成任务的时间，这才有利于大家开展竞赛，调动大家的劳动积极性。同学们又计算，坝顶到坝底，平均长度20米，坝底以南30米外才可取土，这样单程便是50米，往返一次100米。每人500斤任务，平均每盆至少可装10斤土，则每人需往返50次共5000米路程。需多长时间？有同学想到平时越野长跑，每次跑5000米快的不到20分钟，慢的30分钟也跑完了。便说，30分钟便能完成任务。有同学说："那可不行，运土不同于跑步，端着盆负担重，跑不快，上坡陡，跑不快，再加上还得有等待装土的时间呢。我看一小时能完成任务就不错了。"大家确定：一小时。

由于我们制订计划耽误了一点时间，到工地时，别的单位都干上了，和我们班相邻的学校已干了一大段。但见工地上红旗招展，人来车往，宣传车播放着人们的决心书……我们班学生一到立即引起了工地的注意：我们的衣服特殊，72名同学全穿清一色的蓝运动服；我们的工具特殊，60名同学端着60个盆；我们的干法特殊，不两人抬筐，也不几个人推车，更不搞多人传送带，而是单干；我们的效率特殊，每个单干户都是一溜小跑，力争尽快完成自己的定额。

从大坝上远远望去，一股蓝色的人流，急匆匆地上下流动着，工地指挥组被吸引来了，他们采访同学们为何干劲这么足，同学们急匆匆地喘着气，回答三五句，就又忙着奔自己的目标去了。50分钟后，工地指挥组的同志量了量我们新筑起的那段大坝，说：坝角那儿再加点儿就达到要求了。同学们更来劲了，坝角迅速长到了标准尺寸。5分钟后，工地广播车便传出了捷报："报告大家一个好消息，经工地指挥组检查认定，实验中学一年级七班的任务段已达到合格标准。他们全班同学不吃大锅饭，落实承包任务，争先恐后，你追我赶，力争在最短的时间内完成每人500斤土的运输任务。从进入工地到胜利报捷，只用了55分钟时间！"相同量的任务，有的班级一天还没有干完。

完成任务后，我们全班同学又适量地支援了外班、外校同学。然后，全班同学在工地开了一个小联欢会，到郊外去游玩。中午在田野里野餐时，同学们感慨地说："如果我们事先不订计划，也吃大锅饭，分工不明确，任务不具体，工具不科学，互相牵扯，窝工阻塞，不仅效率低，而且心理上消耗还大。这样大家干就像个干的样子，省下时间痛痛快快地玩有多好。”

绿草地上，同学们朝广阔的地平线跑去。

又过了不久，市湖心公园搞建设，团市委组织各校去栽树。校团委书记来问我：“咱们全校什么时候去？”我问：“为什么全校去？”“人家都是全校去，任务多，人少了完不成，另外人多显得声势大。”“多少任务？”“每校要栽 4000 棵树。”“多高的树？让挖多大的坑？”“一般不到两米高，挖多深的坑没说。”“两米高的树，挖一尺见方的坑就够了，栽完以后还不用学校浇水，由园林处统一浇。这样的树，一个人半天就能栽八九十棵，别去那么多人了吧！”“那显得多没声势。”“我们把实事做了，要声势有什么用？声势挺大，实事干得很少，反而不利于教育同学们。”“去多少人呢？”“一个班就可以了，我们班去吧。”

这时，我们班已达到 82 人，一听说劳动都来劲了。

我说：“咱们还像修大坝一样，提前制订一下计划。”

同学们问：“多少任务？”

“栽 4000 棵树。”

“那么平均每人 50 棵。”

“男子汉呢？该不该多栽点？”

“应该！男同学每人栽 60 棵，女同学 40 棵。”男同学喊着，女同学不服气，不愿少栽。

我说：“分任务时先这样分，女同学若嫌少干得快，你们干完了来支援男同学不一样吗？大家去了以后先挖坑，每个组的组长负责先检查坑够不够尺寸，合格了，再往里栽树。栽树的程序知道吗？”

“知道，根须分开，埋土，一踩二提三浇水。”

“水不用大家浇，园林处统一浇，咱们一定注意坑要挖得够大，埋土的时候根须散开，埋一层，踩一层，用力适当。咱们听说过盖房子是百年大计，咱们栽的树，立在那也是十几年不动，甚至活上百年、几百年。咱们把树一行行地编好号，谁栽的几号树，共多少棵，半年、一年、几年以后，咱们多次来看成活率。”

同学们下午两点钟兴致勃勃地来到工地，迅速分好了自己承包的 60 或 40 棵树的位置，热火朝天地展开了竞赛。湖心公园岸边，空气本来很凉爽，但有几名同学汗水已浸透了衣衫。力气大的同学不到两小时已栽完了 60 棵，同学们互相支援，两个半小时，任务全部完成。园林处负责验收的同志来检查，横看竖看，行距棵距均匀，整齐，每棵树都正直。往上拽一拽，不动；往侧面扳一扳，不歪。负责同志跟我说：“你们学校干得最快，栽得最整齐，最结实。”

同学们听了，互相传递着这喜人的检查结果。有同学说：“他们如果知道完成这么多任务只来了我们一个班级，就更满意了。”

今年暑假前，我们全班领取了往学校小花园内运土的任务。同学们问怎么干，我向大家介绍以前几届学生劳动不吃大锅饭的做法。同学们纷纷提出具体的建议，谁挖土，谁运土，每个组应怎样分配挖土、运土的位置。事先规定每人定额 50 盆。极有力气的张军同学非要突破定额，他找了一副担子，一人顶两人，完成了 90 盆。赵伟同学也不甘示弱，他膀大腰圆，个子高，力气大，端一盆觉得不尽兴，自己将两个盆摞在一起，最多时竟装了 3 盆摞在一起，端起来跑。一边跑，别人还替他数着：“赵伟，这趟已 115 盆了！”由于目标明确、数量清楚，能力差的也不甘心完不成任务，能力强的呢，超额完成了任务。有明确的数量互相比着，激发了劳动积极性。

平时班级劳动，包括大扫除，我都努力做到计划明确、分工具体、数量清楚、质量可比。

大锅饭曾经让我们这个国家吃了苦头，一定要让学生从学生时代起就和大锅饭告别，从小学会劳动前制订计划，明确责任，落实数量，提高效率。

大扫除 15 分钟结束

一天，学校广播紧急通知：明天市里有关部门要利用我们星期天休息的时间，占用我们的教室进行招干考试，下午各个班级可以用两节自习课的时间进行大清扫。

那天下午，我没有外出，在教室里写材料，后来听到各个班都开始搬桌椅大扫除了，就问生活委员尤亮：“咱们班怎么按兵不动呀？”

“老师，咱们班用不着两节课。咱们离水房近，大家分工又很具体，等别的班干一节课咱们再干也来得及。”

“咱班大扫除，一次需要多长时间？”我问。

“15 分钟就能完成任务。”

“哪能那么快？”

“老师您不信，咱就试试看，您用手表计时，我指挥。”

他走到前面，站上讲台，说：“同学们请注意，我们马上要开始大扫除。这次老师要看咱们的效率，我说预备起，大家开始干，15 分钟以后，老师和我检查，看谁承包的部位不合格。”

生活委员一声令下，大家立即奔向自己承包的岗位。

我们班学生大扫除的任务都是固定的，谁承包什么任务，由自己报，然后生活委员再分配。南面的 6 个大窗户，每个窗户两个人；北面 8 个小一些的窗户，每人承包 1 个。谁包哪个窗户便从入学包到毕业，如南面西数第一窗，内外 8 扇共 24 块玻璃，其中西面的 12 块玻璃归邵迎新同学，那么她就一直负责擦这 12 块玻璃，平时也负责保护这 12 块玻璃。大扫除开始，她用不着考虑别人，只一心一意完成自己这 12 块玻璃的任务就行了。

别人也是这样。教室共有 6 个门，分别包给 3 名同学。侯耀芳同学负责的是走廊的 2 个门共 4 扇，扫除开始，她便立即擦这 4 扇门。

其余同学，承包黑板的，承包讲桌的，承包四壁的，承包灯具的，承包打水的，承包拖地面的，承包擦暖气片的，承包壁报的，承包教室外分管区的。凡有一样活，必有一人承包，大家都争先恐后地为尽快尽好地完成任务而努力实干。

生活委员是总指挥，他不时提醒某个部位上次检查出了什么漏洞应加以注意，有五六名同学跟在他的后面要任务。原来，这几名同学没有具体工作，叫作“待业青年”。不是应该人人有事做吗？为什么还有“待业青年”？生活委员也很有头脑，说这叫弹性原则。如果每个人都安排了满额工作，那么大型劳动时就难以应付失误。有时，某个同学病了怎么办？有时，某个工作环节因工具或特殊原因窝工了怎么办？没有待业的富余人员，只好大家都干完了自己的本职工作再去突击。某个缺席人的任务虽少，但大家插不上手，最终还是一个完成任务的同学去承担病号的任务，这就等于全班同学等待一个人，全班同学的劳动时间都延长了一倍。手头有了机动人员，事情就好办多了，有三四个人缺席，他们便可临时顶替，哪一处窝了工，他们可以上去突击。没人缺席，没人窝工，他们便担任临时检查员、质量评比员。

我暗暗佩服生活委员的管理能力。不知不觉，时间过去了 12 分钟，不少同学已完成了任务等着检查了。15 分钟后，同学们各就各位，回到自己的座位埋头上起自习来，尤亮请我检查。我摸摸两层窗户之间的缝隙，很干净。再蹲下往走廊后边的暖气片下边接头处去摸，也没有一点灰尘。门框顶上，分管区角落，黑板粉笔槽内，荧光灯管的上部，都没挑出毛病。最后，我朝着教室前面的讲桌走去。这个讲桌较大，同大剧场内的讲桌一样，结构较复杂，正立面是弧形和矩形组成的图案；顶部有挡板，还有隔板；背面，上部是 3 个抽屉，两端还有两个窄窄的小柜。正面、上面与两侧不容易有漏洞，抽屉和小柜内能没有灰尘吗？我打开小柜，胳膊使劲往里伸，柜角没有灰尘，再抽出抽屉，很挑剔地将抽屉翻过来，摸底部的角落，也没发现灰尘。我不得不佩服学生的劳动效率。

这样较复杂的备品，承包者也只是一个人：黄书兵。她从入学就开始承包擦这个大讲桌，擦时带什么工具，第一遍先擦哪里，从上到下，还是从内到外，哪个部位容易被人查出漏洞来，她早已积累了较丰富的经验。

现代化大生产的特点就是专业化程度高。专业化程度越高，熟练程度就越高，劳动效率自然就提高了。

学生从小承包任务，增强了责任感，减少了劳动时当场分配任务的互相推诿现象或互相攀比现象，节省了重复分配劳动任务的时间，提高了完成所承包任务的熟练程度，不仅提高了劳动效率，也有利于他们将来走向专业化较强的现代社会。

一分钟全班调好座位

我从南方归来，一下火车就径直来到学校。副校长告诉我，外省市近百位听课老师不约而同地到校了，新疆有 8 位同志等了一周不见你回来，已返回了。现在还有 80 多人在班级看你们班学生活动，你回来了，正好上课。

第二节课，我走进教室，学生见我归来，极高兴，极活跃。“上课！”同学们全体起立。“同学们好！”“老师好！”

我正要讲课，下面呼啦啦动了起来，几名同学搬着桌椅，把我挤靠在一边。我刚开始还不知怎么回事，见同学搬桌椅出教室到走廊了，才恍然大悟：今天是星期一，按班规班法，每周一语文课第一个节目就是换座。我们班是以法治班，到这段时间就做这件事，老师忘了，大家忘不了。同学们依法办事，用不着老师说换座还是不换座。

换座完毕，值日班长宣布："今天换座用了 55 秒，正常。"

原来换座位可没这么快。

13 年前，我们班同学的座位便每个星期换一次。靠南边的两行，16 名同学串到北面去，其余八组 64 名同学依次往南串动两行。刚开始，只是人和书包、作业本等用品串动，换一次时间不长，三五分钟就完成了。

后来，按班级规定每人承包自己的桌椅，负责保管、搞卫生等，这样换座时，每个人必须连同自己的桌椅一起换。从南到北大调动，搬着桌椅，教室人又多，你挤我，我又塞住了他，显得秩序混乱，又很耽误时间。那时每星期换一次座，拖拖拉拉要 20 来分钟，同学们都觉得太浪费了。

大家觉得这件事也该计划一下，制订一个程序，以提高效率。经过讨论，制订了如下的程序：

第二节语文课，上课后即开始换座，由值日班长宣布换座开始。

双人桌由一人搬桌，一人搬两张椅子；单人桌则椅子放在桌子上都由自己搬。

南面两行同学最先行动。第一桌两人通过前面讲台搬桌椅出教室，到走廊外面走 5 米停下（倘走 4 米，后出来的同学挤不下，走 6 米则多走两步，浪费时间），第二至第八座的同学一个紧跟着一个依次而出，最后出来的第八座两名同学桌椅恰好摆在北面两行第一座的前面。

这时南面两行已成为空地，北面的同学趁空而入，集体迅速向南平移两行，平移的结果使北面两行又成为空地。

原南行现正在走廊的同学，又由第八座开始趁北行的"空"而入。

当原南行第一座的同学在北行第一座落座的时候，全班换座完毕。从开始到结束，正常情况下，55 秒钟便可以了。我 1984 年下半年教过一个有 92 名学生的班级，那时班级内还生炉子，交通不便，即使如此，我们全班换一次座也才用了 58 秒。当然，学生们需要一个从熟悉到熟练掌握换座程序的过程。

也有时，换完座，值日班长宣布，换座用了 1 分零 10 秒，这就要查找原因。班法规定，换座在 1 分钟内完成，超过 10 秒，便是事故。

事故也容易找到，有同学立即起来承担责任："是我搬桌不慎，将文具盒掉在地上，弯腰一捡散乱的文具，便阻碍了整个集体的活动，使全班同学每人为我浪费了 10 秒钟。”

制订具体的换座程序，不仅节省了时间，也使同学们感到换座是既紧张又有趣的一件事。更重要的，是在这种紧张、有趣的做实事的过程中，培养了学生个人与他人与集体密切协作的品质，培养了学生的效率感。

两分半钟收好书费

又一届新生入学了，学生们领了新书，数学、语文、英语、地理、历史、美术、音乐、劳动技术教育、青春期教育、公民，十来种课本再加上数学用表、地理填充图、语文补充教材、书法，以及有关部门要求必订的辅导读物、学习指导等，每名学生领到了 25 本各种各样的书。面对这么多书，他们感到又兴奋又惊讶，又害怕学不好，但更多的还是有一种自豪感：自己长大了，成熟了。

第三天便是交书费。新上任的学习委员得知学校要收书费，便告诉我，意思是由我收。我说：“我从开始教书到今天，从来没有自己收过费。这件事，学生完全可以做，老师若做了学生能做应做的工作，那就使学生减少了一个锻炼自己的机会。你说呢？”学生笑了。

自习课，学习委员到同学们的座位去收书费，显然他想一个人一个人全由自己收。这样做，学习委员的出发点肯定是好的，他不惜牺牲自己的时间，热心为大家服务。但在一个人一个人的收费过程中，要说话，要打扰前后左右的人自习。再者，学生刚入学，注意力还不好，不时有几个人在说话，在走动，还可能影响班级大部分同学上自习。

我便跟学习委员讲：“以前我们班干部收书费或学费或班费时，我看主管同学站在前面一下就收完了。”

“站在前边怎么收？”学生问。

“用手表收。”

“用手表怎么能收书费？”

“那就要靠你自己想了。”

当学习委员的都是很聪明的同学，一点就通。“啊！我明白了。”他说。

说完，他走上讲台："同学们请注意！各组组长请注意，没有组长的便由你们组第一座右侧同学代替，下面我们开展收书费比赛。昨天讲了本学期书费 30 元，请大家准备好。各组组长站在前面，我说预备，大家便进入竞赛状态，我说开始，组长便开始收。收完以后，组长要将你们组的钱数一遍，共计多少人、多少钱，写在一张条子上，用绳子把钱扎好，送到我这儿来，看哪个小组速度最快。"

听说比赛，群情激昂，大家很快便做好了准备。有的组四个人还把钱放在一起，以争取加快速度，被别的组发现，告诉主持者，又立即退回去，参加公平竞争。

学习委员站在前面，看着表，喊："各就各位！预备——开始！"

小组长立即进入工作状态。为加快速度，各组同学都积极参与，帮自己的组长数钱，找钱，记名单。

第三组最快，每人 30 元，16 人 480 元，交到学习委员手里时，只用了 1 分 15 秒的时间。最慢的一组，交上来也只用了 2 分 20 秒。

全班 72 名同学，入学后第一次收书费，共 2160 元，仅用两分半时间，全班同学都为这样高的效率感到自豪。学习委员边从组长那里接收边验收，验收完毕，立即上交给教导处。全班同学两分半钟后便开始上自习了。

在校内我要求各教学班的班费都由生活委员收支。班主任只指导，不经手。这样做有利于锻炼学生当家理财的能力。班费收支账由生活委员定期向同学们公布，有利于培养学生的民主意识。

班费收取一次不宜过多，以免保管时发生意外，损失大不易弥补。

收数额较大的书费时，一定要在放学前上交教务处，避免较大数额的现金在学生手中存放过长而发生意外。

收费时为提高效率，减少麻烦，应尽量避免或减少尾数。

如书费，实际是 29.50 元，计算收取都麻烦，便多收五角，留作下次电影费，既提高本次效率，又减少了下次收费所用的时间。

总之，收费这件事也让学生增强效率感，增强集体观念，增强与别人协调一致的能力。

班规班法

我们班级十几年来一直坚持以法治班，全班同学根据本班实际制订了一系列的班规班法，然后在监督检查系统的保证下，说了算，订了干，一不做，二不休，坚定不移地贯彻执行。

班规班法（这里的班规班法泛指班内的规章、制度、计划、办法）主要分为两大类。一类是以空间为序的，制订的原则是：班级的事，事事有人做；班级的人，人人有事做。另一类是以时间为序的，制订的原则是：时时有事做，事事有时做。

历届班规班法中，有些具体的规定，尤其是有些处罚的办法，充满童真，十分幽默风趣，有的甚至幼稚得令人发笑。例如，“对犯了错误，挨批评时只顾流泪的同学，每滴眼泪收 100 字的说明书”。又如，班上民主表决时，如发现由于情绪过于激动，举两只手以增加票数者，负责监督的学生要“予以揭穿并让其双手举 10 分钟”，等等，也许并不合情理、并不科学、并不妥当，但这些都是学生们自己讨论制订的，是他们这些“小大人”渴望搞好并积极参与班级管理的真实反映。我们大可不必去苛求和责备，而应该在实践中加以帮助和引导。

现将我们现行的由全班学生讨论制订并已表决通过的班规班法摘要如下。

第一部分　岗位责任制（按空间范畴制订）

（一）常务班长职责

1. 全面负责班级同学德、智、体、美、劳各项活动的开展，在为同学服务中提高自己的管理水平。

2. 及时传达学校及班主任老师对班级活动的要求，并组织同学将要求落到实处。

3. 班主任老师在校时，及时听取班主任对班级管理的意见；班主任不在校时，代行班主任的责权。

4. 负责领导指挥班委会成员开展工作。凡通过竞选产生的班长，有权根据工作的需要任免班委会成员。

5. 负责指挥值周班长、值日班长积极主动地开展工作。

6. 通过竞选产生的常务班长，当任期届满时，负责组织并主持下一任班长的选举。

（二）团支部

1. 团支部设支部书记、组织委员、宣传委员各一人。

2. 支部书记可由班长兼任，必要时，在班委会成员外另设一人。支部书记负责组织全班共青团员按时完成校团委布置的各项任务。

3. 支部组织委员具体负责发展新团员的工作，负责对团外积极分子的帮助、引导，使之尽快达到团员标准。负责向支部建议召开支部会议或团员大会，讨论研究发展新团员，一经批准，则具体负责组织、主持会议。

4. 支部宣传委员具体负责本班团员各项活动及好人好事的宣传工作。一方面向本班全体同学宣传，使同学学有榜样；一方面向校团委及上级部门、有关新闻单位宣传，使上级及时发现先进典型。对团员及同学中的不良倾向，凡带有普遍性的，也有在一定范围内宣传的义务，以便引起有关单位与个人的警觉，及时加以控制。

（三）班委会

1. 班委会设学习、生活、体育、文娱 4 位委员，加常务班长，共由 5 人组成。极特殊情况下，可设副班长（或称班长助理）1 人。学校要求设的劳动委员职责由生活委员承担，卫生委员职责由体育委员承担。

2. 学习委员负责全班同学课内期末统考科目学习活动的组织、指导工作；负责指导各学科科代表开展工作；负责指导各学科兴趣活动小组的工作；负责考试前每位同学的考场安排；负责考试后统计各学科成绩，统计每个人的总成绩，统计全班各学科的平均分和总平均分；负责计算同学估算成绩与实际成绩的差距；负责同学互助组的指导。

3. 生活委员负责协助班长维护班级纪律；负责指导班级承包说明书的同学开展工作；负责检查班级“八有”及各种备品承包人对工作是否认真，对不认真者可决定批评、惩罚甚至撤换；负责收取学杂费、书费、班费等班级各项费用，及时将需上交的费用于当日放学前上交学校；负责班费的保管及支出，记好班费往来账目，并于必要时向同学们公布；负责班级卫生清扫的指导工作，组织好全班大扫除；指导负责服装、发型、零食等项工作的同学开展工作；负责郊游的组织工作。

4. 体育委员负责全班各项体育活动，具体领导同学们的跑步、课间操、眼保健操、体育活动课、仰卧起坐、俯卧撑、队列体操比赛、运动会等各项活动的开展，可指定各项活动的临时或长期承包人；协助体育老师上好体育课，负责全班同学身体检查工作，协助医务室建立本班同学的健康档案；负责组织同学控制或降低常见病、多发病的发病率。

5. 文娱委员负责班级的文娱活动的组织领导工作；负责课前一支歌的确定、起调；负责每周一歌的选择或审定，指导每周一歌教歌人完成任务；负责班班有歌声活动以及国庆节、教师节文娱节目的编排和新年联欢会的编排导演工作。

（四）值周班长职责

1. 班长不在时，代行班长职责。

2. 完成班长交给的各项任务。

3. 领导值日班长履行各项职责。

4. 及时与学校值周工作的师生取得联系，征求值周者对本班各方面工作的意见，当天提出改进措施，分析班级本周德、智、体、美、劳各项活动在全校的位置，对被值周者扣分的项目，分析原因，提出下周整改措施。

（五）值日班长职责

1. 负责记载当天的出缺席情况，及时在班级日报上登载，对迟到的同学提出批评，予以处罚。

2. 维护自习课纪律，对自习课说话的同学予以批评、处罚，自习课有准假权。

3. 维护课间纪律，监督并制止课间大声喧哗以及在走廊打闹的行为；在“无声日”期间，对课间在教室内说话的同学予以批评、处罚。

4. 领导两名值日生搞好班级卫生，每天早、午、晚各拖地一次。若发现地面上有碎纸，谁的座位底下谁负责，及时征求值周学生对班级卫生的意见。

5. 协助体育委员督促同学们认真做好课间操。

6. 督促同学们做好眼保健操，协助生活委员工作，若发现眼保健操不认真做的同学，予以批评、处罚。

7. 在任班长的前一天下午放学后，选择一条对班级现状有针对性的格言抄写在黑板右侧。

8. 协助体育委员组织好体育活动。

9. 在当天的 12 点之前将班级日报装订在班级的报夹子上，并在第二天的班级日报上刊登自己任职期间的工作总结。

10. 当天学校若召开班主任会，可代替班主任参加会议，倘若学校召开班长或班干部会，而干部不在或不能脱身时，可参加班长和干部会议。参加会议后，认真落实会议布置的任务，自己无力落实的及时向常务班长汇报。

（六）科代表职责

1. 负责本学科老师委派的任务，例如收发作业，收发试卷，准备课堂用的简单的教具，协助老师做演示实验，帮助老师做分组实验的准备工作。

2. 及时搜集同学们对教师教学的意见和建议，并及时向老师反映。

3. 协助老师调查、了解、分析本学科学习极端“后进同学”的困难、障碍，并尽力帮助其排除一部分。

4. 更深地了解任课教师的意图，教学的风格、特点，及时向同学们做介绍，使同学们尽快适应老师的教法。

5. 负责记载本学期历次考试成绩，并对成绩升降情况进行分析，为提高成绩，给同学们以指导，为教师当好参谋。

6. 负责本学科兴趣小组的工作，带动本学科学有所长的同学，使其长处发展更快。

（七）备品承包责任制

1. 承包某项备品者需保持该项备品的清洁。如承包暖气片者，应按学校规定定期擦拭，在校例行卫生备品大检查时，不得因该项不合格而扣分。

2. 承包者要保证该项备品的合理使用。例如承包窗户者，热天负责开窗，冷天负责关窗；承包灯具者，光线暗时及时开灯，日光明时及时关灯。

3. 提高备品的使用率。如承包篮球、排球的同学，要使同学们在该玩的时间内有球可玩；承包暖壶的同学要使需要喝开水的同学有水可喝；承包鱼缸的同学使愿观赏鱼的同学有鱼可观赏。

4. 保护备品不被损坏，一旦发现损坏，及时加以维修，损坏严重的，查清责任者，及时赔偿或报生活委员更新。

5. 具体承包人：

（1）刘娲（教室门）

（2）王海鸥（保管粉笔）

（3）张海滨（鱼缸及养鱼）

（4）张海英（卫生角及洗手用具）

（5）郭继仙（暖壶及玻璃杯）
（6）吕兵（班内及大会议室的灯具）
（7）曲静（两个写字台）
（8）王海鹏（保险柜及油画）
（9）马宏峰（扫除用具）
（10）张军（大会议室的门）
（11）齐岩（擦瓷砖）
（12）张士英（养班内的 28 盆花）
（13）张林（保管班级篮球、排球）
（14）亓峰（刷痰盂）
（15）刘月（教室及大会议室黑板）
（16）赵伟（大会议室北部暖气片）
（17）张宇（大会议室南部暖气片）
（18）张一楠（教室南部暖气片）
（19）雷蕾（教室北部暖气片）
（20）步智玲、牟森（教室南数第一个窗户）
教室窗户保管者略。
（21）滕玉欣、郝建（大会议室北数第三个窗户）
大会议室窗户保管者略。
（22）宋君（教室内的窗帘）
（23）刘娲（班级图书柜橱）
（24）王大利（每把椅子上的紧固螺钉）
（25）张慧（两个水桶）
（26）邢瑜（讲桌）
（27）蔡乐（班级奖状）
（28）张颖等待业同学随时听从调遣
每名同学的桌椅自己承包。

（八）专项任务承包责任制

1. 承包的同学必须持之以恒，对某项任务因事完成不了时需指定临时负责人或通过常务班长重新委托他人负责。

2. 对所承包的专项任务，检查发现违纪者，有权按班规给予当事者惩罚。

3. 对所承包的专项任务应定期提出改进意见，对旧的奖惩规定发现不合理时，一面坚定不移地执行，一面向班长提出修改建议。

4. 专项任务承包人及责权：

A. 思想方面

（1）宋君（检查日记，没按时完成者当天补完，写 500 字说明书；每拖一天加 500 字。未经本人允许，私自看他人日记者写 1000 字说明书。）

（2）张海英（负责记录每名同学在校内外做的好事，做好事一件，操行评定可加 0.1 分。）

（3）马宏峰（检查座右铭，未摆到桌上者，立即摆上，并擦玻璃一大扇。）

（4）张卓伦（负责班级日报，凡在中午 12 点前未出报者，罚 3000 字说明书；本班内容不够 60% 版面者，撕掉重办；按日报 10 条规定不合要求者，主管人酌情惩罚。）

（5）白桂红（负责记录、整理班规班法，同学违犯规定、忘记班法时，及时给予查阅，督促专项承包人执行班规班法。）

（6）孟欣（负责各项违纪者说明书的登记、收取、归类、统计。每写 1000 字的说明书，在该生操行总分中减去 0.1 分。）

（7）宋君（对犯了错误挨批评时只顾流泪的同学，每滴眼泪收 100 字的说明书。）

（8）张卓伦（检查黑板上每日一条格言写得是否认真，不认真者，擦掉重写。）

（9）蔡乐（负责班会的准备工作，召开班会时可自己主持，也可指定有关同学主持。）

（10）亓峰（负责开展独往独来活动期间的独往独来监督工作，违反规定者，扫操场 45 分钟。）

（11）刘娲（负责班级课外书的借阅保管工作，指导不同类型的学生看不同内容的有益的课外书，对将不适合中学生看的书籍带入班级者，书籍没收并写 1000 字说明书。）

B. 学习方面

（1）王磊（负责检查作业。可定期检查，亦可抽查。未完成者，立即补上，打水一桶。）

（2）张颖（负责语文文学常识的归类及解答同学们的疑问，辅导。）

其余承包字、词、句、标点、读写知识、汉语知识、修辞、课后习题、文言文等知识者略。

（3）王磊（负责指导同学出互测试题，没按时出完者，写1000字说明书，并当天补上。试卷没写出题人或没装订在一起，均写500字说明书。负责收取试题并组织同学们抽签考试。）

（4）张一楠（负责组织互测后未达到分数线的同学出补考试题，并组织补考。）

（5）赵伟（负责监督不懂装懂的同学。不懂装懂，打水三桶。）

（6）张士英（负责组织每两周一次的智力竞赛活动，包括竞赛试题的选择、竞赛方式的确定。）

（7）刘文强（负责检查中午路上背一个英语单词的活动，没带单词本或书者，立即回教室取。）

（8）赵海（负责帮助赵伟同学掌握学习方法，提高学习成绩。检查其各科作业完成情况。）

另外几名帮助“后进同学”者略。

C. 纪律方面

（1）值周班长（负责考勤。发现早晨上学迟到者，罚扫操场45分钟；早退者写500字说明书。）

（2）张林（负责检查班标，缺一次写1000字说明书。）

（3）张士英（负责检查是否有进电子游戏厅的同学。发现谁进一次，则罚其写1000字说明书，并每天早自习扫操场，连扫一周。）

（4）王娇（负责检查是否有买乱七八糟粘贴画的同学，发现以后，罚其买粘贴画款的10倍，交团支部，邮至灾区。）

（5）雷蕾（负责处理叫别人外号或骂人者。叫别人侮辱性外号者写2000字说明书，赞誉性外号另当别论。骂人者，写2000字说明书。）

（6）王海鸥（负责监督不爱护粉笔者。乱扔粉笔头，一次写500字说明书，擦窗户一扇。）

（7）王海鹏（负责自习说话接力本，凡接力本上有名的，一次写500字说明书，晚间没交出接力本的，写1000字说明书。）

（8）值日班长（负责监督自习课借东西者。一经发现，则罚其写500字说明书，借东西给他人而不阻止者写250字说明书，自习课传作业本、文具等东西者，扫操场一节课。）

（9）张宇博（负责处理造谣的同学。造谣危害别人者，写5000字的说明书；传谣危害别人者，写2500字的说明书。）

（10）刘月（负责监督班上民主表决。表决时，如发现由于情绪过于激动，举两只手以增加票数者，即予以揭穿并让其双手举 10 分钟。）

（11）滕玉欣（负责每周六选举。选举说话最多者，或周退者，或周乱者，选举用微型选票，计票者需大声公布自己所计人姓名，凡 10 票以上者，每得一票写 100 字的说明书，并自己将名字及票数写到黑板上。）

（12）值日班长（发现“无声日”课间大声说话者，一次罚写 500 字说明书；平时发现在教室走廊跑跳者，一次罚写 250 字说明书。）

D. 体育卫生

（1）滕玉欣（发现课前唱一支歌时手放在桌上者，一次罚写 500 字说明书；发现唱歌时明显东张西望或低头者，一次罚写 250 字说明书。）

（2）张林（发现课间操未穿运动服者，令其回家取；督促当天值日生扫除。发现衬衣上数第二个扣及以下，每有一个扣不扣，一次罚写 100 字说明书。拉锁式运动服，自脖子以下应拉开在 15 厘米以内，超过此数，每超过 10 厘米，一次写 100 字说明书。）

（3）吕冰（负责监督眼保健操。发现睁眼一次，罚写 250 字说明书。）

（4）值日班长（发现哪名同学附近的地面有纸屑，则每平方厘米罚写 100 字的说明书。）

（5）李健（负责记录老师每次提醒大家“坐如钟”的年、月、日，平时负责提醒同学们写字距离本子一尺远。）

（6）值周班长（负责检查劳动工具。）

（7）张林（发现不请假又不参加跑步活动或课间操活动者，罚写 1000 字说明书。）

（8）郑岚岚（负责督促同学不吃零食。发现吃零食一次罚写 500 字说明书。对吃瓜子者加倍处罚，扔到地上一粒瓜子壳，写 1000 字的说明书；再看衣袋里，每发现一粒加写 100 字的说明书。）

第二部分　各种常规（按时间范畴制订）

（一）一日常规

1. 清晨入校，向校门口的值周师生问好，并虚心接受值周师生的检查指导。

2. 每节课（包括自习课）前三分钟要坐好，全身心投入课前一支歌的活动。唱歌时坐直，目视黑板中缝的中点，意念想象中点中出现歌词描绘的画面。

3. 每堂语文课前，全心全意地投入口头作文的活动。说文时要解放自我，心无顾忌，声音洪亮，怎么想就怎么说。

4. 语文课一般要经过“定向、自学、讨论、答疑、自测、自结”六个步骤。

5. 每节课的课间按照学校规定，戴班标在走廊、操场活动，不违纪。积极参加“无声日”活动。

6. 第二节下课后，除值日生外，都到操场活动，10 分钟后站队做课间操，做到快、静、齐。课间操必须按学校规定着装。

7. 上午第四节课课前做眼保健操，要求放松，入静，全身心沉浸在眼保健操的音乐里，取穴位准确，节奏明快。

8. 中午放学路上，开展背一个单词的活动，不准边走边不停地看书。不背英语，背其他学科知识点亦可，但绝不许边骑自行车边看书。

9. 在开展考试前“独往独来”的活动期间，路上自觉约束自己，不与别人往来。

10. 中午两小时要求在家休息，不反对到校来。到校来的同学需要安静自习，12 点 40 分至 1 点 20 分之间关校门，为保证愿上自习的同学达到目的，在此期间内不许随意出入教室门，更不许出入校门。

11. 下午第三节为活动课，需在完成男 5000 米、女 3000 米的跑步任务之后，再自由进行各种文体活动。

12. 临放学前，服从体育委员指挥，认真做仰卧起坐和俯卧撑，以磨炼意志，增强体质。

13. 每天写一篇命题日记。老师和日记负责人布置题目时，必须完成布置的题目，无统一布置时可自由选题。

14. 按要求完成量化作业：政治 0.5 页，语文 1 页，数学 2 页，英语 2 页，物理 1 页，化学 1 页，生理 0.5 页，史地每周各 3 页。学习尖子可不完成老师留的作业，而自选适合于自己的难题。“后进同学”也可不写老师留的作业，而自选适合于自己的题。语文作业均由每名同学根据自己的实际情况确定。

15. 每天黑板右侧要写一条新格言。由值日班长选择并书写。

16. 每天报夹子上要按时夹上班级日报。班级日报要做到以下 10 点：①规格统一，长 54 厘米，宽 39 厘米。②本班内容占 60% 以上版面。③写清办报的具体时间、办报单位、办报人姓名。④当天日报在中午 12 点之前夹到报夹子上。⑤日报需用碳素墨水或彩笔誊写，以利于长期保存。⑥必须设《文章病院》专栏。⑦报道昨天班级纪律、卫生、出席、课间操、眼保健操的得分情况。⑧设立昨天值日班长《工作分析》专栏。⑨每期日报必须有图画点缀。⑩日报上面留 3 厘米装订线，以利装成合订本。

17. 每天早晨要用 5 分钟时间规划一下当天共有多少项任务，按轻重缓急确定做事的顺序；每节自习课前先确定学习目标及具体任务量。

18. 做事的时候要定向、定量、定时，开展自我竞赛，不断超越自我，增强效率感。

19. 晚间统计一下一天“三闲”的数量，即大致说了多少句闲话，做了多少件闲事，闲思用了几小时。订出明天减少一点“三闲”的具体措施。

（二）一周常规

1. 周一参加学校升旗仪式，按学校要求统一着装。轮到班级值周时，团支部书记写国旗下的献词，并指定护旗人、升旗人及献词朗诵人。

2. 讨论研究学校周报对班级的评价，发扬长处，克服缺点。

3. 单周周二班团活动，由班长主持班会，由团支部书记主持支部组织的活动，研究班级管理和支部工作，民主讨论班规班法。

4. 双周周二开展智力竞赛活动，由张士英同学筹备并主持。

5. 周三下午不上课，参加学校科普委员会、新星文学社、数理化小组、田径队、篮球队、排球队、器乐队、合唱队、舞蹈队、美术小组、书法小组、计算机小组、摄影小组的同学必须遵守所在团、队、组的纪律，服从负责人的指挥，爱护专用教室或活动教室的公物。

6. 周一语文课前为调换座位时间，值日班长主持。南面的 16 名同学先搬桌椅离开座位，换座争取一分钟内全部完成。

7. 周五语文课为文学欣赏课，教师可选择学生喜欢的作品给学生朗读，可由学生推荐，也可让学生自读喜欢的课外小说、诗歌、剧本、散文等。

8. 每周语文课堂上至少要搞一次竞赛，或看谁读得快、写得快，或看谁背得快。

9. 每周练钢笔书法一次，安排在语文课堂上进行。

10. 每周五下午第三节为教唱歌的时间，由同学们按学号轮流教，歌曲自选，报文娱委员批准。

11. 每周值日生由北面两行同学负责，周一为第一桌两名同学，周二为第二桌，每天两人，依次类推。因星期日休息，第七桌两人协助第六桌两人周末大清扫。

12. 周六班级图书柜橱向同学们开放，大家选书后在班级图书管理员处履行借阅手续。

13. 周六放学前，全班同学选举本周说闲话最多的同学或比上星期有进步的同学，或选举有较明显违纪的同学，或选举最能促进同学们学习的同学。

（三）每月常规

1. 每月 1 日即制订本月的自我教育计划，包括德、智、体、美、劳诸方面要做的实事，计划的可操作性要强。

2. 每月至少进行一次互测。测验题由每名同学出，出试题要按照班级规定的出题大纲，确定试题范围、试题数量、试题难度、试题覆盖面和试题分数比例。每份试卷的几张卷子必须装订在一起。每份试卷的卷头格式必须统一：写清出题人姓名，估计分数，每道小题及总分实得分数；留出答题人姓名空格，供答题人填写。

3. 每次互测，90% 的同学要达到 80 分，不足 80 分者参加补考，另 10% 的同学补考分数线由自己确定。

4. 每月末进行一次备品大检查，由生活委员检查各自承包的备品是否清洁，是否完好无损，是否充分利用。

5. 每月最后一天，对照月初的计划，总结任务完成情况。

（四）学期常规

1. 将开学典礼上学校布置的任务同自己的实际结合起来，确定本学期自我教育计划。

2. 根据自己的实际确定座右铭是否需要更换。座右铭 3 项内容必须明确：（1）最崇敬的人是谁。（2）本班要追击的目标是哪名同学。（3）针对自己的心理确定一句鞭策自己的格言。

3. 吕兵同学负责发放新教材，蔡乐同学负责收学费，王磊同学负责收书费。

4. 学习或复习语文知识树。

5. 写出新的语文教材分析。包括 7 个部分内容，将知识分类、编号、列表，按教材分析进行自学。

6. 研究讨论作文批改的方法，提高互批作文的能力，逐步学会从 10 个方面批改一篇作文的方法。

7. 用两节语文课了解国外教育动态，讨论我们从中得到的启示。

8. 用两节语文课学习讨论有关心理学的知识，探求保持心理健康的方法。

9. 召开两次学习方法交流会，选择适合于自己的科学的学习方法，增强学习兴趣，提高学习效率。

10. 每学期第八周、第十六周周二为量化作业检查日。届时，每名同学把开学以来的各种作业全部准备好，先进行自检，写出自检报告，然后进行互检、抽检。

11. 期末放假前一天，将本学期各科量化作业全部分类排队、编号，进行一次大检查，数量不足者需补上。合格者，愿集中统一保管的，可交班级统一保管。

12. 做好本学期自我总结和自我鉴定，将《中学生手册》所列成绩和班主任鉴定交家长过目、签字，开学后上交班级。

13. 吕冰同学发放假期作业，对书店卖的假期作业可以不做，凭兴趣看看，但必须完成符合自己实际的量化作业。

14. 参加学校结业典礼后，按学校统一要求，制订自己假期的自我教育计划。

（五）学年常规

1. 认真落实学雷锋活动月学校各项活动安排。

2. 三八节前后开展“给母亲带来欢乐”系列活动周。要求在活动周里每天帮母亲做一件较大的事，写歌颂母亲的系列作文，召开“为了我们的母亲”主题班会，举办以母亲为主题的诗歌朗诵会。

3. 4 月上旬体育委员认真做好参加下旬校田径运动会的准备工作，落实比赛项目，组织运动员刻苦训练。

4. 5 月组织到外市爬山或下海的旅游活动。吕兵负责联系旅游车，蔡乐安排旅游活动具体方式，王磊负责旅游期间同学们的安全。

5. 滕玉欣负责组织班级同学参加七一演唱会比赛。

6. 配合教师节活动。班级参加校舞蹈队、合唱队、器乐队的同学积极参加教师节文娱活动的排练与演出。由学习委员分组，分别给科任老师写慰问信。

7. 国庆节召开歌颂祖国诗歌朗诵会和演唱会。

8. 张林组织好全班同学参加 10 月下旬学校一年一度的队列、体操比赛活动。

9. 滕玉欣组织一年一度的新年联欢会。

第五章

个案处理个性化

想象自己是一个勇往直前、百折不挠的成功者，后来就真的取得了大成就。

想象自己是一个多灾多难、多愁善感、软弱无能的失败者，时间久了，他真的就变成了软弱无能、一事无成的人。

谁促成了这些变化？是潜意识。

送别中教《送别》

“送君送到大路旁，君的恩情永不忘……半间屋前川水流，革命友谊才开头，哪有利刀能劈水，哪有利剑能斩愁……”

我喜欢唱这首感情深沉的歌，送学生离别家乡远去时唱，送朋友踏上新的征程时也唱。到外省市，朋友们送我上了列车，上了飞机，心里空荡荡的时候，学生们送我回家，车下学生们招手、追逐，学生的身影越来越远的时候，我便在心里一遍又一遍地唱这支歌。

人与人相处，彼此关心帮助，久而久之，都觉得是理所当然的，但一旦到分别的那一刻，友谊和感情都会显得十分宝贵。

人不同于猪马牛羊之处在于人更需要感情，人有比物质需求更宝贵的精神需求。如果人们只是一味地追求衣食住行而不顾更高层次的精神需要，那便是由人向动物的倒退，纵然真的有了金山银海，也还是不能享受到做人的乐趣。

我愿意强化与人分别时的感情，以珍惜人与人之间的友谊，以忠实于今后相处的日子，以处理好和没分别的朋友、同志、学生的关系。

1979 年 9 月，我们班最高的同学刘岩、最矮的同学阎秀君要离开班级了。她们的父母是当年走“五七”道路的干部，“文化大革命”中从沈阳到盘锦，现在落实政策回去了，孩子自然也要跟回去。

两位同学舍不得离开集体，提前好多天就开始闷闷不乐，一提要走的事便流泪，脸上几天都流露着哀伤神情。

同学们也舍不得她俩走。刘岩个子高，在运动会上，跳高跳远都是全校第一，还是全校最出色的篮球运动员，各科学习成绩都优秀，总成绩全校第一名。最使人难忘的还是她为别人、为集体的事，常常废寝忘食地奔忙。

阎秀君还不到 12 岁，在班里年龄最小、个子最小，但样样事不甘落后，学习是尖子，又善于理解人、关心人，善于化解别人之间的矛盾，大家都喜欢她。

这么好的同学要走了，人人都觉得心里将被带走什么似的。人与人这种真情是最宝贵的，应该强化这种感情，使其成为今后努力上进的动力。

我通过组织学生们为她俩送别的方式，表达并强化这种感情。

9 月 1 日那天，我和全班同学先后到两位同学家里，帮她们拿行装，全班同学排成队，穿小巷，过大街，赶了 5 里路，到盘锦站为她们送行。

盘锦站不大，我们这 60 多人的送别队伍便格外显眼。还没上车，她们俩便已泪流满面，女同学便陪着哭。时间不长，上了车，车徐徐开动，一些同学便追着车，在站台上跑，几名男同学追着跑出了站台，好像能追上车，让车停住似的。车站的工作人员了解到我们只是送同班同学时，说："真没想到，同班同学能有这么深的感情。"

回到学校，我请每位同学写一篇作文，题目便是《送别》。意在使同学们理解，送同学的目的不是流一阵眼泪，而是强化同学之间互相关心、互相爱护的感情，增强同学们的集体观念。然后，把这种感情变成每个人战胜困难的勇气和力量。

珍惜昨天的友谊，才更注重培育今天的友谊之树。和同学分别时越依依不舍，越会更和谐地处理今日的同学关系。

作文写完了，挑写得好的在班会上朗读。同学们听着，眼里噙着泪花，回忆着过去，思考着今天，憧憬着未来，从深层次感受着人生的幸福。

这以后，又有同学举家迁回沈阳，我又和同学们去送。冯丹同学是乘汽车走的，我们朝着远去的汽车挥手。郭力同学是放假时离开的，我召集近处的同学陪他去登上北去的列车。

车站成了我们师生表达感情、抒发感情的基地。东北师范大学在班级实习了一个月的老师们要走了，我们全体师生送到车站。那些年，我住单身宿舍，每逢寒暑假回家，学生们打听到了我回沈阳老家的时间，便提前赶到车站送我。

1982 年 1 月，放假的那几天，正赶上寒流，天冷得出奇，一碗水刚泼到地上，便立即结成了冰。学生问我什么时候回家，我怕学生知道了又要去送，便说还要开几天会才回去。不料我走的那天清晨 4 点多钟，凛冽的寒风中，王良、盖东、刘志军等许多同学已在车站等我。刘志军平时是不愿起早的，他怕自己起不来，对好了闹钟还不放心，又叮嘱了几个人叫醒他。寒风中，他们冻得发抖，小候车室又没有取暖设备，我劝他们回去，逼他们回去，都没用，直到我上车了，车开了，看不见了，他们才走。学生们的一片心哪！

10 多年以前，我的会便开始多起来。那时，每逢开会归来，坐在火车上，远远地便会看见站台的栅栏外，站了一排人。个子大的头露在栅栏外，个子小的，脸便贴在栅栏上瞅着徐徐进站的列车，那是我的学生们。起先，我不明白，学生怎么知道我的归期，他们说："反正列车是放学后进站，这些天，我们天天来接，当然有一天能接到了。"我制止无效，只好每次都把会议的时间弄准确，以使学生少跑路。

当在列车上远远看见栅栏外学生的身影时，我感受着人世间最美好的真情。这真情激励我们师生更珍惜在一起的教学时光，这真情融化了师生之间的隔膜，增进了师生之间的理解，增强了班集体的凝聚力。

和"后进生"组成互助组

1992 年，我刚从俄罗斯访问归来，校团委书记刘勇便送给我一个封面是立体画的日记本，告诉我："老师（刘勇是我教的 1985 届毕业生），政教处又重新分配了师生互助组，给学生的纪念册，只有您没领了。"

我问："今年我和谁一个互助组？"

"不知道，待我去政教处查一查。"刘勇跑步走了，不一会便回来告诉我："老师，您和张军同学一个互助组。"

从 1986 年我当校长以来，就一直要求政教处把互助组工作落到实处。

即每个教学班的倒数第一、第二、第三名学生都要由政教处给他们找一位任课老师或学校领导，师生组成互助组。教师教会学生超越自我、管理自我、学会学习，学生帮助教师提高教育教学的技能。

组成互助组后，每个学期，互助组要向政教处交三份互助报告，期初、期中、期末各一份。互助报告上要写清互助学生对教师的期望，互助教师帮助学生进步的具体措施，互助学生所在班班主任对学生变化的评价。

互助教师要经常和学生谈话，至少每星期交谈一次，了解学生的喜怒哀乐。

1990 年我又要求每位教师每学年要给互助学生买 10 元钱的文具礼物，赠送给学生，由学校报销。刚开始，有的教师不理解，说："好学生们会不会说这是在奖励后进？”我说：“我想他们不会这样说，好学生也绝不可能为了获得一点文具就故意后进，相反，他们看到“后进学生”不被歧视，充满了上进心，鼓足了劲往前追，自己也产生了紧迫感，怕“后进学生”追上自己而加劲学习。“后进学生”呢，也不会认为教师赠送物品是鼓励他继续后进，他会觉得教师在关心他，教师在感情上和他很近。“后进生”读书多年，长期后进，显然他们不缺少批评，不缺少指责，他们经常得到的是冷落，很少得到的是赠予和奖励，这时，我们赠他一点纪念品，不是雪中送炭吗？”

物品不多，有的教师买支钢笔，有的买个书包，有的买个高档次文具盒，有的买精致的日记本，送给学生，许多学生激动得不知说什么好。这几年，我几次把物品送给学生的时候，看到学生那诚恳、那感激的表情，那因激动而说得慌乱的感谢的话，都使我的心灵受到震撼。

后来赠送的文具又改由政教处统一买，然后让教师转送给学生。

互助学生和老师最好从入学到毕业都不改变。遇到教师不跟班了或“后进学生”有了明显进步，就再重新组合，一般也要够一年的期限。

我以前互助的学生已毕业升入了上一级学校，我去年互助的学生赵挺已前进了 15 名，不在后进行列了。这个学期，政教处便给我重新分配了帮助对象张军。

张军同学初一时在六班，今年，班级调整，每个班倒数第一的学生都到我班学习，在这七个班倒数第一的学生中，张军的成绩是最低的。他分班考试五科总分为 89 分：数学 12 分，生物 5 分，英语 12 分，语文 46 分，政治 14 分（其中语文、数学两科满分各为 120 分）。

我在日记本上写了这样一句话：“赠张军同学：坚定信心，多做实事，享受学习中的乐趣。你的班主任。”

张军长得膀阔腰圆，很结实，很有力气，运动会参加项目是推铅球。他每天上学不仅听英语课是外语，听数学、物理、政治好多课都像听外语。他说：“老师，我一上课头就疼，像受罪。”我听了，设身处地想一想，也真够他难受的。我们听某位老师讲课，倘内容听不懂，一节课都觉得是在受罪；张军却能一节又一节，一天又一天，一周又一周，一月又一月地熬着，耐心地、无可奈何地、很守纪律地在那里坐着。从这样的角度思考，我不能不佩服张军顽强的毅力，这么苦，这么难，他都能忍受着。

我便想引导他将受罪改为享受，发现学习的乐趣。先品尝学会一个字、一个英语单词、一个公式的乐趣，然后将一堂课又一堂课的陪坐时间具体落实为一个字一个单词的计划，施加一个快乐的意念：我是在享受超越自己的乐趣，我是在享受完成计划、做实事的乐趣。当快乐地做实事的时候，别的忧虑、烦恼、拖拉的情绪等都先往后靠靠，待做完实事再说。总用这样的心态引导自己，时间长了，快乐地做实事的脑细胞就兴奋起来了，逐渐形成一个牢固的兴奋中心了，那忧虑、烦恼、懒散的脑细胞就逐渐淡化了。

我还请张军经常再现自己读书以来最辉煌的时期。我问："你学习最好的时候是哪一年？""小学二年级。""好到什么程度？""那时我期末考试总分全班第二名。""到三年级呢？""还能排十多名。""四年级呢？""能排三十多名，到五、六年级就开始倒数了。"

"为什么三年级下降了？""那一年我转学了，换了老师，老师有病，又不停地换老师。老师管得也不严，我就不爱学习了。"

"你现在觉得自己能不能取得好成绩？"

"我总觉得自己不行，不如别人，已经倒数第一这么多年了，努力也不行，也晚了。于是，本来能学会的知识也不愿学了。"

"对！问题就出在这，你总给自己输入不行的意念，输入我不如人的意念，结果你当然就不如人了。现在你这样改变自己：每天早晨，每堂课前，每天晚间都全心全意地想一想当年排在班级第二名时的情景，再现一下那时的信心、感情、对学习的态度，这样想会激发你的勇气和力量。经常这样施加意念给潜意识，时间长了，潜意识就能起作用，将你改变为一个自信、上进、勤奋、积极的学生。"

最后我引导张军制订了作息时间表和一周学习计划，接着又指导他写《奋斗 10 天，无悔无憾》的日记，离月考还有 10 天时间了，张军充满了超过倒数第二名李健同学的信心。他写道："这 10 天我要努力奋斗，每天每时都做实事，我想我一定能超过李健，就算不能超过，我尽自己最大的力量学习，对得起自己，也就无悔无憾了。"

互助组的建立，密切了师生的感情，增强了学校的凝聚力，"后进学生"对学校更热爱了。6 年以前，个别老师瞧不起"后进学生"，动不动就训斥挖苦，不仅使个别同学丧失学习信心，有的还产生了对立情绪，有两位同学甚至还用在夜间偷偷打碎教室玻璃的方式来发泄自己的不满。

这些年，师生关系融洽了，学生自觉关心班级，有的"后进同学"自觉利用休息时间到校维修桌椅。我校实验楼外没有围墙，紧挨实验室窗玻璃外面就是一条没有路灯的公共道路，道路上学生和行人熙熙攘攘，伸手一碰窗玻璃就能碎，可是学生自觉维护着，没有人去碰。有的"后进同学"还劝说社会上的人不要在实验室窗户边打闹，以免碰坏了玻璃。

孩子，请与我同行

有一位同学长得又高又大，过去不认真学习，交了一些“后进同学”的朋友。他的朋友得罪了社会上的人被打了，来找他，他讲义气，拔刀相助，暂时胜利，但对方不服气，事情越搞越复杂，得罪的人越来越多。

来到我们班级后，他想改好，但过去的冤家对头总来找他，使他静不下心来，上课的时候还好说，放学走在路上常常挨拦截，弄得他心神不宁。

他家跟我家在同一方向，相距不远，我便邀他放学后跟我一同走，那些对头自然不来截他了，他有了安全感。一路上，他告诉我不少淘气同学结帮成伙打仗的“新鲜事”。我听后增进了对“后进同学”的了解，加深了对他们的同情。

我感觉到，自己经常外出开会，兼职又多一些，接触学生、了解学生的机会就少了。这样放学路上和学生一起走，离开了课堂、学校的环境，我们师生面对着一个广阔的社会，谈话更自由些，离社会实际问题更近些。那位同学放学甚至上学和我一起走了很长时间，时间长了，他离开了那些找他打架的人，静下心来学习了。

后来，我再发现谁学习不认真，或是要找谁了解情况，便邀请谁放学和我走一段路。

一次我发现郭大伟、熊跃斌等 4 位同学学习不如以前认真，放学后总一起商量事，显得很紧张。一问，才知道，一个偶然的机会，他们得罪了校外的人，那些人准备报复。我说：“那以后咱们放学一起走吧！”我家距学校 1480 步，他们 4 个恰跟我家相距不远，有的我可送到家，有的可和同学一起到家。我们走着，谈着学习，谈着人生，也有时，我需思考问题，便给他们 4 人布置具体的背诵、解词的任务，快到家时，我检查。

郭大伟还说：“老师，我上学时也来找你一起走行吗？”“那怎么不行。”有一段时间，每天上学，他都到家来找我。上学放学，同去同来，由于同路，便很容易同心。尽管他不是学习尖子、多次触犯过纪律，但讲哥们义气、为同学两肋插刀，我们之间还是有很多共同语言，建立了深厚的师生感情。

我和我的4个同路人谈笑风生，引起了不少人的注意。过了10多天，熊跃斌同学借故有事总比我们后离开学校，开头我没介意。一连几天他都不回到“同路人”的队伍中来，我便问他什么原因。他开头支支吾吾，后来才说：“反正现在社会上的对头也不找我们了，跟你一起走，还让别的班同学说闲话。”“那有什么闲话可说？”“人家说和魏老师一起走的学生都是淘气包。”

“你觉得自己淘气不淘气？”

“我淘气，但不愿让别人说。”

“你再想想，和老师一起走除了个别人说，还有哪些坏处？”

“没有了。”

“好处呢？”

“可以经常问老师不懂的东西，可以多明白道理，可以在老师的督促下多背点知识……”

“好处多还是坏处多？”

“当然好处多。”

“加不加入我们的队伍由你自己选择，老师个人意见，虚荣心还是去掉为好。”

第二天，熊跃斌同学又加入了我们这个队伍。

同路人，不是固定不变的，这4位同学是和我相处时间较长的同路人。当觉得这4位同学已很稳定，和校外已没有争端，他们自己学习也已经有了自制力时，我又选择别的同学当同路人了。

上下班路上找一位或几位同学当同路人，真是一种接近同学、了解同学的好方式。由于换了环境，离开了教室和学校，师生之间便容易摆脱固有角色的束缚，能够无拘无束地直抒胸臆。另外，走在大街上，见到行人，见到商店，见到市场，见到诸多社会现象，及时了解学生们对这些社会现象的见解，学生也容易发自内心地说心里话。这时平等地和学生讨论怎样对待社会现象，怎样分析，怎样处理社会问题，容易使自己的思路符合实际，容易找到较正确、较科学的方法，使教育内容、教育方法更符合学生与社会的实际。

1990年12月31日我搬家了，搬到了学校对面，和学校只隔着一条大道。家近了，看起来节省了上下班时间，但也有弊端，失去了每天4次，上晚自习时则失去了6次强迫锻炼的机会，也失去了和学生同路的机会。回忆那些和学生上学放学路上无拘无束交谈的日子，我深深地留恋。

犯错误，写说明书

学生免不了要犯错误，犯了错误，当然要想办法帮学生纠正，我常用的一种纠正方法是请学生写说明书。

刚教书的时候，我曾让学生写过检讨书，我看到的检讨书往往千篇一律，“我犯了一个大错误……给别人和集体造成了不好的影响……我大错特错……请老师原谅……今后一定下决心改正……决心做到以下几点”云云。

我觉得这样写，浮皮潦草，不能触及内心深处，不容易找到纠正错误的有效方法。于是提出写心理活动说明书。

要求在说明书中基本使用心理描写的表达方法，描绘出心理活动的3张照片，每张照片上都有两种思想在争论。第一张照片，犯错误前，两种思想怎么争论；第二张照片，边犯错误，两种思想边怎样交战；第三张照片，犯错误之后，两种思想做何感想。

这要求是1979年提出来的，那时的说明书写得最规范。

我们班自习课不允许说话，有位后转到班级的同学，开头不习惯，遇到不会的问题，总不由自主地询问左邻右舍。一出声就被班长发现了，班长走到他面前，也不说话，只是伸出5个指头示意，他一看便明白了，意思是500字的说明书，写吧。

> 今天自习课我做物理习题时，遇到一道难题，怎么也想不出解法，便想：向同桌请教吧！这时好思想提醒我：不行，这个班自习课不让说话，不让出声问问题。坏毛病说：不要紧，老师不在，干部又没注意，小点声不就行了吗！好思想干着急也管不住坏毛病。
>
> 坏毛病果然指挥我张开嘴巴，悄悄打听同桌这道题怎么做。同桌开头不愿理我，好思想趁机说：停止吧！别问了！坏毛病不甘心，缠着同桌，弄得人家不好意思，只好用笔给我写怎样解，我

又看不懂，就又问。这时好思想说算了吧，别问了，下课再说吧，再不停止，老师来了，班长该注意咱了。可坏毛病正在兴头上，哪里停得住，说：不要紧，再问一问，问题就快弄清了。

正在这时，我的行为被班长发现了，他走过来，向我伸出5个手指头，好思想一看就明白了，这是让写500字的说明书。便说：看看，上课说话，干扰同学自习，你问的那位同学学习计划被打乱了，自己还受到了惩罚。坏毛病说有什么办法，这次挨罚就挨罚吧，下次不再问就是了。

写到这还不够500字，怎么办？他便进一步分析了自己的坏毛病是在什么时候、怎样一个环境中形成的。

人的错误像隔年的草，拔得不彻底还会长出来，特别是自习说话这类小毛病，要好长时间才能治好。

不长时间，这位同学又忍不住在自习课上问别人英语题，被班长发现，5指一伸，又是500字。

写吧！这样写过几次之后，他的好思想便越来越强，坏毛病在灵魂深处的地盘越缩越小，直至后来被好思想控制住，改正了这一毛病。

后来，这位同学升了大学，来看我，说："老师，幸亏我总写说明书，不仅改正了自习爱说话的毛病，还提高了作文水平。"

冯松同学理解力强，思路敏捷，空间想象力强，几何、物理是全班的尖子，但学习凭兴趣，不愿背文科的许多知识点，也不愿写日记，作文水平一般，语文成绩不高。因为懒，有的作业便拖拉。拖拉了，需补上，还要写说明书，吃了不少苦。后来他考上国家重点大学，他的父亲几次见面，都跟我说："冯松幸亏总写说明书，作文水平提高了，语文高考成绩优异。他总说，写说明书真有好处，能治懒病，还能提高作文水平。"

写说明书一定要深入自己的内心深处，观察自我，分析自我，发现两个不同的自我。

写说明书不一定非要说自己有错误，如果认为自己做得有理，做得正确，那就完全可以向自己的内心深处寻找辩护律师，说明自己这样做的根据和对己对人的益处。

1985年初，我到北京丰台区去讲学。会后，教育局丁局长问我："你说说明书和检讨书有什么不一样？"我想了想说："真说不太好有什么不一样，让我再想想。"

丁局长说：“你的学生回答得非常好，去年我们去你们班级时，活动课看到一名同学正写说明书。我问他怎么了，他说自习课说话了，再问他说明书和检讨书有什么不一样。”

“那他一定回答不上来。”我说。

丁局长说：“不，你的这名学生回答得非常好，他说他是从外地转来的，过去淘气了要写检讨书，那时越写越恨老师；现在写说明书，越写越恨自己，感觉就有这么点不一样。”

听了丁局长的话，周围的老师都笑起来，我也没想到一名淘气的学生能有这么深刻的体会。

要注意的是，再好的方法，使用不当，也会失去效力，甚至产生副作用。这如同针灸用的银针，扎当扎之时，扎当扎之处，它便有奇效，大病也能治愈。倘若一个外行，不懂针灸技术，只是见人家扎，他也扎，效果一般不会太好，还可能产生副作用。

如若再荒唐一些，拿着这银针，不是想治病救人，而是看着别人有气，想拿这针扎别人，把别人扎疼了，以泄心头之愤，那就更不可能有好的治疗效果了。这时，那外行医生和泄私愤的医生为推卸责任，便说那银针不管用，不明真相的人因此也不再相信银针，但明眼人心里明白问题出在哪里。

我让学生写说明书，也有效果并不好的时候，那便是看到学生犯错误，一时来气，违反平时班规，随意给学生加重惩罚的时候。有了病可以扎针，但进针深了，效果并不好，学生或应付了事，或心里感觉痛苦。

有时学生犯了该写说明书的错误，我没让写说明书，对他自己，对全班教育效果反倒更好。有一天第一节几何课快下课了，外面电闪雷鸣，风雨交加，风雨中一个学生在操场上穿过，不一会，我们班门外有人喊：“报告！”

进来的学生满头满脸都是水，裤子湿透了，上衣由于穿着半截身的雨衣，干一块湿一块的。他叫王小平，家不在城里，离学校20多里。这段路，大部分都是坝埂，窄的路面还不到一尺宽，天一下雨，一步一滑，自行车不能骑了。这么大的风雨，20多里路，少说要走两个半小时，现在是8点过15分，那他是不到6点便冲出家门的。

我没有让他写说明书，全班同学向他投去的也不是责备而是佩服的目光。尽管按照班规班法，迟到这么长时间该写说明书，但没有人想到这一点，没有人觉得不让他写说明书便是执法不严。我望着他，责问着自己：你这当老师的，该怎样努力工作，才对得起辛辛苦苦、顶风冒雨坚持学习的学生呢？

也有时候，学生不该写说明书却写了说明书。

1984 年末，一个奇冷的日子，路上的行人裹紧了大衣，用围巾和棉帽子把头包得严严的，有的还戴上了口罩，只露出两只眼睛，口罩的边缘结了霜和冰凌。

我跑步来到学校，太早了，教室门还没开。我开了门，教室里并没有多少暖气。我搓一搓冻僵的手，便劈柴，砸煤块，准备生炉子，正准备着，炉长陈东兴到校了。他见我在干活，急了，说什么也不让我干，硬把我推到一边。他用冻得通红的手收拾炉子，添煤添柴，一会炉火就着了。我望着他那熟练的动作和任劳任怨的表情，心里充满了敬意。多不容易呀，整整一个冬天，他天天都要冒着严寒起早，来到寒冷的教室，把炉子点燃，通红的炉火烤得屋里有了暖气时，同学们才陆续来到班级学习。人们生活在温暖的环境里，不容易想到炉长天不亮就奔向学校，在寒冷中劈柴弄煤的辛劳，我以前也没体验到，也没引导同学们从这个角度去体验。炉长也没希望人们体验到他的辛苦，他干惯了，把这一切当作理所当然的事情，多好的学生啊！

炉子生得旺了，学生们来上自习了，我也开始看书。过了不久，炉长走到我身边，红着脸说："老师，给您。"

"给我什么？"

"说明书。"

"谁的说明书？"

"我的。"

"你犯错误了吗？你犯什么错误了？"

"您看看就明白了。"他走了。

我打开说明书，字写得工工整整，原来他为今天自己迟到而让老师劈柴感到自责，字里行间充满了对自己责备的感情和对老师深深的歉意，并表示这样的事决不能发生第二次。其实，在这件事上，炉长一点过失也没有，不是他迟到了，而是我比往常去得早了许多，应该自责的不是炉长而是我。往常炉长一个人受累，我非但没陪过，甚至连想都没想过。

我反复读了几遍这份说明书，然后恭恭敬敬、一字不落地把这份说明书抄在自己的笔记本上，把它变成自己的动力。陈东兴那任劳任怨的品质，那强烈的责任感，那只知改变自己不去埋怨环境埋怨别人的品质，长时间给我以鼓舞和激励。

这样自觉写的说明书我还收到过许多份。也有时，如同大雨天迟到一样，同学们在特殊情况下犯了错误，我说可以不写说明书了，可是同学们还非要自觉地写。不少同学写道："情况特殊，老师说可以不写，但我觉得如果自己勤奋的思想再强一些，完全可以避免错误，我觉得只有写了这份说明书，勤奋的思想才能扬眉吐气，自我原谅的心理才能受到抑制，心理才能平衡。"

犯错误，写心理病历

有的错误，有较深的思想根源，病情较重，反复较多，这样就需采取多种治疗方法互相配合。我觉得比较有效的方法之一就是写心理病历。

心理病历包括五部分内容：疾病名称、发病时间、发病原因、治疗方法、几个疗程。

九年前，我们班有一位同学爱骂人，他不是想骂人时才骂人，而是不想骂人时也骂人，甚至他喜欢别人，想赞扬人家两句时，说出来的，也都是骂人的口头语。开头我挺生气，后来也觉得不奇怪。

在那个时代，全国都在开骂，孩子是受害者，不能责备孩子，但总不能眼见这孩子身患骂病而不救治，就让他在那愚昧、野蛮的骂病缠绕下活着。一天我把他找来，说："你骂人的习惯不好。"

"老师，我没骂人呀！"

"骂惯了，你都不觉得是在骂了。"我把当天搜集到的，他和几位同学的对话讲给他听，他承认是那样说的。我说："你把这些话写在稿纸上，再读一遍，看是什么效果。"这样一认真写出来，不会写的字用拼音代替，他才感到问题的严重性，话实在太脏了，不好意思再读了。

我说："那你写一份病历吧！"

于是他开始写骂人病历。

疾病名称：谩骂症

发病时间：小学三年级

发病原因：那时，我们班的班主任有病，一个学期总换老师带班。带班的老师管不住同学们，我们一些男同学就比骂人玩，看谁能骂过谁，骂得别人说不出话了，谁就算赢了。我赢的次数多，就开始爱骂人了。

治疗方法：我想了几服药，老师是最有效的一服药，在老师面前，我不敢骂。

第二服药就是爸爸，在爸爸面前也不敢骂。

第三服药是在我最佩服的同学面前，德智体都是咱班尖子，在他们面前，我也不好意思骂。

第四服药，在作业量大、老师又催得紧的时候，我也不骂，没有时间骂，只顾忙着写作业了。

以后我要多吃这四服药，多接近老师、爸爸和好同学，多写作业。

几个疗程：老师为我操了这么多的心，我想一个疗程就能好。

我看了，说这个病历写得还可以，治疗方法还可以想出几种来，但第五部分几个疗程，写得不现实，一个疗程怎么能好呢？

打个比方说："你的脑子里就像一个战场，姑且比作抗战胜利后的中国战场吧！不想骂人的脑细胞像解放区一样，只有很少很小的几块，其余都是骂人骂惯了的敌占区，你想速胜，打一仗就把敌人全消灭，可能吗？"

这些年来，我尽量不让学生制订不能实现的目标，不让学生品尝自食其言的滋味。一个人自食其言，常常是自食其信心，自食其勇气，时间长了，成了一个自卑感深重的人，对自己失去了信心。

我接着说："这一仗，你这样打就好了，分为五个疗程，即五个战役。第一疗程，调动一切手段，使自己从现在起，坚持到天黑，一天不骂人。这样能做到吧？"

他一听，条件这么低，顿时信心百倍。"老师，您放心，这么点毅力都没有，我太对不起您了。"

我说："那好，有了一天不骂人的基础，解放区就由10%扩大到了20%。解放区大了，第二疗程你就可以有能力实现三天不骂人的目标。这要依实际情况而定，若坚持不住，第二疗程就再定一天或两天。你先回去试试吧，两个疗程有效了，实现目标了，再定三到五疗程的治疗方法。"

我又跟同学们讲他要治疗自己骂人的毛病，请大家予以配合，而不要故意去激怒他，给他创造发病的机会。

他果然取得了前两个疗程的成功，三天没有骂人。这三天，可以肯定，他心灵的战场上斗争是激烈的，解放区经过顽强的努力，已扩充到了 30%，有了巩固的根据地，有了打三大战役的实力。

于是，我又引导他确定第三疗程——一周不骂人的方法，成功之后，确定第四疗程——一个月不骂人的方法。最后，第五疗程，达到了一个学期不骂人。骂人的脑细胞退居荒山野岭成为残匪，没有极特殊的外界支援，很难卷土重来了。

他品尝到了写心理病历的欢乐，品尝到了战胜自我的欢乐，品尝到了自我解放的欢乐。

写心理病历，有时是在个别学生犯错误之后，发现他心理上有慢性病，便引导他写。

也有时，面对全班同学在本年龄段的心理弱点，要求大家都写心理病历。

例如，拖拉病。这是这个年龄段的许多学生或多或少都有一些的，明确指出来，想出切合自己实际的治疗方法，便将拖拉控制在较小的范围内。

又如，过早成熟症。有不少同学自以为成熟，自以为现代，自以为潇洒，自以为深沉，便听不进老一辈的劝告，实际还很片面、很幼稚。这个病或多或少也存在于这个年龄段的学生中，写过病历之后，发病就轻些。

再如，苛求朋友症。大量中学生渴望交朋友，但对朋友二字理解得较狭隘，或讲哥们义气才够朋友，或形影不离才够朋友，或同仇敌忾才够朋友，朋友便只能求同、不能存异，朋友不能和自己不和的人勠力同心。这样苛求朋友的结果是容易失去朋友，产生重重苦恼。一些苛求朋友的同学在我的帮助下写了病历，进行治疗后，明白了朋友的广泛性，朋友的多样性，朋友的阶段性，朋友的独立性。感觉朋友多了，人生之路开阔多了。

学生犯了错误，写心理病历，有利于使他跳出自我保护的小圈子，站在客观公正的角度，冷静地选择改正自己错误的方法。

犯错误，唱歌

有的学生课间活动兴高采烈，忘乎所以，课前 3 分钟铃声没听到，见操场上没人了才突然醒悟往回跑。别说跑，就是飞到教室也迟到了，同学们已上课了。这么小的错误，写说明书或做好事，似乎都有点像咳嗽两声就得扎针输液似的，显得过分了点。

可又不能说这不是错误，怎么办？班级便规定，像犯这类很小的又没有深刻思想动机的错误便给大家唱一支歌。

什么时候唱？都上课了，再唱歌不干扰大家吗？当然不一定马上就唱。上课迟到了，由具体负责此项工作的同学记下来，待到下午活动课前，或自习课前，或留到需要调节一下空气，活跃一下气氛时，便请登记本上迟到的同学到前面给大家演唱。

这位同学会不会因为不受别的惩罚，只是唱歌，感觉太轻松了，于是下次还故意迟到呢？不会的。他站在前面唱歌，虽然没有压力，没有羞辱感，但另一方面，也不可能产生荣耀感、自豪感，他不会忘记自己是因为什么原因才站到那个位置上去唱歌的。再说，万一有的学生嫌这种纠正措施太轻，而故意再迟到、再犯错误的话，那时再采取别的措施也不迟。

这种纠正错误的方式，密切了师生、同学之间的关系，淡化了学生的逆反心理，调节了班级的气氛。

有时，酷暑盛夏，看学生们学得累了，可临时又抓不到犯小错误的人，便也同一两个该写说明书或该做好事的同学商量，倘若你愿意给大家唱首歌，说明书便可少写 300 字，他若唱一首，就不用去打水了，怎么样？他们同意了，问同学们，同学们热烈鼓掌，学习中的疲劳便一扫而空。

他们到前面唱，大家沉浸在歌声中。

总这么变动，班规班法还怎么执行？这种情况很少，又是大家通过的，就像税务局临时决定给发生意外的企业免税或减税一样，正常运转的企业不会来攀比。还是那句话，一旦有同学因为让唱歌就故意犯错误，那就马上采取别的纠正措施就是了。

这种纠正措施实行10多年来，受到同学们的欢迎，在我的记忆中，只有1979年有过一次实行这种措施遇到了阻碍。

自习课，一位女同学迟到了，是一位腼腆的女同学，我忘记了这一点，便说："按规矩怎么办？"

同学们喊："唱歌！"

不料这位同学脸上多云转阴，竟流下泪来。也许她是做好事迟到，感到委屈了吧！也许是她今天的情绪不佳吧！也许是课间她做游戏失败了吧！

我问："这点事怎么哭啦？说说原因好吗？你有理就可以不唱歌了。"

她不说，也不唱。

其实这时我可暂时退一步，弄清原因，再向同学们讲明，大家能理解对她的宽容。但当时我想，适当施加压力，增强学生心理承受能力，也有好处，便说："从小这么点事就想不开，就哭，带着这样小马蹄坑的胸怀走向社会，将来得流多少眼泪，比别人多生多少气，多受多少心理折磨。以今天的事为例，很简单、很快乐的事，你偏给自己设计了一个烦恼、痛苦的小圈套，然后自己钻进去，越系越紧，越钻越难过。今天，我们一定非把你从这小圈套里拽出来不可！"

全班同学很静，静静地想着我的话，静静地看着这位同学。3分钟过去了，她张了张嘴没唱出来。5分钟过去了，她又鼓了勇气，还是没唱出声来。时间一分一分地流逝，大家热切期待着，到第15分钟时，她终于唱起来了。开头是边哭边唱，后来情绪逐渐好转，唱完了之后她破涕为笑，班级响起了热烈的掌声。

犯错误，做好事

学生犯了错误，便做一件好事，也有利于纠正错误。这种方式，受到较多同学的欢迎。

班规班法有的条文规定：如果当天检查作业，昨天的作业没完成，就要擦一个窗户的两层玻璃，共24块玻璃，10扇窗户框；忘了带桌罩，除了回家去取，还要到水房为班级打一桶水。早自习如果迟到了就要扫操场 30 分钟……

学生普遍欢迎这种纠正错误的方式。有位同学跟我说过这样的事。

“老师，跟您商量件事行吗？”

“那要看什么事了。”

“我们邻居那位叔叔出差了。”

“这跟我有什么关系？”我说。

“跟您没关系，跟我有关系呀。他家里只剩了老奶奶，这样，我做好事的机会就有了。”

“那你就多帮老奶奶做点好事吧！”

“我有个想法，不知该不该说。”他支支吾吾地。

“直截了当地说，别吞吞吐吐。”

“我做的这些好事，能不能记在班级的好人好事登记本上？”

“老师觉得记上可以，不记也行，既然你愿意记，那就记上吧。”

他还不走，似还有话想说，脸憋得红红的，不好意思说出来。

我鼓励他：“你一定还有话要说，别不好意思，咱们商量商量，说出来怕什么？”

“我想这些天，多为老奶奶做好事，挑大一些的记在班级的登记本上，等到以后，我再犯错误的时候，就不让我写说明书了，用这些好事来代替了，不知道行不行？”

“你这是拿班级的好人好事登记本当银行的存折了，钱多的时候存起来，急需的时候，再取出来花。”

他笑了，还问：“行不行呢？”

我没轻易说行或者不行，而是讲了为什么要用做好事这种形式来纠正错误。人犯错误的时候，心里都有过斗争，做还是不做呢？话是说还是不说呢？这一仗打还是不打呢？作业完成还是不完成呢？公物是爱护还是破坏呢？对别人帮助还是拆台呢？……斗争之后，脑子里对自己不负责任的那一方、自私的那一方、狭隘的那一方、懒惰拖拉的那一方获胜了，于是指挥着自己犯了错误，这如同在心灵的原野上，涌出一股肮脏的浊流，污染了一部分心灵的田野。这时一般人都有一种懊悔感，一种负疚感，一种痛苦感，有的还有恐惧感，但又想不出办法来控制。

人在做好事的时候，一般都是积极、昂扬、上进、助人、善良、真诚、勤奋、果断的那一方脑细胞指挥自己行动。这便如同心灵的原野上涌出一股清清的泉水，这清水便可冲刷受污染的那片心田，使人重新恢复自尊、自信、自豪，重新感觉踏实、安全、幸福、快乐。

你以前做了好事，便是以前清清的泉水在心田上流过，后来又犯了错误，心田上受到浊水的污染，不及时开挖清泉去冲刷污染，却招呼昨天流过的清泉回来，能起到冲刷污染的作用吗？能及时纠正错误吗？

他听了，点点头："老师说得对，我不要求拿现在做的好事去抵消以后的犯错了。"

"那么，好事还做不做？"

"哪能不做呢。"

犯了比较严重的错误，就要两种甚至多种纠正方式综合运用。

晚自习第二节上课了，可操场的一角还有两位高个子同学，拿着篮球扔过来扔过去。细一看，不对劲，不是扔球，那是砸，互相砸来砸去，空气中带着火药味，友好的相处变成了敌对的行动，分明在进行着一场以互相伤害为目的的争斗。

我走过去，渐渐看清了，一位是将近一米八的班级高峰袁中，另一位是一米七的胖乎乎的杨斌。杨斌的手还捂着脸，似乎很疼。两个人一起一伏的胸部都说明他们此刻仍在怨恨着对方。"怎么回事？"我问。两个人只好承认："我们俩先是玩球，闹着玩，后来急眼了，打起来了。"

这是两位很要好的同学，为班里也做了大量好事，但明白人有时也会糊涂，不知大脑哪根狭隘的神经被触动，就可能绷紧人与人之间敌对的弦。

我说："你们这么高的个子，该有宽阔的胸怀才对，过去挺开朗的，今天怎么掉到这个小马蹄坑里了，累不累？怎么办吧？"

袁中说："写说明书。"杨斌说："做好事。"我说："同学之间不依不饶，是最可悲的错误，我看应写说明书再加做好事，行不行？"

"行。"

"每人先写 500 字，主要写自己的短处，写有哪几点对不起对方。"

放学后，两人把各自心理活动 3 张"照片"交了上来，我看写的都是自责和对不起对方的话，感到满意，便把说明书还给他们说："各自把自己的说明书交给对方看一看。"

正常的人都有这样的体会：一旦对立的双方自觉了，说对不起了，原来不依不饶的感情便烟消云散了。两人看着对方的说明书，对方自我批评的诚挚话语传送到心头，心中涌出温暖，脸上露出惭愧，他们互相理解又互相原谅了。

我说：“请二位先握握手吧！”他们不好意思。“男同学闹矛盾，速战速决，别留后患。有点男子汉的气度和胸怀，伸出手来，别不好意思，潇洒大度一点嘛！”

别看他们长得那么高，毕竟是天真的孩子，两人红着脸，伸出手，握在一起。

我说：“老师看表，你们握一分钟好吗？”他们笑了。冷战结束，冰雪融化，烟消云散。中日可以友好，中美可以友好，中苏可以握手，两名同学有什么不可以握手的。

杨斌问：“我们还用不用做好事了？”

“你们自己说呢？”

“还是做吧。做什么好呢？”

我望了望班级南面四个大窗户上挂的窗帘，就说：“每人洗两个窗帘怎么样？”

“行。”

第二天，有同学向我报告，袁中和杨斌晚自习放学，走在路上的对话很有趣。杨斌说：“我脸还疼呢！”袁中说：“我胳膊还疼呢！”过了一会，袁中说：“咱们一人拿这么一大堆窗帘回家，爸妈要问，该怎么回答呢？”沉默了一阵之后，杨斌想出了个“统一口径”的说法：“就说快过年了，每人都要为班级做好事，班长分配咱俩洗窗帘。”

他们不愿把发生矛盾的事告诉家里，反正已经和好了，不告诉就不告诉吧，还让爸爸妈妈操心做什么。

做好事，起到了增强学生自尊心、自信心的作用，也起到了分散学生犯错误的精力，将其导向真善美的疏导作用，起到了使学生发现一个新的更强大的自我的作用。

选举“闲话能手”

星期六，快放学了，负责选举本周“闲话能手”的滕玉欣同学问大家：“同学们请注意，大家表决一下，本周说话大王（这届学生愿意这样称呼），有没有必要选？”

倘本周自习纪律很好，大家便会异口同声地说：“不选了！”倘自习说话同学较多，大家也会异口同声地说：“选！”同学们意见分歧时，便举手表决，很快便有了结果。

“那么就按多数人的意见办，选举。请大家准备好一张微型选票，在 10 秒钟之内把人名写好。”

微型选票多大？一般两平方厘米。为什么用微型的？第一节省，第二用不着折叠，好计票，再者写起来也快。为什么在 10 秒钟之内写？这不是一件太大的事，犯不上犹豫，而有时越犹豫越不准确，常常第一个涌入脑中的那个人，确实就是本周闲话最多的人。不到一分钟，收票完毕。

那么统计票数是不是要较多时间？一个 70 人的班级，从开始统计，到公布每人得票多少，仅用 80 秒就够了。

怎么统计？由承包这项工作的滕玉欣念票，面对滕玉欣的两位同学监票，计票则由北向南，每人记一个人的票数。滕玉欣只管用播音员的速度，读每张票上的人名（每人只准选一人），如，第一张票写的是王海鹏，北行坐的第一位同学马上站起来说：“我记王海鹏。”连续几票之后又读出新的一位“李健”，那么北数第二行第一位同学便站起来说：“我记李健。”依此类推，一般每星期入选的人不过八九位，主持人刚念完名字，每人得票数字便同时统计完了，主持人一声令下：“报票。”北数第一人便大声报告：“王海鹏 24 票。”第二人报告：“李健 9 票。”第三人报告：“××3 票”……

滕玉欣说：“请 10 票以上的同学到前面把自己的名字和票数写在黑板上，然后照老规矩写说明书。选举完毕！”

为什么 10 票以上的同学要批评，要写说明书（每票写 100 字，24 票便是 2400 字）？超过 10 票，说明已有 10 个人认为这位同学闲话多，那显然就该采取具体措施减少闲话了。

9 票以下（含 9 票）不批评，不惩罚，以后能改吗？能。票数超过了 5，同学们就很着急，已经敲起了警钟，该注意了。8 年前，我经常外出，一出去就是半月 20 天的。一次回来后，看同学们办的日报，看到一期邓明同学办的，上面刊登了关于自己的一条消息：“老师不在家的这个星期，班级选举闲话能手，我得了 9 票，感觉很惭愧，在老师回来之前，我一定抓紧做实事，控制‘三闲’，把票数减至 5 以下。”他果然实现了自己的诺言，第二次选举，他只得了两票。他的学习效率明显提高，后来以优异的成绩考入国家重点大学。

有的“后进同学”得了 20 多票，受到震动，下决心改变自己，咬紧牙关，埋头写一星期作业，选举时，竟然一票没有，他的努力得到了同学们的肯定，他竟然激动得热泪盈眶。

个别时候，某位同学也可能没有勇气面对现实，明明闲话很多，还自我感觉良好，一旦得票多了，感觉承受不了，这就得跟学生谈心，引导他有勇气面对现代社会、民主社会、信息社会的现实。生活于现代社会的人，不能只顾自我感觉，应更多地面向社会，面向他人推销自我，倘社会或他人持否定态度，那就要想方设法改变自我，以适应于社会和他人的需要。

有一天，我请班级的“四大闹将”放学后留一会儿，讨论选举“闲话能手”这种做法。首先我问这种做法利大还是弊大，他们都认为利大于弊。有利于他们认识自我、评价自我，有利于将自己置于全班同学帮助之中，监督之下，有利于及时给自己施加压力，也有利于找到激励自己前进的动力——为减少票数，获得同学们的好评而努力。弊端呢，就是票数多时，有点丢面子，虚荣心作怪，感觉难受一点，除此之外，没有别的弊端了。

当然，倘若班风不正，使用此法可能会使选举成为个人闹意气、图报复、你整我、我治你的工具，在那样的班级里使用这种办法，可能就弊大于利了。

“四大闹将”是全班 92 名学生中最淘气的，他们经常被选上，我问他们选举出的爱说闲话的同学怎样称呼好，他们说：“叫‘说话大王’有点刺激自尊心，不好听；叫淘气包也不好，听着小家子气；叫‘闹将’也不好，将字不是褒义词吗？老师，叫‘周退’怎么样？意思是本周纪律有退步的同学，这样不联系过去，使每个人在本周都使劲往好处表现。”

“这个名字不错。”我说。我们使用了一年多这个名字，后来，由于不太好理解，“退”的概念内涵太丰富，那届学生毕业以后，新一届学生入学，又开始叫“闲话能手”了。

班集体检查监督，也不仅限于选举说闲话的人，凡是危害集体带有普遍性、流行性的错误苗头都可以选。

如一届新生刚入学，有的同学爱背后议论人的缺点，这既容易破坏团结、伤害同学之间的感情，又容易使议论人者变得狭隘可怜。于是便事先打个招呼，说：“下个星期我们将选举班内最能背后议论别人缺点的人，希望大家有这个毛病的尽快克服，以前议论的不算，就选本星期内的。”

有的班主任问：“这么一讲，不是没人超过 10 票了吗？那还惩罚谁？选举还有什么意义？”

选举、惩罚不是目的，使同学进步、激励“后进生”前进、增强班集体凝聚力、树立良好班风才是目的。事先打招呼、打预防针，学生们注意了，改正了，没人超过警戒线，没人被惩罚是大好事。我反复向一届又一届的学生强调，什么时候，我们班级都在5票以下了，那才说明没有明显说闲话的人了。最理想境界就是，实在选不出突出后进的同学了。真到那种境界，选举闲话能手这件事我们就不做了，每个星期又可节省下几分钟的时间去做更有价值的事。

选举结果不一定都公布。比如选刺激性较强的错误代表人时，我就公开向同学们讲明：“这次选举结果不公开，只为老师了解情况。相信入选的同学心里已有了改正的措施，改好了，下次票数就下来了，倘不改票数不下来，老师要找你谈，帮你改。”例如选背后传闲话能手、逃避劳动能手、搬弄是非能手、心胸最狭窄的人等，我都不公开选举结果，但却收到了发现问题、纠正不良风气的效果，常常在选举之后，这些不良的言行迅速收敛。

选举也不仅限于后进，更多的还是引导同学们向好看，向前看。我们班级经常选举最关心班级的人、做好事最多的人、心胸最开阔的人、本周进步最大的人、本周注意力最好的人、本周最有毅力的人、本周帮助同学最多的人等。

每周选举不同于期末评比，它用时少，发现问题及时，改正错误期限短，使学生充满信心，向先进学习目标明确，在下周就可以有行动。这种激励方法更适合于心理不够成熟的“小大人”。

说话接力本

十几年来，每届学生都要讨论一下上自习说话的利与弊。讨论结果，每届学生都认为自习课说话，包括商量解题方法，弊大于利。特别是我经常外出开会，自习课倘允许同学们研究问题、说话，常常闲话也说出来。说话的人一多，大家就不由自主地提高音量，音量一大，自习课就显得乱，降低了学习效率。另外，一节自习课才45分钟，遇到一点问题就去问别人，不仅干扰别人学习，而且还容易使自己不深入思考，从而变得浅薄。

这样，自习课不说话的规矩就一届又一届地坚持下来了。

怎样监督检查，把这个规矩落到实处呢？除了以上提到的监督检查方法，我们还使用过一种有趣的监督办法，即设立自习说话接力本。

这个本子由一位同学承包，本子有 64 开日记本那么大，打上格，分成姓名、说话时间、接交人姓名、惩罚方式等 4 个栏目。

上自习了，由承包人拿着这个接力本，他边学习，边听有没有说话的声音。有人说话，他一看，是孟凡强正回头和别人研究题，他便走过去，把自习说话接力本交给孟凡强。孟凡强登记完毕，接力本暂时属于他了，他便开始观察，寻找自己的下一个接班人。

一堂课过去了，没人说话。第二节，他更仔细地寻找，好，常江说话了，孟凡强立即走过去，请常江登记。常江在接力本上写上，“说话人：常江；说话时间：1989 年 12 月 24 日；移交人：孟凡强；惩罚方式：500 字说明书”。如果常江放学前找到了接力本的接班人，写500字说明书就可以了，如果到放学还找不到接班人，那就需要写 1000 字的说明书，交给接力本承包人，而且第二天还要由他接着找。

常江认真观察同学们上自习，他极盼望能有一位同学小声说一句话，可是没人说，大家全都静悄悄地忙着学习。离放学时间越来越近，常江越来越着急，观察得越来越细致，可是他失望了，同学们都在全神贯注地做作业、思考、读书，教室里似乎越来越静。一直到放学，常江也没找到接班人，只好按班规班法写了 1000 字的说明书。

常江在说明书的结尾处写道：“以前我特别讨厌别人自习说话，嫌他干扰自己学习，这回地位变了，我若找不到说话的接班人就要加倍受罚了。不知不觉地，我变得特别盼望别人自习课说话，真的，就像盼望听到自己最崇拜的歌星唱歌一样，盼望能有一位同学停止学习，说一句话，哪怕只是小声说一句两三个字的话呢，也算把我救了。可是我盼了两堂课，一直盼到放学也没盼来一句话，只好失望地写了这份 1000 字的说明书。最难过的是明天还要由我找接班人，但愿明天有人被我抓住，这倒霉的说话接力本一旦传出去，以后自习我可不说话了。自习课说话，既损人又不利己，何苦呢。”

如果常江总交不出去怎么办？那他不是每天都要写 1000 字的说明书吗？不是。班级规定，交不出去要写 3 天，第四天交给承包自习说话接力本的同学。那不是加重这位同学的负担了吗？他天天注意别人自习是否说话，自己怎么静心学习？有办法，班级规定他完全可以采用一张一弛的文武之道，放松一节两节，一天两天，这时便容易发现说话的人，他就能轻而易举地交出自习说话接力本了。

有的老师问："有了说话接力本，就能保证自习没人说话吗？"我说："不能保证。""不能保证为什么还用呢？""它虽然没有100%的作用，却有20%左右的作用，在百用百灵的灵丹妙药我们还没有的时候，我们多角度思考问题，多用几味药，还是有好处的。"

这也如同做菜，一道好菜，要有油盐酱醋、葱蒜姜椒等许多种调料。能不能说有了味精或某种调料就保证能做出好菜来呢？显然不能保证，但对优秀厨师来说，有了味精，多了某种调料，做的菜味道一定更好。而不会做菜的人呢？拿了味精，不分冷热火候、数量，一味往里倒，还可能把菜做坏了。

自习说话接力本有用，但不是百分之百有用，只用这一个方法，不间断地用这一个方法，就如同做菜只放味精，可能出现不管用的局面，还可能产生副作用。

结合实际，不妨用一段时间，停一段时间，再配合干部监督、学生互助、集体抽检等方法综合应用于维持自习课的纪律，自习的纪律就一定会好起来。

糖衣药片和顺耳忠言

张一楠头脑聪明，兴趣广泛，贪玩好动，为了到我这班，临时决定从小学五年级跳级到中学。

他父亲是市交警队队长，对自己、对队里的同志要求都非常严格，敏于事而慎于言，威信非常高。他总想像要求自己一样要求刚满12岁的孩子：要他胸怀开阔，要他刻苦学习，要他持重老成，要他理想远大……

张队长讲："我总觉得孩子不像我们小时候那样懂事，那样肯吃苦，回家我就批评他，批评多了，他还不服气，总说你们那是什么年代，那是'文化大革命'，不正常，现在都90年代了。我看他不服气，就把他多年来犯的错误都提起来，一件一件地数，想堵住他的口，让他服气，但效果也不好。口头上他不反驳了，但心里没接受我的批评。魏老师，你说他，他听，说一次，好长时间他都受鼓舞，你得多批评他。”

“我批评多了，他也不听。”

我对自己的孩子，也有过类似的批评，看到他贪玩、不写日记时便数落，话说得过重，孩子不愿听，表现出不满，我感到自己的尊严受到侵犯，便想维护，于是批评得越厉害。为了使孩子失去防守能力，便找他的弱点，把他过去的错误重提一遍，孩子虽然无话可说了，心里却没增大战胜错误的能力，倒是自尊心受到了伤害。

我们在工作中，有时遇到极忙的时候，心情不好，便急躁；看到学生犯错误，感到意外，感到生气；缺少足够的心理准备时，就容易狠狠地批评一顿。开头还恨铁不成钢，为了学生好，一旦批评不符合实际，学生不服气，就常常为了维护自己的虚荣心，数落起学生过去的缺点来。这样做的结果，师生双方都很累，谁都不愉快；学生没想出克服缺点的办法，教师也没提高教育学生的能力。

今晚，张队长又来校，同我谈教育孩子的问题。我说：“设身处地想一想，如果我犯了一点过失，领导批评我时，便将我过去的失误一件件地都数出来，批评一通，我心里一定不服气，不仅不会下决心改正错误，还可能一气之下，不干教书这一行了，何苦呢。辛辛苦苦没人说，偶有过失，便不依不饶，我想孩子们没有我们成熟，就更会产生逆反心理。”

“良药苦口利于病，忠言逆耳利于行。”这话是真理。这话告诉我们，要站在理智的角度，站在较高层次思考良药与忠言。事实上，人们达到这一境界不容易，这要求被批评者具有高水平、高觉悟。

另一方面，就批评者而言，不能让自己的良药越苦口越好，忠言越逆耳越好，而应该想方设法使良药不苦口甚至甜口，让忠言不逆耳甚至顺耳。坏人腐蚀好人喜欢用糖衣裹着的炮弹，这样容易将人打中，容易使人接受。我们在使人变好的过程中，为什么不研究一下糖衣，为什么不使人易于接受一些呢？制药厂早已把许多良药制成了糖衣片，许多过去极苦的、难吃的中药也加上了蜂蜜和香料。人们越来越欢迎甜口的良药，那么我们教育子女、教育学生还停留在忠言逆耳的观念上，就落伍了，就不受欢迎了。

近两年，我力求在批评学生的同时表扬学生，在指出他的一点不足时指出他和这一点不足相对立的长处。这样做绝不是怕学生不高兴，怕学生不接受批评，而是觉得这样才符合学生的实际。

学生的错误，从其自觉不自觉的角度来分析有两类。第一类是不自觉犯的错误，第二类是自觉但又不能自制的错误。学生绝大部分错误属于第一类：不知不觉溜号了，不知不觉迟到了，不知不觉弄坏了公物，不知不觉触犯了校规班法……这时他已懊悔、难过，需要的是想出不重蹈覆辙的措施办法。这时，指出他的长处，如注意听课、遵守时间、爱护公物、遵守校规班法等，用平时这些长处去战胜偶发的短处，容易取胜。而如果是那些因坏人引诱或不良环境的诱惑而犯的错误，就更需要帮他找到心灵中真善美的一面了。归根结底，我们要靠这部分好思想去改变学生。不肯定、不表扬这部分思想，只是批评一通，不是把学生往错路上推吗？话又回到对张一楠的教育上来。"我说话，或批评他，他都能听，是因为我在批评他时，总肯定他的成绩，说如果你用七分成绩去战胜、去征服、去排挤三分缺点，一定能取得更大的进步。"

张队长也说："孩子每天五点半就起床，为了投奔魏老师，每天来回有40里路，下了车还要走20分钟，可他每天还信心百倍，不怕苦不怕累，细想起来，这精神确实可嘉。"

我说："你还得看到，他是跳级生，每天许多时间都浪费在路上，可他在全年级441名学生中，最近八科统考，排到了第77名，这显然是极不容易的。那360多名在他后面的学生大部分也非常用功，非常刻苦，可为什么追不上他，当然他头脑聪明是一个原因，另一个原因，他也确实用功了。你批评他的时候，只说他短处，不肯定这最基本的长处，他当然容易不服气。"

我对张队长建议，当然也是对全体家长，同时也包括我自己，批评孩子时，想一想糖衣良药，想一想让自己的忠言顺耳，想一想在指出他的一点不足之前，能不能先指出他的一点长处。

信为心之声、心之桥

心相通的人，在一个班级时，说几句话，打两个手势都能表达自己的心声，抒发相互之间的感情。离远了呢？书信显然是表达心声的好方式，是沟通心与心之间的桥梁。

离开班级的同学来信了，我组织全班同学写作文，题目是“给 ×× 同学的一封信”。怕信太多增加读信同学的负担，便从信中选出十几封好的寄给远方的同学。阎秀君同学走了以后，来了几封信，刚开始，谈到不适应新的环境，大家去信鼓励她。我在送给她的日记本上，油印了一行美术字。

把对我们的怀念变成你征服科学高峰的力量吧！

你的同学们

她果然记着这句话，稳定情绪，不久，在沈阳的班级里也名列前茅了。这时，我又写信告诉她班级同学正你追我赶地学习，以激励她百尺竿头，更进一步。

阎秀君同学：

你好！昨天接到你的来信，知道你学习在进步，期中考试取得了好成绩，感到很高兴。

你来信说“班级有了进步，同学们学习积极性有了提高”，同学们都松了一口气。因为，去年接到你的信时，听说淘气的学生经常欺负你，我们都很焦虑，有的同学难过得流下了眼泪。读了你的这封信，同学们说：“这回好了，用不着担心了。”

听说你们班总换老师，这是坏事，也能变为好事。怎么变呢？就是能促进你奋发努力，刻苦自学。

从这个寒假起，咱们原班同学就开展自学竞赛了。因为一个人一生中只有约五分之一的时间是在校学习，学龄以前和成年以后主要都靠自学，没有自学能力，将来就不会获得更多的有用的知识。已经学了的知识和自己工作的实际也常常挂不上号。想到将来，同学们自学的劲头更足了。田冶在开学前，就自己做完了第四册数学的全部习题；王天飞写完了语文 36 课的阅读提纲；王惠玲、王丽艳等 5 名同学到 3 月 5 日为止，自学完了第四册数学，演算完了全部习题；何实、孙海波 3 月中旬已经开始自学第二册物理了。大家你追我赶，谁也不肯落后，连最慢的柏青，开学时也已经自学完了指数部分，该学对数了。你还记得王东晨吧，他自学的劲头也很足，自学竞赛还是他打的先锋呢！春节前他就已经自学完指数、对数了，刚开学，他就做完了相似形的全部习题。

大家总结出了许多自学的好处：可以增强信心，由必须依赖老师到敢于自己走路；可以锻炼大脑的思维能力；可以培养注意力；能更扎实地掌握知识；一个章节，自学一遍之后，不懂的地方听课时就格外留心……你愿意自学吗？试一试吧！课本上的大部分知识，靠自学保准能学会。

班级的老规矩，例如跑步、锻炼、唱歌、画画、游戏、写日记、写格言，都还照旧。只是在早晨锻炼的路上，又增添了一项“记忆力体操”，意思是每天都背一首诗，或一句格言，或几个英语单词。

王惠玲参加县里运动会，和高中组一起跑，取得了3000米第三名。班里又从外地转来几名同学，已经有63名同学了。数学、物理、语文四月末就已经结束课程，现已经复习20多天了。

希望你在经常换老师的不利条件下，培养自学能力，迎接明年重点中学的考试。

班主任：魏书生

1980年5月23日

书信是心声的录音带，它可以传递心声，保存心声，什么时候想“听”，便将过去的书信找出来，打开，于是一颗颗赤诚的心便在眼前跳动，激人奋发，催人向上。当班主任的应善于使用这个方法缩短人与人之间心的距离，培养学生尊重人、理解人、信任人、关怀人、帮助人、原谅人的思想品质。

在农村教书的时候，每年插秧季节，都要放一个月左右的农忙假，每当这时我便被抽调到农场政工组办《大会战简报》。简报每天一期，另一个人组织稿件，排版、刻蜡纸、油印全是我一个人，每天忙得不可开交。这时便极想念自己的学生，心声无处诉时，我便写信。学生多，信写不过来时，我便刻写油印，然后请送信员带给学生们。信带走了我的思念，带走了我对学生的感情，彼此思念着，盼开学，开学后更珍惜每分每秒的学习时光。

10多年来，到我们学校听课的教师领导已超过3万人次，许多老师走了以后，还愿保持联系。考虑到我工作忙，他们便给我的班干部写信，给普通同学写信。有的班主任还让班干部和我们班干部建立通信联系，互相在信中交流感情，交流班级管理的经验与教训。

十几年来，我们一届又一届学生先后和 20 多个省、直辖市、自治区的老师同学有过书信往来。书信像桥，学生们的心在桥上走来走去，这座桥使远在黑龙江、广东、新疆、江苏的师生们和我们建立了友谊。

有的同学和外地师生的通信保持了很多年，我的学生毕业了，当年来听课的老师有的当了科长，又当了局长，可他们的通信联系还保持着。

云南省有位老师，把我们班学生给他们班学生的信收集到一起，油印了一本集子，叫作《北方来信》，又寄给我们。

有时候开班会，朗读水平高的同学，读着一封封外地师生的来信。这些信带着克拉玛依油井的轰鸣，带着八百里秦川腰鼓的喧闹，也带来了黑龙江水的波涛声。信中描绘了秦淮河畔学生晚间的夜读，写了黄河入海处师生们的奋斗，记叙了湘西山区孩子们求学的艰难，抒发了经济特区学生们投身改革的豪情。有大学教授写来的谆谆教诲，有中学教师寄来的教改经验，最多的是同龄人的相互激励、鼓舞。

信之路，心之路。在这样的会上听着这样的信，同学们的心路开了，心路广了，四面八方的人心贴得近了，天下变小了。

不只山川阻隔的人可通信，近在咫尺的人有时用信来沟通，也会有意想不到的好效果。两名同学闹误会了，吵得脸红脖子粗，过了两天，都后悔了，可谁也不好意思说第一句话，谁都不好意思第一个检讨。问我怎么办，我说：“办法很多，例如写封信送给她。”“不好意思当面给。”“那好办，投到信筒里，两天后她就接到了。”于是言恳词切的一封信发出，同学看了，虽未说话，但心桥已通，两人见面紧紧握手，热泪盈眶。

信是心声，信是心桥。班主任要善于传声，善于搭桥。特别是现代社会，要求人与人的交往更广泛、更频繁，班主任要更多地建筑心之桥，使学生的心路四通八达。

于反复之间求上进

“后进学生”有上进心，也能上进，但上进的过程充满了反复。要反复抓，抓反复。教师不能看到“后进学生”某日努力学习了，某天遵守纪律了，就以为那是假象，以为是装的。那是真的进步了，即使是装出来的，也是进步了，那就应当表扬他，鼓励他，同时也公开帮他敲响警钟："你的另一部分消极脑细胞，还可能反攻。"

能这样认识"后进学生"的进步，也就能正确看待"后进学生"的反复。"后进学生"的反复是正常现象，不要因为看到他又后退了就灰心、就气馁，而应当认识到这是情理中事，倒回来了，再想法前进上去就是了。进退皆在自己理解之中，便容易把握自己的理智与感情，在反反复复的过程之中把"后进同学"引上上进之路。

郑朝军同学肩宽膀阔，有的是力气，干起活来，一个顶三四个，就是上课管不住自己，自习说话、作业拖拉的事屡屡发生。他也想改好，多次下决心，但过一段时间便落空。放学路上，几名同学边走边唠，有人批评他说话不算数，有人说他"常立志"。郑朝军急了，面红耳赤，情绪激动，起愿发誓："我以后再闹就不是人。"

这话可信吗？可信。我知道，这发自他的肺腑。许多"后进同学"都有过这种发自心底的呼喊，遗憾的是，他心中自由散漫的那一面的势力太强了。多年来扎下根，长出了懒的大树、散漫的大树、拖拉的大树，一句誓言，当然砍不倒这多年生长的大树。

教师无须因为"后进同学"缺点多就连他们的决心也不信，以为是假的；也无须因为他有了一句真的誓言就以为真的能砍倒多年生在心灵深处的懒树。应当珍惜他这一句誓言，帮着他将这一句誓言变为具体的一点点的砍树的行动。只要行动就好，反复肯定会有，他头脑中的正义之师和不义之师肯定要斗上几百几千个回合。只要他开始与自己的后进面作战，就应当表扬，就应当鼓励。

这几天，郑朝军开始写作业、写日记了。又过了几天，我检查学生日记，发现他又有两天没写了。什么原因？懒病又犯了，很好理解。用他自己的话说："一看见日记本就有点打怵。"

我说："对打怵，正确的态度是：应该做的事，偏不犹豫，可以不想做的不管质量好还是坏，一头扎进去，先做起来看。一边做，一边计算看做完要多少时间，心里只想着抓紧二字，边做边忘了打怵，边做边治了懒病，边做边提高了做事的能力，这是治懒的办法之一。

"不信，你随随便便、自自然然，心里怎么想就怎么写，不管别人怎么看，写上两千字说明书，看多长时间能写完。试一试，别停顿，就算东一句、西一句，也要不停地写，就练自己不停顿地做事的能力。"

他果然开始写了，而且不停顿，从下了第一节自习课我说完就开始写，第二节下课也没顾上出去。第三节自习课还没结束，不到 80 分钟，2000 多字的说明书写完了，交上来了！说做就做，做起来真快。这 80 分钟，他没有时间说话，也没有时间内疚、不安、犹豫，他是充实的。

我把这份 2000 多字的说明书读给大家听，同学们都为他写得思路清楚、句子通顺感到惊奇，有人甚至为他鼓起掌来。

他感受到了抓紧做事的快乐，一连几天，什么事都抓紧干，他也想追上同学们。忙着学习，纪律当然就好了。我外出开会回来，同学们说：没有人违反纪律，就不用选举自习时说话的人了。陈东兴一再说："连郑朝军都没有说话。"郑朝军也很高兴，他为履行了自己的承诺而高兴。

我高兴，我也感到连续好了这么些天，该反复了，哪能这么一帆风顺就把多年的懒病根除了呢？倒不是我盼望反复，而是感觉这是规律。这样想，遇到反复便容易想出办法，不至于感到意外。果然，此后不久，一天下午放学后，英语科代表郑琳琳还没走。我问："怎么还不回家？"郑琳琳说："还有四名同学没交作业，等他们写完了，交齐了，都收上来我好去交给老师。"

四名没交作业的学生当中就有郑朝军。一听郑琳琳向我报告了这件事，他的脸立即沉了下来，没好气地说："我没本子！"显然，他想以此为借口不写，拖下去。这时，女同学刘颖立刻从自己书包里拿出一个本子，说："我这儿有一个没用过的本子。"她朝郑朝军递过去了。

可是，郑朝军并不来接，接过来就意味着作业非写不可了。刘颖的好意丝毫没使他受感动，此刻他的大脑正做点状思维的兴奋：横下一条心不写。同学的好意倒反使他更恼怒。"我不要，我自己买！"他给自己拖拉作业留了条后路：我自己去买，买不来就没有办法了。对于"后进同学"来说，能找出一万条后进的理由，要想后退，何患无辞？

我在旁边看着，若用先进同学的标准去衡量郑朝军此刻的言行，真能使人怒气满胸。但他已后进了多年，此刻正处于点状思维的控制中，我若生气，就只能使自己想不出好办法。我分析着，想：该先把他从点状思维中解脱出来，别让他总想着自己是个不写作业的人。便说："郑朝军这几天，各科作业紧追、紧赶、紧补，有几科欠的作业都补完了，这么点英语哪能不写呢？一定是累了，想歇一歇，明天再补。"这么一说，他露出了笑容，想到了自己近几天的进步，想到高效学习的快乐。

我又说："人家郑琳琳放学不走为的啥，刘颖送给你本子为的啥，不就是盼你不欠账，轻松地回家吗？好心肠的人今天怎么不理解人家的好心了呢？”郑朝军淘气是淘气，但心地善良，富于同情心，这么一说，他不好意思了。

我拿过刘颖的本，递给郑朝军。“今天你一定要写完，我在这陪着你。”

晚上 7 点，郑朝军写完作业，一身轻松，见我陪他，满怀歉意。我说：“你有了进步，但还会有好多次反复，倘若自己在反复的时候不警惕，就又可能重新滑到昨天，甚至比昨天还要落后的位置。”

“后进同学”上进的过程是一个反反复复的过程，这个道理我觉得不仅要让“后进同学”懂得，还要让全班同学懂得。这样大家才会珍惜“后进同学”的每一点进步，才会在他们出现反复的时候不至于丧失信心，不至于指责埋怨。更重要的，是防止一部分同学以“后进同学”落后的言行为放纵自己的尺度，争相效仿，也滑进“后进同学”的行列。

班规班法对“后进同学”是否可适当要求松一些？有的班规要松一些，如：办班级日报，先进同学质量要好，“后进同学”只要办出来，基本符合要求就行。每天一篇日记，先进同学写出来就是一篇好文章，“后进同学”可能层次不清、语句不通，但只要写了也不深究。先进同学每天快跑 5000 米，后进的可以慢跑，甚至可以走 5000 米。有的大家都能做到的则一视同仁。自习不说话，闭住嘴总该都能做到吧；说话了，便受处罚。不吃零食，该做到吧；做不到，便一视同仁受处罚。

班规班法对“后进同学”既一视同仁，有的又有灵活性，这是“后进同学”的上进规律决定的，也是大家都能理解的。

有时也需要留下学生

当日事，当日毕。以这六个字为题的日记、作文，一届又一届的学生都做过两遍以上，有的多达六遍。

我喜欢当日事当日毕，也喜欢白天的事白天做完。即使 1989 年用一个月时间写一本书的时候，我也照样，白天在班上每天写完 5000 字，晚上回家看连续剧，现在手头写的这本书，也是白天在校内写完，晚间看电视轻松一下。

我也主张学生当日事当日毕，白日事白日毕。尽可能不让学生放学后挨留。但对于比较懒的学生，还是有必要隔一段时间便留下来，特殊帮助一下。

1982 年暑期，我新接了一个班，有 15 名同学入学考试语文成绩不到 40 分。这十几名同学到我班以后，有 8 名同学较勤奋，基本做到当日事当日毕，学习进步较快。有 5 名同学比较懒，爱拖拖拉拉，我便经常检查他们的作业，并嘱咐他们学会保留作业，不要随便乱扔。

入学 50 天了，我想看这 5 名同学作业保留得怎么样，便提前一天通知他们把 50 天的各科作业都带来。放学后，5 名同学留下来，作业本放在桌子上。

李刚的作业很乱，单说英语作业，就凌乱地分散在 5 个本子上，9 月 15 日的在此，9 月 16 日的在彼，9 月 17 日的又在另一个本子上。不过李刚却有很强的整理能力，昨天听说我要检查作业，他便把不同本子上的同类作业，一天挨一天地归拢到一起，竟然完整无缺。看完了英语，我又检查了他的数学、语文、政治、生物各科，只剩下地理一科了，李刚长长地出了一口气，把地理作业拿在手里，问我还检查不。我看他那自信的样子，知道没什么问题了，便说："信得过了。"这名长得极强壮的短跑运动员，性格粗犷，不拘小节，学习上比较粗心。想不到他 50 天的各科作业竟一天不缺，一科一页不缺。

我问："这样严格要求，你觉得苦和甜哪个是主要的？"

李刚憨厚地笑了，我很喜欢这个孩子的憨厚。他说："甜是主要的。"李刚说甜是主要的，那一定是他心里想的。李刚可不逢迎着和我说话，因为他不逢迎，我便更喜欢和他谈话。

我又继续检查另外 4 名同学的。冷军的各科作业按月日排好，每天定量，整齐无缺。郝继军、单继波丢失了 9 月份的政治作业本，陈东兴则丢失了 9 月 16 日至 30 日的语文作业。他们紧张得头上都渗出了汗珠，请求允许他们在 5 天内补完。我说："我给你们证明，你们前次大检查时确实写完了，可为什么才隔几天就没了呢？可见你们生活没规律，不善于保存资料，今后要注意积累，到年末还检查，倘若丢了整本作业，甚至丢了几本，你们说怎么办？"

"我们一页不落地补上。"

"那就说话算话，今天丢了作业的三名同学先补吧！"

这样严格要求，是否有点过分，有点苛刻？我想将来他们会做出回答：“正因为有了这严格的要求，才使我们养成了说了算、定了干，当日事、当日毕和认真积累资料的好习惯。”

10 月末，按盘锦的习惯是买秋菜的时节。这段时间，各单位都放一至两天假买秋菜，搬运回家，整理存放。我用这个时间检查学生作业，开学两个多月各科作业全都拿来，先自检，再互检、抽检。结果发现 9 名同学程度不同地缺作业，有的缺一两天的，有的则又丢了作业本。别的同学走了，他们留下。我问：“咱们怎么办？”

“补呗！”学生答。

“真愿补吗？”学生不吱声。我说：“你们思想也在斗争，懒的那面想让老师放了你，勤的那一面想请老师帮你管住自己，是吧？”同学们点点头。“最不愿挨留的同学，刚留下时，可能是一肚子不高兴，补完一半作业时，便剩下半肚子不高兴，全补完了，满肚子都高兴了。不信，你就试一试。”

同学们留下了，教室内很静，我在写稿，学生们在奋笔疾书。一直到下午 3 点多钟才补完。我问几个刚刚补完作业的学生：“挨留高兴不高兴？”

“高兴。”同学们齐答。

我又问常常挨留、又不愿挨留的郭大伟此刻还是不是一肚子不高兴。

郭大伟说：“不是一肚子。”

“多半肚子吧？”我又问。

大伟说：“我这会儿真的满肚子高兴。老师不留我，作业我不可能补完，心里总有负担，可又管不住自己，在这儿有老师的威力当压力，不知不觉作业写完了。”

这话说得符合他的心理。在老师的催促下补完了作业，实际是减轻了他们因内疚、担忧而产生的心理负担。

“不早了，快回家吃饭吧！对不起，耽误大家吃午饭了。”

“老师您不是也没吃吗？”

郭大伟和两个男生还磨磨蹭蹭不肯离去。“你们不走我走了！”

我刚走到操场，高志男同学从教室追出来，吞吞吐吐地说：“老师……郭大伟问您家里买没买秋菜，买了，我们帮您搬菜去。”

我心里一热：“感谢大家的好意，等以后买了菜，一定请同学们来帮忙，谢谢大家了！”

走在路上，我想，只要引导得法，说到学生的心里，学生是通情达理的。挨留到下午 3 点多了，饿着肚子写作业，心里还惦记着别人。有好几名学生一边写作业一边催促我回去吃饭，并且一再表示："我们自己能管住自己，两小时以后您再来检查。"

我从心里是为了学生好，再设身处地去说服学生，即使在留学生的时候，师生之间的感情也会融洽和谐，甚至比不留时还要亲近。问题不在于形式而在于实质。当然，留学生这类事还是越少越好。

教师是亲子关系的黏合剂

一位家长怒气冲冲地来到学校，向我告状："我家 ×× 在家里常常发脾气，早晨叫他他也不愿起来。好不容易叫起来了，因为快到上学时间了，他就责备我饭没给准备好，没给盛到碗里，没给晾凉，急着忙着洗两把脸，顾不上吃饭，就往学校跑。在家里学习，边玩边学，拖拖拉拉，几天作业不写，有一回老师要检查，他可急坏了，一下子补到凌晨 4 点钟，这样子哪行？他最听老师的话，您可得狠点管他。"

有的家长告状内容更具体，说孩子在家不爱洗脸，即使洗的话，只限于头部朝前的部分，连腮帮子都不愿洗到，都 14 岁了，常常还得家长帮忙洗脸。

怎么办？个别的问题我找学生个别谈：今后家长再告这类状，可就要公布于众，请全班同学来断案了。

现代中学生普遍不做家务，家长开始不舍得让孩子做，后来想让孩子做力所能及的小事时，孩子也不会做或不愿做。我便请学生们写"替父母分忧解愁"的日记，想一想父母抚养自己的艰难，自动承担一点力所能及的家务，让父母尽可能多休息一会儿。引导学生在班会上介绍自己都为家里做了什么事，树立做家务光荣的观念。引导学生体验自己为父母分忧解愁做实事之后的幸福感和自豪感。一些不爱干活的学生渐渐学会做一点家务活了。

也有的学生向我告家长的状：家里管得太严，母亲太爱唠叨，一天到晚，总是教训个没完没了。碰上考试分数不高的时候，便要动家法——罚跪。有同学就因为自己期末考试成绩不佳而被罚跪。随后又有一名女同学说母亲也让她下跪，而且跪的是搓衣板。尽管是独生女儿，父母还是这么狠心。父母太注重分数了。据说，半个月前，让她跪了1小时的搓衣板，原因是考试分数低。

对这些家长，我请他们来，谈为什么小时候体罚还有点效，越大越没效；讲学生自尊心受到刺激后，会从根本上伤害孩子与家长的感情，产生逆反心理；讲许多青少年犯罪是由家里的体罚引起的……

也有的家长为了吓唬学生，竟然编造说孩子在学校也不守纪律。学生问："你怎么知道？"家长说："你们老师说的。"

"不！不可能！我们老师从来不向家长告状。"学生反驳说。第二天，学生问我："我说您从来不向家长告状，对吧？"

确实如此，我从来不越过学生向家长告状。发现学生有诸如到电子游戏厅等行为，总是先劝说，倘两次不改，则由其本人告诉家长，再由家长写一个知道此事的条子，然后由本人带给老师。这样使学生变得诚实，家庭关系好一些，也提高了老师在学生中的威信。

如果学生实在不愿报告家长自己的不良行为，我则跟他商量，再给他一次改正的机会，倘再不改正，那就一定得报告家长了。遇到这种情况，大部分同学都能改正不良行为。倘实在不改，报告家长，他也无话可说了。

我最忌讳教师在学生偶有小过失便找家长告状，那实际等于在向学生宣布了自己的无能。另外，不让学生知道便报告家长，往往不仅使师生关系疏远，也使学生和家长、家长和教师的关系都疏远了。涉及三个方面的事情，为什么不可以三方面都知道呢?

因为我们更多的还是同学生在一起，家长偶有过失，我也决不当着学生的面说家长的不对，即使是罚学生跪搓衣板的家长，我也对被罚跪的学生说："家长为你着急，恨铁不成钢，方法过火一点，心里全是为了你。你化疼痛为力量，奋发学习，成绩上去了，你还得感谢搓衣板呢！"

对过多责备孩子的家长，我喜欢跟他们谈他们孩子在学校好的方面，找孩子的优点，劝家长在批评孩子的同时，肯定孩子几条优点，这样孩子愿听，用优点战胜缺点，取胜的希望也大。

总之，班主任要善于调解家长和学生的关系，使之更亲密、更融洽，而不能告状后让家长惩罚孩子替自己出气。即使对关系已经出现裂痕的家长与子女，班主任也要起缝合的针线和黏合的万能胶的作用。

和家长共同教育效果好。

每一本谈班主任工作的书，都谈到要和家长沟通、联系，尽可能形成合力，共同教育学生，这样做效果肯定好。找家长沟通、联系的方法有多种，如：家访，开家长会，和家长通信，和家长通电话，个别约见家长，请有关家长参加班级集体活动，举办家庭教育学习班等。

我带第一届、第二届实验班时，很重视和家长沟通、联系。经常家访，还每年开一次家长会。近十年来，由于兼职多、会议多，便基本不和家长联系了。10 年没有专门进行过家访，10 年没有开过一次家长会。绝大部分学生从入学到毕业，3 年时间，我从没见过人家的家长。

我教了孟平同学两年，教她的两个弟弟各 3 年，先后给他们姐弟 3 人当班主任达 8 年之久，但直到今天，我也不认识他们的父母。我总想：只要人家的孩子综合素质都很好，那就尽可能不去打搅家长，这样家长和我都节省时间。事实上，这姐弟 3 人各方面都很突出，热爱集体，乐于助人，对工作认真负责。

和家长联系是手段不是目的，只要达到学生全面发展的目的，不用这个手段也可以。一方面，我认为不能单纯用家访次数、召开家长会次数来评定班主任的工作效果；另一方面，我觉得和家长沟通联系，如家访、开家长会、和家长通信、和家长通电话等，确实是教育学生的有效方法。有条件的教师，能够利用还是尽可能利用这一方法为好。

我在这方面属于做得最差的人，对如何和家长沟通、联系，如何和家长共同教育学生这个问题，自然便没有发言权了。

第六章

集体生活特色化

一个星期玩一节课，同学们在玩中开怀大笑，在玩中训练了自己的注意力、观察力，在玩中锻炼了记忆力、想象力。玩得痛快，便得到了充分的休息；玩得痛快还有利于使人感到生活可爱，感到自己有信心、有能力。在玩中增强的注意力、记忆力、想象力、观察力，还可以向学文化知识这方面迁移。

变“？”为“！”

小时候，老师就告诉我们要做到12个字：坐如钟，站如松，行如风，卧如弓。

这样有利于身体正直，有利于保护视力。

我这样做了，视力果然好，身体也不爱得病。

于是，我便劝一届又一届的学生做到这12个字，特别是做到坐如钟。

我发现有的同学近视，大部分原因是坐的姿势不正确，非但不坐如钟，反倒弯着腰，弓着背，眼睛离练习本越来越近，有的甚至偏着头，躺在桌子上写，还有的眼睛和书本之间只剩下一个鼻子的距离了。

同学们幽默地说：“这姿势很像问号。”

有的说：“现在才是少年期就变问号了，到了老年，还不变成句号呀！”

我便对问号姿势的同学大声疾呼：“赶快猛醒，将问号拉直，变成感叹号！坐如钟，又正又直多舒服。”

我知道，人的习惯不是靠一两次提醒能改变的。一两次提醒可能使人坐直一段时间，有的能坐直两三天，两三天过去又忘了。忘了，我便再提醒。

个别同学弯得较厉害，我便个别提醒；不少人普遍不坐直时，我便面向全班提醒。

我说：“请刘志军同学负责记录，老师每提醒一次坐如钟，你便记录一次年月日，并写上第几次，好吗？看看咱们需要提醒多少次才能养成坐如钟的习惯。”

刚开始，提醒的密度较大，每天得有两三次，两周以后，就两三天提醒一次了。

“坐如钟！”我说。

“1979年10月31日，第84次。”刘志军说。

“好久没说那3个字了，咱们班有几名又向问号发展了？”我说。

“1980年12月12日，第108次。”

直到毕业前夕，刘志军向同学们宣布：

“坐如钟这个问题，老师一共提醒了 116 次。”

王良同学是体育委员，他对工作认真负责，每个学年，他都向同学们公布全班身体检查情况，和去年对比，视力、身高、胸围、体重有了哪些变化，连全班每人身高增长多少，体重增长多少，他都细心地计算出来。每个学期，每个学年，每名同学达标的具体数据，他也都向同学们公布。

初一体检，王良统计后，提醒大家注意：“咱们班只有 84 只眼睛视力正常，同学们一定要把保护视力当作大事，争取到毕业时，这 84 只眼睛的视力不减退，别的视力不正常的眼睛也保护住，不让它再往更高的近视度数发展。保护视力的有效办法之一，就是老师常说的，把问号变成惊叹号。”

初二体检后，王良又宣布：“这次体检，我们原来正常的 84 只眼睛，只有一只由 1.2 减弱到 0.8，其余还正常，希望这名同学采取措施，保护好这只眼睛，使其不再继续向近视的方向发展。”

我了解到，这名同学是王艳，她的左眼视力正常，只是右眼刚开始近视。我告诉她加强锻炼，增强体质，然后再认真做眼保健操，注意看书写字的距离，树立使眼睛恢复正常的信心，只要持之以恒地做，一定能取得好的效果。

到 1981 年毕业前体检，不仅去年的 83 只眼睛仍然正常，王艳同学右眼的视力也由 0.8 恢复到了 1.2。当王良同学宣布体检结果时，全班同学为之激动。

以后，一届又一届的学生我都不止几十次地提醒：“坐如钟！把问号拉直！别变成句号！”

前几天，我到淮阴给淮阴师专附中的学生讲课，两节课大约提了 4 次把问号变成惊叹号的问题。前一次稍加解释学生就明白了，后 3 次只要一点，大家便会心地笑了。这样不仅有利于学生保护视力，保持脊柱正直，对短时间接触的同学，还有密切师生感情、活跃课堂气氛、组织教学使学生集中注意力的作用。

教师对学生关心得越多，师生感情就越密切。一位教师不仅重视教给学生知识，提高学生成绩，还关心他的身体，关心他的视力，矫正他的仪态，学生就容易在感情上接受老师的劝告，学习效果也会好一些。

课堂上不说“请同学们坐直”，更不是严厉地说“不许趴在桌子上”“不许弯腰”“不许左顾右盼”，而说“请把问号拉直，变成惊叹号好吗？”。幽默的语言使同学感到轻松，感到有趣，感到快乐，在轻松快乐的气氛中，在不知不觉中改变了自己的姿态。

课堂上免不了隔段时间有溜号的同学，有低头摆弄东西的同学，有因跟不上老师的讲课进度而欲放弃课堂学习的同学。初次见面，批评人家，大庭广众之下，他不愉快，我也不舒服，但见了这种情况还必须指出，怎么办？说一声："请把问号拉成惊叹号。"溜号的、低头的、欲不跟进度的，不知不觉之中都受到了提醒："老师已注意到我了，可老师没批评我，只说了这么一句幽默的话，我可不能再低头；溜号了。老师给我保留了面子，我自己也得珍惜自己的面子呀！"接下来，全班又有了一段集中精力学习的时间。

本届学生负责记录"坐如钟"3个字提醒次数的同学是李健，他专门准备了一个本子，那上面记着1992年上学期第五周，一个星期时间，我就提醒了8次。

这件事难道不可以由学生承包去做吗？当然可以。之所以没请学生承包，也是为使学生们认识到，一个看起来很小的不良习惯，即使由老师来纠正，也需要一次又一次的努力，也还会有反复。从而由此想到纠正思想深处的不良习惯就更要持之以恒，更要有耐心。

这件小事也使学生认识到，老师强调即使对一些小事，也要一不做，二不休，说了算，定了干，做就要做成功，做到底。

每天100次仰卧起坐、俯卧撑

1988年6月，正赶上没有风的艳阳天，太阳炙烤着大地，人们热得穿着薄衬衣走路还出汗。

中央电视台的导演与摄影记者到我们学校采访，中央电视台《新闻联播》节目已多次播放过我校教改的消息，但赶上这么热的天来采访还是头一次。

周导演和摄影的两位同志在校园里忙了一天也比较累了，快放学时，说："拍一个轻松点的场面，就在教室里，同学们围坐在一起，讨论怎样实现班级管理自动化。"

同学们很快进入了角色，热烈讨论起来。周导演很满意，我也听得津津有味，忘记了时间。

体育委员走到我的身边问："老师，咱们班是人治还是法治呀？"一时问我莫名其妙。"人治怎样，法治又怎样？"

体育委员说："您看看表，到什么时间了？"

我一看表，恍然大悟："到做仰卧起坐、俯卧撑的时间了。那当然要法治。"

多年来，对一届又一届的学生我都强调科学管理班级，就是以法治班，制定了班规班法就要坚决执行，不能因哪一个人一句话，或遇到一点特殊情况，就不执行班规班法。

体育委员听我一说，便站到讲台上说："同学们请注意，想想现在到什么时间了，要以法治班。"

听了这句话，围坐在那里录像的同学立即回到自己的座位，将桌面上的文具收拾好。但见一半同学躺在桌子上做仰卧起坐，另一半同学趴在椅子上做俯卧撑。

我一看同学们进入了角色，也立即找到属于自己的桌子躺下开始做起来。

导演开头摸不着头脑，我也没向人家解释。过了一会，他见同学们累得汗流满面，但每个人都咬紧牙关坚持着，场面很感人，立即让摄影的同志仔细地录下了这一场面和几名身单力薄的小同学咬牙坚持的镜头。

这种锻炼方式是我们 1984 年选定的。

那一年秋天，我给同学们读鲁光写的报告文学《敲开世界冠军的大门》。文章记叙了中国女排刻苦训练、顽强拼搏夺取世界冠军的经过。其中有一句话，深深激励着同学们。中国女排姑娘们说："苦是一服灵丹妙药，我们要想强大起来，就得天天吃它。"

同学们说："老师，咱们也该找服灵丹妙药来吃，使我们也强大起来。"

"大家讨论一下，我们上哪儿去寻找这样一服苦药。"

"女排的训练器械，我们没有。""打沙袋，绑沙袋，也不现实。"

商量来商量去，大家觉得比较实际的方法就是在教室里练仰卧起坐和俯卧撑，不用器材，不用特殊的训练场地，又节省时间。

刚开始，每天只做三个，即使如此，有的同学两臂一屈，便胸部触凳，起不来了。但过了几天，都达到了三个。

同学们觉得不苦了，就说："苦才是灵丹妙药，不苦就不是灵丹妙药了。我们该增加运动量，两天增加一个试一试。"

那时国家体委规定的锻炼标准，女同学俯卧撑能做 8 次就达到了标准，可我们都长到 10 个了，学生还要求增加。

大家意见一致，我看同学们干劲十足，体力很好，没有什么副作用，便同意增加。增多少？同学们要求每天增一个，这能受得了吗？同学们说："受不了的时候再停也不晚。"

日月如梭，不知不觉两个月过去了，我们已增到了每天做 50 多次。同学们吃着这苦药，果然自我感觉比以前好了许多，于是还要求增，直增至 80 次、90 次。达到 100 次的时候，有的同学意犹未尽，还要增。

我说："不能再增了。万事万物，过犹不及，过分了就会走向反面。我们做到 100 次没出现什么副作用就不错了，每天能坚持下来，已经相当不容易。增到此为止吧！"

当时我正任两个班的班主任，并教这两个班的语文课。两个班，一个由学习成绩好的学生组成，一个由学习后进一些的学生组成。我在校的时候，总是和后进的同学在一起活动，他们做仰卧起坐我也跟着做。

我的会议多，1985 年 5 月上旬到 6 月上旬，两班同学临近毕业前，会议仍不减，到各地开会不算，单是北京，30 天内便去了三趟，开了三个会。

外出开会时，我也坚持锻炼，可能缺少学生监督的原因，也许缺少集体的场效应，我自己在宾馆做到 60 多次，就浑身是汗，没有力气了，只好原谅自己。

开会回来，心情愉快，又能和学生一起活动了。放学前，又到了做仰卧起坐、俯卧撑的时间，我同一班同学一起做。俯卧撑到 60 次时，似达到了运动的极限，汗流浃背，胳膊发软，但同学们还在做，我怎么好意思停止呢？只好咬紧牙关坚持着，好不容易到了 100 个。

我想："这回可解放了。"可同学们没停止，还咬牙坚持着。体育委员分明还在喊着："101、102……"

我一看没停，自己也不好意思停，双臂颤抖着，一次又一次地撑起那越来越重的身躯。感觉有骨断筋折的滋味，再坚持，头昏脑涨，再坚持，似乎麻木了，也说不清什么滋味了。

体育委员喊第 120 次时，大家才都喘着粗气停下来。我像获得了解放一样站起来，刚想轻松一下，同学们又做另一个训练项目了。我只好又躺在桌子上，似乎是昏头昏脑地又做了 120 个仰卧起坐。我真不知是哪来的力气。从那以后，我再也没有达到过这个纪录。

待做完以后，从桌子上下来，我浑身已像没有筋骨了，一点支撑的力气都没有了。我问：“以前都是做 100 次，这次为什么做 120 次？”

“老师，您不在家时，全班同学要求体育委员每天再长一个，您已 20 天不在家了，我们便长到了 120 个。”

“乱弹琴，老师不是说过万事万物过犹不及吗？不是说过到 100 次就不长了吗？为什么不听话？为什么和辩证法对着干？”我装作生气批评学生，内心却充满了喜悦，为什么？三年级一班学生比三年级七班学习成绩差，有几名同学相当淘气，但老师不在家时，这么苦的训练，他们不仅能坚持，还要求体育委员领着长，这说明他们成熟了，他们自我教育能力提高了。

现在回忆起来，我真该感谢那届学生，是他们监督着我，鞭策着我去吃“仰卧起坐、俯卧撑”这服灵丹妙药，吃了这么苦的药，我才坚强起来，体质也强健起来。直到今年暑期，我四处奔波开会，白天冒着 36℃的酷暑讲一天课，晚间在宾馆还能坚持做完 100 次俯卧撑，再坚持做 100 次仰卧起坐。每当做完，浑身就充满了战胜自我的力量。

每天做这么多的仰卧起坐、俯卧撑，不仅增强了学生的体力，更重要的是磨炼了学生的意志。

学生管进行这种训练叫“上刑”。刚开始我看班级日报登着一条消息：“本报记者发现，上刑时，有的同学偷懒，动作不到位。”看了以后我觉得奇怪，问：“怎么能叫上刑呢？什么叫上刑？是不是你们打闹时，想的折磨人的残酷手段？”

学生笑了：“上刑就是每天的仰卧起坐和俯卧撑啊！一做起来，难受得像上刑一样！”

我说：“这么苦，就别做了吧！”

“怎么能不做，是我们自己选的，再说做的时候苦得要死，做完以后轻松得要命，心里也高兴得很。”

1991 届毕业生我没让做，我想试验比较一下，做和不做有什么不同。这届学生的吃苦精神明显比不上 1985 届、1988 届每天做 100 个仰卧起坐、俯卧撑的学生，这届学生体育达标的优秀率也比前两届学生低一些。

跑进快乐天地

数九寒冬，北风怒号，1980 年 12 月末有几天，分外地冷。

六里河大堤上，朔风吹得野草、芦苇都向南倒在了地上。挖土方的民工们系上了棉帽的带子，有的还用大围巾围住了脸，每个人的棉大衣都紧紧裹着，并且用带子系紧。即使如此，向北走的时候，他们还是觉得冷，风实在太大了，寒风穿透棉大衣，并且刮得人透不过气来，于是那些民工们便转回身，背对着风，一步一步倒着往北走。

这么冷的天，还要不要坚持每天越野长跑 5 公里的规矩？大家表决，结果以压倒多数通过。学生们把大衣扔在教室里，有几名同学只穿着毛衣，于是一支队伍冲出校门，争先恐后地朝着西北，朝着六里河跑去。

5 公里跑完了，回到教室，同学们满脸通红，冒着汗，充满了战胜自我的幸福感、自豪感，畅谈着战胜严寒的欢乐。

1989 年 4 月，我接班不久学校便召开运动会，竞赛项目中我们班只有 100 米（第二名）、1500 米（第六名）拿了名次，得了分。跑了两年以后，还是这个班，还是这些同学，参加校运动会，同年级组共 6 个班一起竞赛，我们班取得了全部竞赛项目的冠军。我们一个班的得分比其余 5 个班的总和还要多。

坚持长跑，更重要的，不仅增强了体质，而且磨炼了同学们的意志。在现代社会，这种顽强的、百折不挠的意志，是一个成功者不可缺少的条件。

从严冬跑到盛夏，从 70 年代跑到 90 年代，一届又一届的学生到跑步中去体验甜，从更高层次上去认识苦与甜，认识自我，战胜自我，超越自我，去发现一个新的快乐的天地。

游戏课

星期三下午按惯例政治学习，那时候教师学各种各样的政治宣传材料，忙得很，这样学生便不到校了。

我们班学生提出自己管理自己，说："反正老师平时也放手让我们自我教育，自己管自己，这半天，我们还到校自己管自己，上两节自习课，活动活动，不比在家强吗？""有多少人同意？""大家都同意。""那就试试吧！"

下午半天，同学们学习时挺认真，活动时，没有一个固定的活动内容，显得乱。政治学习之余，我去看学生们，觉得他们玩得不痛快，便向大家建议说："大家一块做游戏得了。""做什么游戏？怎么做？""我这里有一本《教室游戏》的教材，里面讲的全是怎样在教室里做游戏，大家选一种吧？"

我简单地介绍了几种，大家选择了"找伙伴"。

有一篇学生日记是这样记载的：

> 下午第三节课时，老师领着我们又玩了一次游戏。有4个同学蒙上眼睛，分成两组，每人都要寻找自己的同伙。寻找过程当中，不许说话，双方不许出声，只许拍巴掌作为联系信号，别的同学用桌子做成层层障碍。4个"瞎子"在层层障碍中互相寻找，不时发出信号，那跌跌撞撞的样子，逗得大家哄堂大笑。有一组，两人摸到一起，可是互相摸了摸对方又都放开了，继续往别处摸，原来两人都以为对方不是自己的同伙。这一下，大家笑得更厉害了。两个人一听大家笑，醒悟过来，立即回来寻找，可走错了路线，有的抓住观众不放，有的摸到老师猛扯……大家简直要把肚子笑破了。笑声像江心的波浪，向四周一圈一圈地散开来。后来，4个人都找到了自己的同伙，大家这才停止欢乐的笑声。

学生们也喜欢做分组画五角星或画人像的游戏。

全班分成 4 个或 5 个小组坐在自己的座位上，每组发一支粉笔。说开始的时候，每组第一名同学到前面来画五角星的第一笔，画完之后，迅速回到座位，坐下之后，才可以把粉笔传给本组第二人，他再来画第二笔，依此类推，第五个人便完成了五角星，第六个人画五角星射出的第一道光芒，直到最后。看哪个小组互相配合得好，五角星画得等边，四射的光芒发自中心；然后再看哪个小组画得快。用同样的方法画人像，画人的头、眼、眉、口、耳、身、手就更有意思了。

“辨呜呜”这个游戏能训练同学们的听力和注意力，增进同学们的感情，增强辨别声音细微差别的能力。

“打电报”是训练学生们紧密配合、团结协作的能力。

那时，我们班级规定，每个星期三下午第三节课为游戏课。

从形式逻辑的角度看，这似乎又减少了学习的时间，但学生已学得很累了，不休息休息，效率能高吗？一个星期玩一节课，同学们在玩中开怀大笑，在玩中训练了自己的注意力、观察力，在玩中锻炼了记忆力、想象力。玩得痛快，便得到了充分的休息；玩得痛快还有利于使人感到生活可爱，感到自己有信心、有能力。在玩中增强的注意力、记忆力、想象力、观察力，还可以向学文化知识这方面迁移。

到教第四届学生的时候，我还领大家做过多种教室游戏，只是不再编入每周必执行的课程表了。原因也在于我经常到外省市开会，老师远在外地，同学们抑制不住自己的激情，延长了时间，便有可能使真理多走了一小步。

游戏尽管不编入课程表，但并不是适当的时机也不做游戏。从做游戏我想到语文教学、其他科教学以及平时的学习，完全可以渗透进一些类似游戏的因素。

课前唱响一支歌

我们班学生爱唱歌，从 1979 年开始一届又一届的学生都爱唱。每年都唱，每月每周每天都唱，甚至每节课前、自习前都唱一首歌。

关于唱歌的班规班法也越来越具体。70 年代时，课前一支歌，学生在座位上愿怎么唱就怎么唱，有的坐直了唱，有的伏在桌子上唱，有的边写作业边唱，有的一心一意地唱，有的三心二意地唱。

后来文娱委员说这样唱不好，太随便了，歌唱得也没劲，大家也觉得不好。到 80 年代便订了一条班规：课前一支歌，从文娱委员起歌开始，全班同学都要停止别的活动，在座位上坐直，手不能放在桌子上，更不准翻书和写作业，谁如果在大家唱歌时写作业或是手放在桌子上，便要写 500 字的说明书。

到了 90 年代，我多次强调：唱歌要一心一意，才能达到唱歌的目的，既使大脑得到了短时间的休息，又使人陶醉在美好的歌词境界中和悠扬的旋律里，使身轻松，使心愉悦，使人更热爱生活，更热爱学习，也使人大脑两半球更容易沟通。

1990 年、1991 年我只是这样强调，并没有具体的使学生唱得更认真的办法。1992 年初刚开学，我想试一试，对课前一支歌提出更具体的要求。

姿势同原来一样，还要求唱歌时坐直。坐直之后，目视前方的黑板。目视整个黑板不利于集中注意力，要求目视黑板的中缝；中缝长了些，也不利于集中注意力，又要求注意中缝的中点。

文娱委员刚一起歌，全班同学立即坐直，都把目光集中在前面黑板的中缝的中点位置。教师从外面进来，一看十分整齐，就像一个大合唱队在剧场里把目光都对准了指挥。

长时间对准中缝一点容易疲劳，也使人感觉索然无味。我便要求学生，把视觉与想象力结合起来：要把前面那一点看成一个面，变成一个图像，甚至变成一个小宇宙；那里面有江河山川、日月星辰、花鸟草虫。总之你唱什么歌，那里面便放映什么图像，那图像是歌词内容的再现。打个比方，那一点就像电视屏幕，唱什么歌，便像输入了那一首歌的录像带，一张口便打开了电视机开关。

“五星红旗迎风飘扬，胜利歌声多么响亮……”中缝那一点，便映出红日蓝天白云下的五星红旗正迎风飘扬的画面，紧接着工农兵学商，各行各业的人们唱着嘹亮的歌，赞美我们伟大的祖国。

“越过高山，越过平原，跨过奔腾的黄河长江……”那一点上显现出巍巍青山、宽阔平原、咆哮的黄河、波浪翻滚的长江等画面。这画面不该是黑白的，色彩越绚丽、越逼真越好。

过了一段时间，我进一步要求学生，不仅把一点看成画面，看成彩色的图像，最重要的是要调动身体更多的感觉器官，把那图像变成生动、具体、可感知的某种境界，或者那境界从点中走出来，来到我们的身边，或者自己进入那境界中去，参与那境界中人们的活动，和他们一起感受喜怒哀乐。

“越过高山，越过平原……”感觉高山就在我们的身边，就在我们的脚下，我们正登山。我们正在广阔的大平原上纵马奔驰。

“我爱祖国的蓝天，晴空万里阳光灿烂，白云为我铺大道，东风送我飞向前。金色的朝霞在我身边飞舞，脚下是一片锦绣河山……”唱着这样的歌，看着黑板上的“电视”，越唱越入情。神游广阔的蓝天，俯瞰祖国大好河山，怎能不豪情满怀，心旷神怡，宠辱皆忘，喜气洋洋。全身心地投入，一心一意唱一首歌之后，确实能使人产生精神焕发的感觉。

“几度风雨，几度春秋，风霜雪雨搏激流，历尽苦难痴心不改，少年壮志不言愁。金色盾牌，热血铸就，危难之处显身手，显身手……”同学们唱着，就像自己同便衣警察一样执行任务，一起无私无畏地和恶势力搏斗，一起品尝打击、误会的痛苦，一起经受风霜雪雨的侵袭。重重困难更激发了他们压倒困难的豪情。待回到现实中时，才更感觉自己学习生活的幸福和宝贵，从而更珍惜学习生活。

有同学说：“以前我唱歌总心不在焉，三心二意，唱跟没唱一样，有时边唱边想着明天的任务，结果歌没唱好，烦恼延长了，明天的事也没干上。现在全身心地唱歌，我进入歌的境界，才感受到诗歌美、音乐美，真的感到陶醉于诗歌中、音乐中，情操得到了陶冶，灵魂得到了净化，全心全意地投入一支歌中以后再上课，心情特别好，听课的效率也提高了。”

学生全身心地投入课前一支歌中，好处应该是多方面的。

第一，能增强学生的注意力，使学生的注意力能受自己意志的支配，随时朝向应该注意的位置。

第二，能增强学生的想象力，能使学生学会将文字符号变为色彩绚丽的图像，甚至变成生动可感的场景。

第三，有利于陶冶学生的情操，增强学生发现美、感受美、热爱美、追求美的能力。

第四，能使学生感受到自己是处于一种兴奋愉悦状态，使意识、下意识、潜意识更好地合作，使潜意识更经常地为学生的生活服务，为提高学生的学习成绩服务。

第五，当然最直接的效益是有利于唱一支歌之后那节课的学习。全身心地投入一支歌之后，排除了不利于课堂学习的情绪，使干扰课堂内容的信息得到了抑制，课堂学习效率当然会提高。

至于我所使用的让学生唱歌前都注意一点的方法，是不是唯一的方法？肯定不是。是不是最好的方法？肯定也不是。随着教改的深入，我和学生一定能想出更多更好的课前陶醉在一支歌里的方法。

轮流教唱歌

上小学时，我们唱“年纪小，志气大”“准备好了吗，时刻准备着，我们都是共产儿童团”“我们是共产主义接班人，继承革命先辈的光荣传统”……

上中学了，我们又唱“洪湖水，浪打浪”“花儿为什么这样红”“送君送到大路旁”“五洲四海，掀起怒涛”“麦浪滚滚闪金光，棉田一片白茫茫”……

“迎着晨风，迎着阳光，昂首阔步到边疆，伟大祖国天高地广，中华儿女志在四方。哪里最艰苦，就在哪里奋发图强；哪里最困难，就在哪里百炼成钢。”唱着这首军垦战歌，我们来到农村；唱着这支歌，我们战胜严寒，战胜洪水，战胜风雪，战胜繁重体力劳动之后没有饭吃的饥饿。

岁月一年年地流逝了，但那些陪伴我们生活过来的歌曲已深深地镶在心中。像一盘盘录像带，存在心的库房里，心一想便随时能取出。一唱那歌，儿童、少年、青年时代的学习生活情景便色彩斑斓地在大脑的荧光屏上放映出来。

歌声曾给了我战胜困难的勇气和力量，我不能设想没有歌声的生活，我也希望我的学生喜欢歌唱，喜欢让歌声陪伴着学生度过学习生活。我常想整个人生，无论苦的人生、甜的人生、酸的人生、辣的人生，无论幸运的人生还是不幸的人生，都像是一首歌。从歌的角度观察、思考人生，人会变得豁达超脱。

从农村教小学时起，我便教学生唱歌，教中学了，更是每周教一首新歌。使我欣慰的是学生们也愿学愿唱。我外出开会，归来后，落了语文课，学生不让补，少教了一首歌，却让我补。

我还记得，我教1981年毕业班的最后一首歌是《我爱祖国的蓝天》。

1982届学生，毕业考试前我教的是《中国人民解放军进行曲》："向前，向前，向前，我们的队伍向太阳，脚踏着祖国的大地，背负着民族的期望，我们是一支不可战胜的力量。"然后，我们集体排着队，唱着这支歌，走向考场，果然取得了辉煌的战绩。

后来，我做两个班的班主任，外出的机会更多了，开会两周归来，到家便需给学生补4首歌。

教歌不像讲课。讲课可小声，可轻声，可慢讲，可低声讲。教歌必须唱足调门，高音1唱成中音7，就坏事了。连续教歌，确实很累。

于是我想起了自己的管理原则，不是班干部能做的事老师不做，普通同学能做的事干部不做吗？教歌这件事，何不交给干部做？于是我在每个班找了10名唱歌好的同学，请每名同学备出两节课。这样，一个学期的教歌任务便完成了，既解放了我，又锻炼了学生。

又过了一段时间，有同学提出教唱歌这件事也可以按学号轮流做。刚开始我有顾虑，觉得教歌不同于写字、办报、干力气活，有的同学自己唱歌都唱不好，怎么能教别人呢？再一想，试一试看吧，试试并不吃亏。

经同学们讨论，通过了按学号轮流教唱歌的决定。

有同学提：大家轮流教歌，是不是每个人想教哪首歌曲便教哪首？

大家说："那当然不行，教歌前一两天要把准备教的歌告诉文娱委员，文娱委员认为这首歌适合中学生唱才能教，文娱委员不批准，就得换一首。"这便成为教歌这条班规的具体规定。

这项班规通过的第五周，按学号该轮到班级唱歌最难听的一名比较淘气的男同学教歌。他平时不是不愿唱歌，他也经常情不自禁地唱，但是总跑调，有人说这是先天五音不全导致的。

第二天就要轮到他教歌了，他很激动，便调查同学们愿意学哪首歌。不少同学觉得他不可能会教歌，便说：“电视正放连续剧《上海滩》，里面的插曲挺好听，可是，你能教吗？”他听了，便去请示文娱委员，《上海滩》插曲能不能教，文娱委员同意了。

第二天教唱歌课，这名同学往讲台上一站，拿出了录音机，把《上海滩》录音带往里面一放，说：“今天咱们学一首新歌，《上海滩》插曲，请大家先听录音机唱一遍。”同学们笑了，录音带的音调能不准吗？

他又说：“下面，录音机放，请同学们小声跟着录音一起唱。”“再小声地跟着唱一遍！”“好！这回，请同学们大声跟着唱。”

20 分钟后，他问：“大家学得怎么样？”

“会唱了！”大家响亮地回答。

“那么，男女同学比一比，看谁唱得好。录音机起歌，男同学先唱。”

20 多分钟，一首新歌学会了，尽管他没有亲自教，但班级的观念是：一件事有一百样做法，只要把任务完成了，具体用哪种办法都可以。

3 年过去，每届学生都学会了 100 多首新歌。

电视剧《诸葛亮》插曲，我们全班同学能合唱。《四世同堂》插曲，京韵大鼓的韵味，唱起来难度很大，全班同学课前合唱，有板有眼，抑扬顿挫，慷慨激昂，外地来听课的音乐教研员说：“有点像专业合唱队，这么难唱的插曲，合唱为什么音调唱得这么准呢？”学生回答：“我们经常练，而且是跟着录音带学的，能不准吗？”

我们班同学都为自己班级普及新歌速度之快感到自豪。

昨天，电视台如果播放了新歌《跟着感觉走》《三百六十五里路》等新歌，同学们如果喜欢，文娱委员又批准了，那么今天，全班同学就能学会《跟着感觉走》和《三百六十五里路》了。

当然不是什么乱七八糟的歌都可以拿来教，有的思想意识明显不健康的，就被文娱委员给卡住，不准教了。

文娱委员卡住的，大部分有道理，个别歌有争议，想教的同学便来找我：“老师，我想教《月朦胧，鸟朦胧》，可文娱委员不让教，您觉得这首歌怎么样？”

“我不能先表态，我得先问问文娱委员为什么不让教。”我请来文娱委员杨颖同学，她回答：“这首歌没有什么积极意义，曲调平淡，略带凄婉，歌词最后一句‘但愿同入梦’，也不适合中学生。老师您看呢？”

“我没想那么多，只是听起来挺轻松，如同进入一个幽静、高雅的环境，我挺喜欢听，也挺喜欢唱，至于该不该在全班教唱这首歌，我没想好，算弃权吧。”

后来，不知文娱委员因为什么，解除了禁令，《月朦胧，鸟朦胧》便在全班唱开了。

不久，又有一名同学不服气，来找我，说：“我准备教歌曲《昨夜星辰》，可文娱委员不批准。”“文娱委员不批准一定有她的道理。先不教吧！”

我问杨颖：“《昨夜星辰》你怎么不让教啊？”

“这首歌爱太多了，适合中学生吗？”杨颖反问。

我说：“这里的爱细细分析起来，还都是纯洁的，是充满责任感的爱，听了以后，使人感觉开阔、崇高，人世间充满了真情。当然这只是我个人的感觉，你如认为不该教就不必教。”

对艺术作品的看法历来仁者见仁，智者见智，无须要求一律一样，更不能由于自己是班主任就单方面推翻文娱委员的决定，如果那样，班干部还怎么负责怎么工作，歌曲像汪洋大海，教哪几首不教哪几首，都可以。即使非做不可的事情，倘若班干部已决定不做，老师也不该立即否定班干部的决定，而应背后找班干部谈话，使他理解自己的意图，再由这名干部去做出新的决定。

我当校长以后，便要求全校每个教学班每周教一首新歌。前几年由班级自己确定时间，从1990年起，全校确定周五下午第三节课为学唱新歌时间。届时，学校教学楼每个教室都传出嘹亮的歌声。

学校有两位从沈阳音乐学院和一位从省艺术师范毕业的音乐教师，他们除了上音乐课和辅导器乐队、合唱队、舞蹈队，还要指导各班每周学一首新歌。

经过多年的实践，我觉得，教唱歌这件实事，由学生轮流做，基本可行。学生在教歌过程中提高了组织能力，增强了对集体的责任感，提高了同学们学新歌的积极性。

摸鱼

国庆节放假，应同学们的要求大家又去旅游。

向西我们去过谷家，去过 10 公里开外的陆家。

向南我们经常去双台河，去河南。

向东去过大闸。

我们盘山县城的北面有什么好玩的去处呢？同学们感觉是个谜，我感觉也是个谜。当然更远的北面去过闾山，再远呢，是沈阳，是长春。距离我们几公里、十几公里地的北面是什么呢？同学们说是城郊乡，是曙光农场。曙光农场是什么样子的，同学们不知道，我也不知道。

于是我们决定，向北走。怎么走？沿着铁路走。

铁路边很窄，只能走一人，我们的队伍便显得格外长，班长张筠跑前跑后地组织着队伍。突然队伍大乱起来，有的往后跑，有的往前冲，原来，路边上有一条蛇，有的女同学有生以来第一次看到，吓得乱跑，胆大的男同学便跑去追那蛇。

又到了一条河边，男同学嚷着要去游泳。在双台河，在六里河，我都组织过学生游泳，请几名水性好的，探好了一个深浅适度的安全的范围，请同学们分成组，每组下去 15 个人，岸上的同学分别看着水下面的人。我坐在岸边，哪名同学发生不测，立即向我报告，我便可下水去救上来。我在大江大海里游过，便觉得救学生毫不费力。但多次组织，还没有过一次有人呼救的事情发生。

见了河，爱游泳的同学又要下去游，我说："现在已是中秋，水凉了，弄不好，会感冒。"可他们非去不可。我便让队伍停下来，到河滩上休息，然后找了几名水性好的同学："你们下去探一探河的深浅。"

他们下河，走到河对岸，大家一看都笑了，最深的地方才没到膝盖，这怎么能游泳呢？回来以后，他们中的一名同学手里拿着一条鱼，说："这河里鱼可多了，直碰腿肚子！"

"老师，那咱们下河摸鱼吧！"

我又让几名同学再往河的上游、下游探探，果然没有深的地方，便说："有兴趣的可以去摸！"

刚说完，男同学便一个接一个地跳下河。不一会儿，鱼便接二连三地被扔上岸。刚开始，女同学还对在岸上捡鱼的工作挺满足，后来，班长张筠、文娱委员林华也跳下水去摸鱼，这下子，大家都下去了，摸到鱼也不再往岸上扔，都想比一比，想超过别人，都装进了自己的塑料袋，大家都成了单干户。

河里鱼果然多，连从来没有摸过鱼的同学都摸到了两三条，只是鱼都不大，有鲫鱼，有鲢鱼，有泥鳅，最多的是一种叫lēng 鲅的鱼，我不知学名怎么叫，同学们都这样称呼。

我突然想到，这是一次特殊的观察机会，该引导大家写一篇作文，便喊："同学们注意！咱们回去以后要写一篇作文，题目是'摸鱼'，请同学们一定认真摸，认真体验。听清楚了吗？""听清楚了！"

摸的鱼不大，最大的一条有三四两，一般都是半尺左右的lēng 鲅。看看天不早了，我们还要赶路，大家上了岸，将鱼集中在几个塑料袋里，一共有十多斤吧！

队伍再向前到了曙光农场，在一个宽阔的大货场上，大家提出休息。于是我们围成一圈，玩盲人抓跛子的游戏：把一名同学的眼睛蒙住，再把另一名同学的双腿绑住，跛子跳，盲人捉。同学们又要搞二人三足的赛跑，又要进行猜谜比赛，在荒郊野外玩到快日落西山了，大家谁也不提回家的事，倘若夜里走小路往家赶，那可就惨了。我心里有数并不催大家，待到大家想到回家，开始为路程远着急的时候，我才说："附近便有一个火车站，我们赶快往车站奔，保证能赶上晚车回家。"

赶到车站，我买了一张集体票，大家上了火车。全班同学集体乘火车还是第一次，有十几名同学以前串亲戚都是乘汽车，没出过太远的门，还没坐过火车呢！

第二天清晨，我见几名同学在食堂探头探脑，见我来了，他们跑了。原来他们把昨天摸来的鱼送到食堂，请炊事员做了给我吃，又怕我说他们，一个个都吓跑了。

上课了，我请同学们先口述作文《摸鱼》，再请同学们取众家之长，动手写《摸鱼》这篇文章。

这是同学们写得最生动、最感人的文章之一。

这次野游给我留下的印象是终生难忘的。

打雪仗

1985 年冬天，云很勤快，动不动就聚在一起，然后变成雪，纷纷扬扬地飘下来。

放寒假了，一下雪，同学们便像听到了号令，来到学校扫雪。干活是一方面，另一面呢，大家又可以聚在一起了，别有一番情趣。

1 月 21 日这天，大家刚刚扫完雪，便嚷着要到野外去玩，可惜天阴沉着脸，使人感到压抑，感到不痛快。

同学们一次又一次地要求到野外。我说：“找一个和太阳关系好的同学，去和太阳商量一下，请它出来，天一晴，咱们就去。”同学们一听乐了，都拼命朝太阳嚷着，都说自己和太阳关系不错。

商量了一上午，太阳也没出来。

同学们的耐性是有限的，到了中午，该干的事都干完了，我看大家再也忍耐不住的样子，轻轻朝野外的方向一示意，大家便飞一样地冲出了校门。

跑过原野，跑到双台河面上。这里“千里冰封，万里雪飘”，漫天皆白，银装素裹。

有人问：“老师，让打雪仗不？”

“可以！”

他们乐得蹦起来，迅速分成许多帮派，胡乱打起来。徐建峰举起雪团，要打还不打，冲着对方的刘文伟说：

“刘文伟，你笑一笑，别绷着阶级斗争脸孔，不然我们都不敢打你了。”

平时不爱说笑的刘文伟，经他这么一说，刚有一点笑容从脸上飘过，七八个雪团就冲他劈头盖脸地打过来，他左躲右闪，防不胜防，被打得满头满脸是雪，老实人这时就吃了亏。

这也是斗智斗勇的“战争”。学生们的智和勇有一些就是在这广阔的生活天地中培养起来的，玩有智有勇，也会迁移到学习中去。

后来，我同 1988 年入学的学生约定，以后天下雪，只要老师能挤出时间，咱们便一起到野外打雪仗。

又是一个雪后初晴的日子，下午活动课大家排队出发了。几个好战分子早已控制不住激情，离冰河还好远就狂奔起来，边跑，边滚，边打。

一些文静的同学问：“老师，不打雪仗，堆雪人行不行？”“当然可以。”

想了解学生的性格，最好是在这种无拘无束、自由自在的玩乐中。

那些精力充沛、性格外向的同学打雪仗的时候为了找刺激，便到处挑战，四面树敌。实在被打得狼狈不堪、抵挡不住了，便跑到我身边，拉住我当作掩体，对手们看在我的面上暂时饶恕了他们。

文静的孩子们已经堆了六七个大雪人，高的已经有一人多高。为了使雪人显得逼真，有的学生把自己的帽子给雪人戴上，还有的给雪人围上了围脖。

我的疲劳化解在这雪原里，我的欢乐产生在这雪原里。一小时到了，我请身边的同学们放声高呼：“收兵了！”雪野里黑点、蓝点、红点，向我们这里跑来了，近了，穿着各色外套的同学们又排成一排踏上归途。

欢乐之后，他们会学得更积极，更自觉。

河面上的接力赛

冬天的双台河成了一面大镜子，没下雪的时候，你踩在那厚厚的透明的冰上，往下看冰像水一样澄清透明，下面的气泡冻在冰里就像在水里往上冒一样，每向前一步，就像往深水里踏去，不由胆战心惊，一步一颤。这样走了一段，看看冰面并不沉，跺跺脚，跟柏油路面一样坚实，大家喊着“一二三”一齐跺脚，厚厚的冰仍然没有一点反应，大家这才放了心，在上面跑起来。

有跑得快的已跌了几跤。这时不知是谁来了灵感：“老师，咱们在大河上跑接力吧！”

我说：“大河上怎么能搞接力赛，这么滑。”

“滑才看出水平呢！不仅要跑得快，而且要跑得稳。”

这一建议立即得到了大家的赞成。

很快便商定了比赛规则。全班 5 个学习小组，每个组选出 10 名队员，河的两岸各站 5 名队员，距离是 150 米，两端画好起跑线，各组互相监督，没持棒的同学不能越过起跑线。

有同学说："没带接力棒。"

马上有人想出了办法："找 5 只色彩特殊的手套当接力棒不是一样吗？"

"好！请各组确定下场的队员，不下场的、身体不好的同学担任业余裁判，请队员们各就各位。河的宽度成了跑道的长度，河的长度便是跑道的宽度了，所以用不着一条跑道只 1.2 米宽，每组跑道宽 3 米，宽敞一些，免得互相冲撞。"

"都准备好了吗？""准备好了！"两岸一齐喊。"预备——跑！"

一听口令，有的同学心情激动，贪多求快迈大步，刚跑了不到 10 米，就趴下了。

跑在前面的受到大家赞扬，不少不惯于在冰上跑步的，左摇右摆，跌跌撞撞，引起大家一阵阵善意的笑声。

刘勇跑着跑着就跌倒了，撞倒了另一个小组的陆萍，王辉刚刚接过接力棒，就滑倒在冰上，她自己笑得上气不接下气，他们小组的人急坏了，急忙把她拽起来，有的竟玩赖，拉着她跑。王玲呢？一心想着跑第一，跑了不到一半，由于用力过猛，一下子滑倒不说，还仰面朝天地在冰上滑行了一段路程，一般人也许就此罢休了，然而她爬起来，又朝前跑去，同学们使劲给她鼓掌。她的后背上沾满了冰屑，仿佛勇士的铠甲闪着银光，赢得了同学们的敬意。直到她把接力棒交出去以后，同学们才纷纷上前，替她拍打身上的冰屑。

欢呼着奔跑，笑声中竞争，这是最能激发少年潜能的活动。冰上接力赛时间不长，但紧张、热烈，又带着几分惊险，学生们又做了一件以前从没做过的事情。

从那以后，冰封的大河便成了我们特殊的接力赛场。有时，我们在学校学习累了，学生便建议："老师，第三节活动课，到冰上跑接力吧！"

"往返需 30 分钟时间，到那就剩 15 分钟了，大家可得组织好，不能拖延时间啊！"

"那么，跑步出发，还能节省时间。"

140 多名学生迅速站好排，奔向市郊，冲向原野。

这回大河上盖满了雪，便不那么滑了，跑起来像跑在沙漠上，别有一番情趣。

冰上接力赛是休息，是娱乐，是教育，也是学习。

新年联欢会

1979 年年末，全班同学喜气洋洋，班干部和积极分子们忙着准备班级新年联欢会的节目。教室里张灯结彩，屋顶上拉着拉花，窗上贴着班级“剪纸大师”的艺术作品。一到课间，跳舞的、唱歌的、说相声的、演小品的便聚在一起分头排练。这些，我没有过问，更没有组织，只是班干部问我：“咱们班可不可以开联欢会？”我说可以开，同学们便表现出极大的热情。

过年便可以吃零食了，干部们用班费买了糖果，献给到班级来的客人和老师；又买了瓜子，还买了 20 斤玉米，爆了半麻袋玉米花……

他们满怀喜悦，迎接伟大的 80 年代的到来。

晚会开了整整 6 个小时，在师生大合唱《团结就是力量》的歌声中结束。

参加了同学们的新年联欢会，我有一种被喜悦、被和谐融化了的感觉。

学生们对联欢会的激情相互感染着。联欢中，同学们增强了对自己的信心，增进了同学间的友谊，更爱自己也更爱别人，当然也就更爱自己的集体。

我还发现，联欢会投入时间最多的班干部、联欢会上的文娱积极分子，绝大部分都是学习上优秀的尖子生。他们活跃，他们自信，他们有和别人和谐相处的能力。他们有活力，有热情，尽管为联欢会准备工作花费了不少的时间，但在联欢后不久的期末考试中，他们都获得比平时更好的成绩。

学生新年联欢会有利于促进学生德、智、体、美、劳多方面发展，我一直这样认为。一届一届学生联欢会的实践证明了我的认识，我便更重视全校各个班级开好一年一度的联欢会这一问题。

到 80 年代中期，人们钱多了，有的班级的联欢会把精神全用在研究买什么吃的上，有的开一次联欢会向每名学生收 5 元钱，甚至更多，买了各种各样吃的东西，大有把联欢会开成联吃会之势。

吃当然也算是一种集体活动，组织得好，也有教育作用，但对学生来说，毕竟不如自编自演丰富多彩的文艺节目教育作用更大些。

从 1986 年起，我要求各班联欢会不得向学生收取一分钱费用。布置教室可借用学生家里的茶盘、花束、拉花、彩绸，用后即还；联欢会开的时间长了，大家怕渴或怕饿，可从家里拿点现成的水果、点心之类来，自己解决自己饥渴问题，而无须集体再花一分钱去买，又费人力又不经济。演节目，比赛中获奖的小纪念品所需费用，每教学班发 30 元钱，现在则是每班发 40 元钱，买书签、小贺卡之类的东西。我觉得中小学生的奖品，主要是纪念意义，不能向生活化或商品价值化方面发展，那样容易使学生忽视竞争过程中对自我的超越。

原来各个班级联欢会都可放鞭炮，从 1988 年起，我们禁止放鞭炮。理由是国外许多文明程度高的城市在喜庆的日子，都不准燃放鞭炮，这并不减弱人们喜庆的程度。燃放鞭炮不安全，也不高雅。随着人类文明程度的提高，鞭炮的燃放范围会越来越小，人们会找到更高雅、更有趣、更文明的喜庆方式来替代它。

1993 年要来了，班里的骨干分子们早已开始串联，商量新年献给大家什么节目。

离过年还有 10 多天，文娱委员滕玉欣同学便来问我："老师，快过年了，用不用安排大家准备新年联欢会的节目？"

我问："同学们积极性怎么样？""积极性挺高的，有的已开始准备了。"

"既然这样就不用提前过长时间布置，以免影响学习。大家已经有了去年联欢的经验，今年提前两天布置就行。"

12 月 29 日，滕玉欣才宣布，请同学们将自己准备的节目单报上来，报到联欢会总导演雷蕾同学那里。并公布此次联欢会由雷蕾同张海滨、张海英、王海鸥、王海鹏五名同学主持。大家有事，可同自己认为方便的主持人联系。

不知何故，雷导演选的主持人名字都带一个海字，海滨、海英、海鸥、海鹏，不知是有意设计还是无意巧合。

30 日下午，全校教职工开联欢会，同学们便排练自己的节目。

孙玲玲、张颖、李东昊等一些喜欢画画、写字的同学，在教室的隔壁、学校原来的大会议室布置会场。前面写着 1993 新年联欢会和二年级七班的会标。上面是红色的幕布，左边一只一米高的雄鸡正昂首报晓，预示鸡年来到；右面一米高的金猴挥手告别，说明猴年结束；下面开满了烂漫的山花，背面则是一颗颗闪烁的星星。在屋顶的大吊灯和 4 盏小吊灯的映照下，充满诗意和生活情趣。

看了这些，我不能不佩服学生们的创造力。

1992 年 12 月 31 日下午两点，雷导宣布："盘锦市实验中学二年级七班迎接1993年新年联欢会正式开始！”同学们带来的四台录音机同时放出欢快的乐曲，会场内100多个氢气球在空中浮动，有的还点着了早已准备好的支支红烛。

首先是团支部书记和班长的元旦献辞。

接下来，便是付国栋扮演拉车的马，赵伟扮演车夫，车上坐的是由吕兵扮演的圣诞老人，圣诞老人乘车绕场一周后，便晃着高高的红帽子，抖着鲜艳的红大衣，捋着长长的白胡子，郑重其事地预测1993年的大好形势，鼓励大家奋发努力，再攀新高峰。

正在这时，1985年毕业的我的学生徐建峰、李琦、纪磊、刘勇进了会场。徐建峰，沈阳医学院毕业，现在市防疫站工作；李琦，辽师大外语系毕业，现在二完中教英语；纪磊，盘锦师院中文系毕业，现在《盘锦教育》报编辑部当编辑；刘勇呢，辽师大教育系毕业后回到母校任团委书记。

他们的到来给同学们带来了欢乐，12岁的、跳了两级的王海鸥立即把矛头对准了他们，鼓励同学们：“请大哥哥大姐姐们表演一个节目好不好？”“好！”声音震耳，接着是热烈的掌声。

他们当年便是文艺骨干，演节目当然不怯场。刘勇首先说：“有人认为人生从自己的哭声中开始，在别人的哭声中结束，人生充满悲哀，这种观念，把人生看得过于沉重，其实人应该活得洒脱、快乐，我给大家唱一首《潇洒走一回》。”

他的歌声赢得了大家热烈喝彩。

徐建峰精力充沛，联欢会上更是如鱼得水，他不断挑起“战争”，连我也在他的“攻击”之内。纪磊想保护我，让我休息一会儿再演节目，他便马上对全班同学说：“大家看到没有，我这样的人当不了班长，纪磊是当年的班长，便处处保护老师，我是当年的体育委员，请问你们班体育委员是谁？”张林站起来：“是我！”“那你一定公平，你说请谁唱？”他以为体育委员会偏向体育委员，不料，张林却说：“你一定有好节目，还是你先表演吧！”逃脱不过，其实他也不想逃脱，便唱了一首男中音歌曲，唱得嘹亮，婉转，悠扬，动情，全场应和着他唱的节拍，鼓着掌。

在老学生公平竞争的呼吁下，新学生的节目照常进行。

张颖、陈小梅、胡晋表演的小品《承包柜台》，说的是十四大后，商店改变原有管理方式，面向市场，柜台承包，售货员有了危机感，由自己是王变为顾客是上帝，引起了大家的深思。

滕玉欣和郑岚岚演的双簧，题目是郑岚岚臂下的小黑板上写的4个字

《时间法庭》，讲的是无情的时间对那些珍惜时间和浪费时间的两类人的不同的判决结果。

曲静和郭继仙都是学校舞蹈队的队员，联欢会便到了她们大显身手的时候。她们表演的配乐双人舞，舞姿优美，舒展大方……

正进行着，上届毕业生吴冰来了，杨颖来了，接着越来越多的人来了，在市独立高中读书的，在市二完中读书的，在读中专的，读技校的，还有已经参加工作的戴明雷和李红同学，等等，老学生来了40多人，会场显得更热闹了。

杨颖是上届的文娱委员，能说能唱，相声小品样样内行，理所当然被推到了前面。

本届主持人王海鸥的姐姐王海波，是校中长跑的尖子，市演讲比赛第一名获得者，校科普委员会的主任，还是上届联欢会的主持人，德智体美劳全面发展，这次从市高中来校，大家自然不会放过她。她当仁不让，和她的小妹妹一起充当临时节目主持人。姐妹二人，一个一米七的大个子，一个还不到一米五，同样活泼风趣，往那一站，自然就给大家带来了欢乐。

王海波和上届的“戏曲表演艺术家”李宾为大家表演了京剧、评剧、黄梅戏……

张一楠表演了口琴独奏，赵海表演笛子独奏，不知为什么滕玉欣没有表演她练了几年的小提琴，也许是她感到去年已演过的缘故。

这时，韩军威同学提出该跳一跳现代舞，她是上届现代舞跳得最好的，徐建峰热烈响应。先是他们两个跳，本届学生有几个看着高兴，随着音乐的节拍也上场去跳。120多平方米的大会议室，顶棚5组吊灯和6盏吸顶灯交相辉映，照耀着同学们欢快的面容。舞曲声、舞步声以及同学们和着节拍的鼓掌声，节奏和谐地搭配，地面红白相间的彩色地板闪闪烁烁，空中的气球悠然自得地左右摇摆，毕业多年的学生、刚毕业的学生、新学生融洽和谐的欢乐场面，使我沉浸在欢乐的气氛中。

突然，漆黑一片，灯全灭了，乐曲停止，跳舞的站直。

主持人雷导却不慌不忙地走到前面：“大家不要着急，下面，我们进行下一步设计：红烛一刻钟。”

每名同学都立即拿出了自己事先准备的红烛，有的准备的是成套的生日蜡烛。顿时，全场内，近百支红烛点燃，一时间烛光闪烁灿烂，使会场充满神秘色彩。

高中的陈洪琴、吴冰问我：“老师，他们怎么知道带蜡烛，怎么知道今天停电？我们过去也没停过电呀！”

我说：“事先滕玉欣设计了一个叫作‘红烛一刻钟’的节目，通知每人带一支蜡烛，到节目开演时，闭上灯，带蜡烛要的就是这种气氛。”

“这些小同学还真有点艺术细胞。那么现在是演节目呢，还是真停电了呢？”

“我也闹不清楚了！往下看看就明白了。”

节目演了一刻钟，两刻钟，已经三刻钟了，电也没来。

轮到我演了，我故意说：“我参加联欢会已经有14年了，前13年没有设计‘红烛一刻钟’这个节目，没人带蜡烛，可是也从来没有停过电，今天停电是不是跟大家带蜡烛有关系呀？”大家七嘴八舌，又是喊，又是吵，又是争。

主持人说了：“大家别光顾争论，放跑了老师，光说不演节目了。”大家这才醒悟，催促我别转移视线，赶快演出。

我说：“大家听我说，60年代，有一支很好听的歌叫《中华儿女志在四方》，我们唱着它，从城市来到农村，贡献自己的青春和热血。另外，人们一面要目光远大向前看，一面要经常想想过去，今天才会少走弯路，所以我挺爱唱京剧《海港》中马洪亮忆苦的那唱段。这首歌和这段京剧，同学们只能选其一，怎么样？”“行！”

选歌和选京剧的争执了一会，主持人裁决让我唱歌。

“迎着晨风，迎着阳光，昂首阔步到边疆。伟大祖国，天高地广，中华儿女，志在四方……”我什么时候唱起这首歌都会心情激动地回忆起我们当年战天斗地的忘我劳动场面，同学们显然也被感染了。

不料歌唱过之后，大家不让我下场，非要再唱京剧不可。联欢会上无是非，不讲理——这是我说过的话，只好跟着同学们的情绪，又唱了一段京剧。

联欢会还在进行着……李东昊、张慧合说的用全班同学名字串联起来的相声，逗得同学们笑得前仰后合。

联欢会不断出现新的高潮，我想我们的演出水平目前谁也赶不上中央电视台主办的春节联欢晚会中的演员，但同学们投入的精力、参与的热情却远远超过了春节联欢会。

我每年对班级联欢会的关注程度，也远远超过对中央电视台的春节联欢晚会。会上许多节目，都由同学们自编、自导、自演，这是大家在自娱自乐，更是一个自尊、自强、自新的过程。

寻找春天的踪迹

2月4日立春，江南的同学们看到的是“日出江花红胜火，春来江水绿如蓝”的艳丽景色，他们不会想到每年立春的时候，我们辽宁盘锦，正是千里冰封的时候。往野外看，白茫茫的雪覆盖大地；双台河上，冰结得厚厚的，人们在上面奔跑，滑雪，骑自行车，开小汽车。

1980年的春天，我说：“咱们到野外去寻找绿色的生命吧！”

学生们瞪大了眼睛：“什么？这么冷的天，零下20℃，冰天雪地里，能有活着的植物吗？”有同学说：“青松不照样活着吗？”“我说不只青松，现在小草也活着，野菜也有活的。”“那怎么可能，那么柔嫩的小草，哪能冻不死呢？”“大家去找，保准能找到。”

同学们将信将疑地出发了，居然每个人都挖回了小草、野菜。大家归来后，喜不自禁，都按我布置的题目，写了一篇作文：《春天的踪迹》。

春天悄悄地迈着轻轻的脚步，已经不知不觉地走到我们身边了。

这以后每到立春这天，我都组织大家在校集合，出发到原野去寻找春天的踪迹。

同学们带着铁铲、铁锹，带着满心的欢喜，第一次寻找春天生命的同学带着疑惑，走出学校，走过柏油路，踏上土路，又越过田间小路，来到广阔的原野。

同学们分成小组在这广阔的大平原上，选择着春姑娘最早落脚的地点：向阳坡上，大树根下，枯草较厚的地方……

春天的草不那么容易发现，向阳坡上，雪已化了，但看上去，枯草灰秃秃的。同学们嚷：“连向阳坡地都没有。”我说：“你俯下身子，扒开上面覆盖着的荒草，看地面有什么。”

“啊！真的，真的有好几棵嫩绿柔弱的小草，太细了，太嫩了，还没有北京粉丝粗呢！”

“量一量，有多高？”

“有5厘米高！”

“我的有 8 厘米高！”

“我挖到的这棵，露出地面部分就有 11 厘米。”

大家好羡慕，围过来量，真的有 11 厘米。

扒开厚厚的积雪，有的同学又发现了野菜：“这片地野菜真多，一棵连一棵，在雪下面，它们也不怕冷。”

“这野菜叫什么名字呢？叶子像小菠菜，形状又像荠菜。”

“这棵野菜长得这么舒展大方，叶片展开着，直径都有 6 厘米了。”

春天，你果然在人们不知不觉之中，走到我们身边来了。

神奇的大自然给了学生们以知识和获取知识的乐趣。

大家发现了生命，忘记了零下 18℃的严寒。同学们的目光从地面移到高处，看那柳树的细枝条，怎样在风中柔柔地摆着。再一细看，枝条上已经鼓起了芽苞，同学们真佩服它的生命力：夜里是零下 20 多摄氏度，柳条那细得像粉丝一样的身躯，竟然不被冻僵冻硬，那里的营养输送线照样工作着，畅通着！

同学们小心翼翼地用铁铲和小刀掘出了嫩嫩的小草，如获至宝，放在塑料袋里，准备带给更多的人以春的喜悦。还有绿的紫的野菜，回去好让爸爸妈妈弟弟妹妹们看个新鲜。

任勇同学手里捧着的那棵野菜是连根挖出来的，根部竟有 40 厘米长，他着实费了一番大工夫，小心翼翼地如掘人参，不伤根须，好像这样挖出的才是春天最完整的标志。

更有趣的是康井利和王良，他们每个人发现了一条金鱼，不过是冻僵在冰块里的，他们连冰块一起拿来了。晶莹透明的冰块里，镶嵌着一条好像沉睡着的橘红色的金鱼，如同大块琥珀一样，大家羡慕得厉害。

1988 年 2 月 4 日，我担任市里高级教师的评审委员，紧张地躲在市郊的招待所参加评审工作，中午我猛然想到今天是立春，不能组织同学们去野外寻找绿色生命了，我感到深深的遗憾。评审结束后，我见到同学们谈起这件事，同学们说：“那天我们自己组织到野外去了，挖的野草野菜比去年还多！”

1991 年的春天我领着两个班的 146 名学生，在学校集合，满怀对春的渴望，冒着严寒，冲向冰雪覆盖的原野。

1992 年 2 月 4 日恰逢大年初一，春节、立春，双春双节，家家团聚，我自然没能去召集学生来校，没能领着大家去寻找春天。

我愿领着学生去找，是愿看到学生那在冰雪中发现嫩草的惊奇的表情，愿看学生从顽强的小草身上汲取了力量，在寒冷中跑得满头冒热气的欢喜神情，更愿意看富有生活真实、充满活力的一篇篇以“春天的踪迹”为题的文章。

春到双台河

翻开 70 年代出版的地图册，会发现辽河的入海口不是在营口，而是在盘山，也就是现在的盘锦市。

这条河距离我们学校还不到两公里，河的名字也不叫辽河，而叫双台河。70 年代初兴修水利，觉得河的弯度太大，便搞了一项直河弯工程，在老河道的南边新修了一条较直的河道，这样老河道宽阔的、几公里长的水面便不再是流动的河，而成了静止的湖。

不过，我的学生们仍习惯地称它为双台河，这河和这河两岸的花草树木，给我们班一届又一届的学生带来了无穷的欢乐。

第一次领着学生去，是 1979 年的晚春。那时河边还很荒凉，数里河畔只有稀稀落落的几户人家，花草树木，野生的居多，长得没有规则。我说咱们准备写的一篇文章，题目是“春到双台河”，大家注意观察河边杨树、柳树、榆树、刺槐，在春风吹拂下的色彩、形态，嗅一嗅春水和青草散发出的清香，听一听鸟儿的鸣唱，写好这篇描写景物的散文。

第一遍写了以后，同学们感到不满意，纷纷要求重新观察，重新写，我们又去了。为了写得更好些，我们又去了第三次、第四次，《春到双台河》这篇文章便写了四次。

后来同学们建议：“每个星期天的早晨，我们都到河边去玩吧？”

星期日，又是早晨，怎么不可以呢？可以。

春天，我们在河边播下希望的种子。

夏天，大家在河边的草丛里、荒地里捉蚂蚱，捉害虫。

秋天，作物长高了，野草长高了，树的枝叶长密了，我们就在那里面，跑来跑去地捉迷藏，也顺便搜寻我们春天播种的战利品。

冬天，河冻上了，便在那河面上打雪仗，跑接力。

我们也在河边教歌，在河岸搞歌咏比赛，在林荫小路上跑接力赛。在小柏树丛中围成一个圈开班会，开诗歌朗诵会。

《看云识天气》这篇文章，我们便在双台河边，望着千姿百态的云，边读，边讲，边观察，边讨论。直到今天，上那节课时的生动场面还清晰地刻在我的记忆里。

后来，同学们又提出，该换个地方了。往哪儿换呢？有同学说："学校的东北方向是六里河，六里河畔比双台河畔还荒凉，还广阔。"

下一个星期天，我们又向六里河进发了。

不久，又有同学建议，双台河闸规模宏大，站在那上面，看滔滔洪水涌出闸门，向东奔流极有气势。

这需要较长的时间，往返一次 30 多里地，连走带玩，就得一天。商量好了，大家带了饭，还带了画板，准备写生。

带了日记本，随时记载沿途见闻。一名同学走到河闸，日记便也写到了河闸。

"老师同意到河闸去野游，同学们顿时喜上心头，大家排着队，越过城边的小道，跨上铁桥，再往东绕。

"呀！大地里，蜻蜓真不少，扁担钩到处乱跳，大家忘了站排，突突突地直往前跑。我们走上大坝，奔向草地。看，蝴蝶美滋滋地抖着花衣裳，蜜蜂乐颠颠地来往奔忙，野百合远远地显着身姿，马兰花默默地散发着幽香……

"我们轻手轻脚地采集标本，有时，高兴地喊出声，有时失望地直拍巴掌。一只昆虫，给了我们多少欢乐；一棵草，给了我们多少希望。我们热爱祖国的大自然，心中纵情地把她歌唱。

"这时，老师叫大家停止前进，就在坝上画下铁路大桥，可他们直嚷嚷要再走一会儿，非要先到拦河大闸那儿去瞧瞧，老师只好少数服从多数。

"站在宏伟的大闸上，滔滔的大水使人头晕目眩，不过，你要放眼望去，定会觉得心胸开阔。闸下南面是一大片高粱，公路上的车辆穿梭般来往；西面是三厂厂区，烟囱林立；东边飘来水稻的芳香。眼看着这壮丽的图景，怎不叫人心潮起伏激荡……"

"河闸到了，我们每个人都选择一个观察点，把河闸画到自己的图画纸上吧！"我说。

同学们散开了，凭着自己的好恶去活动。有的同河闸管理处的负责人联系了，登上了河闸侧面的引桥上的舷梯，居高临下画；有的在闸西，画闸上笔直宽阔的大道；有的跑到闸东管理处的果园里，那是挂历上双台河闸风景照片的拍摄者所站的位置。

和同学们一起野游，到1985年以后便越来越少了。不是由于别的缘故，只因会议及各种各样负担夺去了我大量的时间。

节日、假日、星期日，常常又是我安排外出的时候，这时外出，毕竟少耽误一点工作时间。和同学一起玩得少了，我自己也失去了很多乐趣。倘若教师和学生从周一到周日，从月初到月末，从期初到期末，都只是往来于自己的家庭和学校之间，那真是一种悲哀。

尽管时间少，我不能像过去那样每周领学生去玩，但我还是尽最大的可能挤时间和学生们到双台河边，到新建的湖心公园，到六里河畔，到双台河闸，去探春，去种地，去野餐。

当然，我们也去医巫闾山、笔架山、千山、沈阳故宫……

我总想，现代社会生产进步，城市扩展，城市功能越来越多，这便使城里人和大自然的关系越来越疏远。大自然是人类的母亲，作为个体的人，疏远了自己的母亲，必然产生许许多多的缺陷。

现代人，城里人，该想方设法挤出时间，尽可能多地接近大自然，走进大自然，融进大自然，使自己的精神、情操在广阔、美丽、和谐、宁静的大自然中得到陶冶。

尽管我的负担越来越重，我还会想出更多的领着学生走进大自然的方法，来弥补我和学生们只是生活在城市里，更多的只是待在屋子里面产生的缺陷。

走进大自然，从形式逻辑来看是失去了一些学习时间，但大自然融化了人的烦躁、人的不安，激发了人的热情、人的勇气，增强了人的责任感。这些都有助于学生们提高效率，取得更丰硕的学习成果。

最宝贵的，当然不仅仅是一点看得见的分数的提高，而是整个人格的完善。

开荒种地

春天来了，每个星期天的早晨我们都迎着和煦的春风，迎着温暖的阳光，奔向广阔的原野。

蓝天白云下，你朝着远处的地平线望去，会看到大地冒着微微的暖气。不知是谁，在地边扔了几粒玉米，过了几天，嫩嫩的、绿绿的玉米芽钻出了地面，引起了大家的羡慕。

于是有的同学提议:“老师，咱们下个星期也在地头、坝边种点东西吧！”“谁愿意种？”我问。“我们都愿意！”“好吧，下星期请拿着锹带着锄，准备好种子，咱们一起去。”

那是一个五一节，同学们带来了工具，带来了自己喜欢的种子，有大豆，有玉米，有谷子，有绿豆、小豆，最多的是向日葵籽。到哪去呢？也不知怎么回事，那时我们的思维是线状的，想不到宽地方去。大家只想到地头、坝边。那么，咱们就沿着双台河大坝走吧！边玩，边走，边种。这么长，这么高的大坝，足够我们种的了。

我们从城里走到了谷家闸，一名同学肚子疼，走不动了。我说:“咱们别走了吧！”大家欲罢不能，说:“派两名同学送他回去，不会出事的，咱们大家还走吧！”两名同学恋恋不舍，但又无可奈何地离开了队伍，大部队继续沿着大坝朝前挺进。到了谷家闸，该开饭了。大家一边吃饭，一边又在一大片河滩地上种下了自己的种子。饭后，我们继续前进，到了陆家，离家有 10 多公里了，再不止步不行了，我坚决制止了跑在前面的同学。站在这最后一站，大家撒尽了全部的种子，带着满心的期待，带着充实的希望，胜利返回了。

快到家时，不知谁说了一句:“老师，我们种得这么远，怎么来收获呀？”大家这才醒悟，“是啊，这么远，这么分散，怎么收获？怎么莳弄？”“不只路途远，种得还稀，还分散，等到野草长出来，我们的庄稼都找不到了。”

“怎么办呢？”大家正想不出办法，王惠玲同学提了一句:“老师，咱们在双台河畔开一小片没人要的荒地，离学校近，还集中，经常来看一看，不好吗？”她的建议得到大家热烈拥护。

下一个星期天，我们在河边的高冈处找了一片荒草地，每个小组分了几条垄，开起荒来。种的时候，大家便约定，看哪个小组作物品种多，庄稼长势好。“种菜行吗？”“不行，秋天再比种菜，这次只许种粮食作物。”

不到半天，荒地开出来了，垄作上了，种子埋下去，水也浇完了。

以后，每个星期天，大家都跑到地里来看自己心爱的作物，芽拱出地面，长出两三片叶子……过了不久，玉米、高粱开始拔节……

又一个星期天，学生们高兴地喊着：“我们组的玉米开始抽穗了！”玉米穗越长越大，到了嫩玉米刚能吃，一个星期天大家再去看的时候，全失望了，玉米棒都不翼而飞了，让人家给偷去了，爱哭的同学已伤心得眼中盈满了泪花。

我也生气，但又找不回玉米，只好安慰同学们：“大家别小家子气，这点玉米值不了几个钱，就算打 100 斤玉米，才卖 20 多元钱，我们能在乎这点东西吗？”

“老师，钱是小事，玉米是我们一天天看着长大的，有感情了。”

“那怎么办？那就该伤心气愤，难过流泪？那不是折磨自己吗？咱们大度一点，物质不灭，谁拿去了，都算我们对世界的一点奉献。咱们主要收获劳动的幸福，看着它一天天长大的欢乐，这就足够了，咱们再想点别的幸福和欢乐，别再用别人的错误折磨自己了。”

于是我们拔掉了无穗的玉米，又种上了白菜、萝卜等秋菜。

盘锦是发展中的城市，新建楼房特别多，后来，我们那块地上都被盖上了楼房。双台河畔，除了耕地，没有荒地可开了，我们也还是无怨无尤，又到更加荒凉的六里河畔去寻找出路。

我们在六里河大坝的东面，相中了一片长满野草与芦苇的荒地。这么荒凉的地，肯定没人要。芦苇、野草散发出来的香气，使学生们的感情释放在大自然中，大家重又对土地充满了希望。

每个学生小组承包一块荒地，大家展开了热火朝天的竞赛。

侯耀东小组干得最快，他们先锄净了荒草，接着把地全翻了一锹深，又修成了四条长垄。侯耀东兴致勃勃地喊着：“老师，你给我们小组撒上第一颗种子吧。”

1983 年冬天，青海省的老师送给我一包蚕豆种子，说：“你们种在盘锦大地上，看看大西北的种子在你们东北能不能开花结果。”我把这青海蚕豆撒进同学们开垦的土地的垄沟里。

侯耀东顺垄做了记号，告诉自己的组员："别忘了，这是青海蚕豆，等出苗、开花、结果时，咱们都记着。"

高岩松小组里大概是缺少农家子弟，开荒种地，特别是开垦这芦苇丛生的荒地，太难了。大家累得汗流满面，可开垦的地还不及侯耀东小组的一半。不过他们是又种庄稼又种花——每个人都带来一包花籽，他们要创造一小块花的原野，他们期待着再来的时候，他们的地里开满一丛丛鲜花。

还有个独立小组——孙昊、宋洪刚、那功伟 3 名同学也不甘示弱，他们自己选了一片荒地，垄修得别具一格，别人的都是东西垄，他们修了 10 多条南北垄，按人平均，他们开荒面积最大，这大概是人少没有窝工现象的原因。

蚕豆、黄豆、绿豆、玉米、高粱、向日葵、芨芨草、鸡冠花的种子都一一撒进地里去了，一个奇妙的生命孕育和萌生的过程便开始了。

再见！六里河畔。

学生们一个个累得筋疲力尽，但心中却涌动着对未来的美好希望。大家兴高采烈地谈论着将来的收获——将来的收获，也许又不翼而飞了，可那又算得了什么呢？大度一点嘛！别小家子气嘛！物质不灭嘛！谁收获都有益处。——我们只要收获劳动的幸福和看着粮食花果一天天长大，获得欢乐，也就够了。

我忙着去开会，星期天，同学们还跑去看地。初秋，同学们高兴地告诉我："青海的蚕豆开花了！"中秋，没有什么好的消息，到了深秋，看看已经枯黄，终于没有结果。

尽管最后还是没有结果，但我们毕竟弄清了一个问题：青海的蚕豆种子在我们东北毕竟可以开花，倘若播种适时，莳弄得好，结果也是有希望的。

后来六里河畔那块地上盖了 6 层高的楼，它的前后左右也都是厂区的楼群了，我们彻底失去了自留地。

我还深深怀念两条河边的两块自留地，它给我们带来的不仅是欢乐幸福，它还拉近了我们人和人之间的距离，拉近了人和自然之间的距离，使我们大家之间、大家和自然之间，变得那么亲密、和谐、融洽。

我真想还去寻找一块自留地，一定能找到的。

研究自身生物钟

我喜欢给一届又一届的学生讲人体生物钟奥秘，讲人脑的奥秘，讲整个人类还处在年轻时代，还有许多更诱人的奥秘远未被人类发现，使学生从小便建立人类还很年轻的观点，会使学生变得目光远大，变得不那么急功近利。

不要说对客观世界、宇宙的研究人们远远未到顶峰，就是对地球、对人类社会，包括对人类自身、人体本身的研究也远远没有到顶峰。

我们平时都有一种感觉：体力有时充沛，有时并没有病，却感觉浑身无力；思维有时敏捷，有时反应迟钝；情绪有时极好，遇到许多不顺心的事，也不烦不躁；有时没什么不顺，心情却莫名其妙地烦躁。科学家们发现人体生物钟每天都有高潮低潮的区别。另外，还发现，人体体力每 23 天、情绪每 28 天分别发生周期性变化。他们称 23 天的变化周期为体力节律，28 天的周期为情绪节律。奥地利的特里舍尔在教学中发现，不少学生的智能和考试成绩也与节律周期有关，经研究发现这个周期为 33 天，并把这个周期称为智力节律。

三个周期的变化，称为人体的三节律（体力、情绪、智力），一般说来，人从出生之日开始，这三台生物钟便开始运转了。

当一个人的体力处于高潮期时，就体力充沛，朝气蓬勃；情绪处于高潮期，则心情舒畅，意志坚强；智力处于高潮期，则思维敏捷，注意力好，记忆力强。如果这三节律处于低潮期，则情况恰恰相反。

人体在一天 24 小时之内也有变化规律，称为生命日节律。一天之内有 4 个高潮、4 个低潮。高潮时间为 6 时、10 时、17 时、21 时，低潮时间为 4 时、14 时、19 时、24 时。

1980 年，我给学生介绍了生物钟的资料。那时，我们还不会生物钟节律的具体计算方法，盖东同学便画了一张大图表，根据他自己的细心体验，画出了自己三节律的曲线图。处于低潮期、危险日时，提醒自己理智地分析烦躁不安的情绪的由来，安排一些兴趣较浓学科的作业练习内容；当处于高潮时，则抓紧有利时机，增加学习任务。

1988年，有关单位出版了生物钟三节律的计算卡，我便引导学生根据自己出生的年月日，计算出自己当年体力、情绪、智力生物钟的起始时间，然后查表，对照一年中三节律的变化情况，据此安排自己的学习。

从劲松同学有一天效率特低，自己弄不清什么原因，我分析可能是他那天处于情绪危险日，便说："你随随便便，自自然然地写下自己的心理状态，写完之后，进行分析，原因就找到了。"他写道：

"昨天真没意思，一整天的心绪都那么坏，昨天也许是我的危险日，无心学习。这可能是次要的，主要还是主观控制自己的能力差。早晨到校后，便想按计划学习，突然一下想起《曹刿论战》还没有背，便背起课文来。可是怎么也背不进去，于是到教室外去背，到了外边看看这，看看那，把背课文这件事忘掉了。早自习就这样过去了。中午，我很早就来到了学校，因为下午要外语测验，想利用午休看一看，可拿出书来一看，这一大本从哪看起呀？这一会儿时间，看也来不及了，既然看不完，就干脆不看了。又拿起语文作业来做，写了一会儿，又想，马上要考试了，看一点是一点，便放下笔又看起外语来，东一眼西一眼地扫了一遍。外语考试时，想前思后，静不下心来，题目答得很差。晚自习，似乎满脑子烦恼要呕吐出来似的，便跑到操场上去又喊又叫，又蹦又跳……折腾了一会儿，心静了，才回到教室坐下来。晚上入睡，心情很好。"

学生处于情绪危险日时的这种心态我也有过。明白了生物钟三节律的道理之后，处于这种心态时，便不会莫名其妙，以致加深烦躁不安，而能够想办法，尽可能挑感兴趣的、较易完成的实事，一件接一件不停地做下来，烦躁便减轻了。

我和同学们一起商量度过危险日的办法，从而使一部分同学提高了控制自己的能力。

研究自身生物钟，使学生又朝着理智、自我约束的方向迈出了一步。

第七章

高效学习有方法

“高效学习日”激发了学生们的紧迫感、效率感，营造了一种竞赛的气氛，形成了一个你追我赶、奋力向前的场效应，促使平时较懒惰的人也紧张起来，分秒必争，写完了、干完了，一个个眉飞色舞，扬扬得意！

以1988年我所教的两个毕业班为例：暑假升学考试135名学生都达到了升学分数线；全市14所中学，超过600分的考生共30名，我班占了10名；全市总分第一、二、三名及语文、政治、数学、化学、英语、生物的学科第一名都是我班的学生。

培养学生的效率感

问题的提出。

教学中，我们经常目睹这样的现象：学生写两遍就能记住的生字，也非要写10遍不可；有的教材上的习题还没有弄清楚，却忙着解全国数学竞赛试题；有的一篇作文写两周还没有结尾；有的一节自习什么都想学，主意还没拿定，下课铃响了；更有的学生广播不听，报纸不看，歌曲不唱，体育课不上，埋头在书堆里，成绩却不好。这些现象向我们提出了两个问题：首先，学生所付出的劳动是不是都有效；其次，单位时间的利用率究竟有多高。这两个问题，中学生特别是中学低年级学生很少想到。这两个问题若不解决，学生便无法摆脱学习时间长而效果不好的局面。

假如我们的学生都懂得劳动前分析一下劳动产生的效果如何再做，都知道计算时间的利用率，那么，无论教师还是学生，都会减轻很多负担。这就需要培养学生的效率感。从长远的观点看，一个有效率感的人和一个没有效率感的人，在事业上的差异也将是很大的。特别是在当前知识陈旧率高、知识量激增的形势下，培养学生的效率感尤为重要。

试试看。

这是一件无常规可遵循的事，有些做法到现在也只能说是试试看。

具有效率感，我想就要会计算效率。我讲这样一个公式：

$$\text{效率}=\frac{\text{劳动量}-\text{无效劳动量时间}}{\text{时间}}$$

比如，计算默写课文时间，默写一段500字的课文，当写到300字时，不会了，开始抄书，前后共用30分钟，那么默写效率是10字/分钟或600字/小时；而没有抄书的同学，效率则是16.66字/分钟或1000字/小时。

在单位时间内增大劳动量，需注意4点：

1. 减少犹豫的时间，明确任务。学生每天有许多时间属于自己支配，自己支配时间效率不高的主要原因是犹豫。自习课，如果老师留的作业已做完，不少学生对下一步做什么没有准主意。是看还是写，是复习数学还是预习物理，还是背英语单词？有时拿起数学书看几眼，很快又改了主意背英语。刚刚背了几句，又想做物理习题，主意还没拿定，下课铃声响了。许多学生同我谈心时，都痛感被犹豫占去的时间实在是太多了！我和学生商量了一些治疗犹豫的措施，其中之一便是：在自己支配的时间里，拿出百分之二三的时间，规定这段时间的任务共几项，哪个为主，哪个为次，然后排上队。比如一节自习，先复习数学 20 分钟，再预习物理 15 分钟，其余时间背单词。这样任务明确了，马上动手，效率往往是过去的几倍。

2.持之以恒，形成习惯。一个人，经常在固定的时间内做同类的事，做得多了，便形成习惯。习惯了的事情，常常会不由自主地去做，想停止都难。我认为牛顿第一运动定律应用于人的思维方面也不无道理。显然，巧妙地利用惯性是提高效率的好方法。习惯的事，既不会犹豫，也最少拖拉。有些学生，过去舍不得花时间参加体音美活动，可是长期坚持，养成了习惯，用的时间不多，却取得了显著的效果。到了三年级不上美术课了，许多学生想不通，就自己画起来。学生形成写日记的习惯，有一天高温 33℃，我劝学生，天太热，今天的日记就先不写了，明天再补吧！第二天，我一看，有一半学生照旧写了 500 多字。原来，他们怕因为这一天拖拉而破坏已坚持了几百天的每天记日记的习惯。

3. 利用生物钟的规律。有关资料表明，一个人确实存在着在某一固定的时间内，做某一类事情可获得最佳效果的生理、心理规律。生物钟不是一成不变的，特别是关于学习方面的生物钟，通过养成习惯，可达到调整生物钟的目的，尽可能使学生一天的生活有规律。天天如此，月月照旧，日久天长，生物钟会助人提高学习效率。

4. 订计划，做总结。班级制订了每人每年完成 12 项任务的计划，然后落实到每学期、每月、每周、每天。分别完成多少，数量都很明确。每个月全班总结一次，鼓励超额的，督促欠债的。学生每人有一张本年度计划和计划完成情况的统计表，这张表上共有 156 个数据。每个月德智体美任务完成情况一目了然。这样，学生比有对象，赶有目标，效率也高一些。

下面谈谈怎样减少无效劳动。

这个问题的关键是使学生明确什么是无效劳动。我曾让学生找出哪些是无效劳动。全班同学共找出 100 多项，大家把它分为两类：

一类是显而易见的。如被各种不利的心理因素所左右的灰心、忧虑、嫉妒、骄傲、背各种思想包袱等。另一类是不明显的，如抄别人的作业，已经会了的题还反复做。这实际是把脑力劳动变成了体力劳动。手虽然很忙，但对脑来讲，并无成效。违背学习规律，教材还没弄通，就去抠偏难的题，也属于无效劳动。学生们分析了这些无效劳动的害处，订出了减少无效劳动的措施。

增大劳动量，减少无效劳动，这些说的都是在一定时间内增大分数值的问题。分子固定时，如何缩小分母呢？我们做了 3 件事：

1. 尽可能使学生对自己的劳动产生兴趣。有兴趣的事，做起来就快。例如写作文，一篇文章既可以拖上半年，也可以一小时内一挥而就。“文革”期间，学生写了十年批判稿，到头来，不仅不会写作，连讲真道理的批判稿也不会写。有兴趣的文章，如“春雨过后”“蜻蜓”“友谊”“关怀”“启蒙者”“有心人”“月食”等作文题目学生就愿写，我便尽量让学生写这些源于生活，源自内心的文章。这样，大家写起来积极性高，有的一小时便写了 2000 多字。

2. 用意志约束注意力。实践表明，有兴趣的事，做起来注意力集中，效率高。但没兴趣的事，做起来，效率就低吗？也不一定。我启发学生回忆：大家都怕期中、期末考试，对考试基本没兴趣吧？但你算算考试前的学习效率是高还是低？学生异口同声地回答：“当然高了！”为什么？就是因为你把考试当成了一种责任，有的把它当成一种压力，这种责任和压力，增强了你的意志。这意志强迫你放下诸如打球、看电影之类的事，而去准备你不感兴趣的事——考试。可见，平时只要注意培养责任感，培养坚强的意志，对那些没兴趣的事，注意力也能集中，效率也能提高。

3. 利用学生的好胜心理，造成一种竞赛的气氛。这样做能使学生对没有直接兴趣的事产生间接兴趣。

竞赛中强调学生自己和自己比，以便战胜自我，超越自我。比如，班级大部分同学的写字速度是 30 字 / 分钟，默写 35 字 / 分钟，作文 17 字 / 分钟，做一道几何证明题 10 分钟，等等。那么，在给自己明确完成任务所需时间时，能不能把时间规定得少于这个平均数？我告诉学生，据科学家测定：效率最高之时，就是规定的完成任务的时间将要到来之时。这样学生都愿把完成作业的时间规定得少一点，以督促自己尽快完成。

另外，我们也经常组织全班竞赛，竞赛常常使人丢掉犹豫，忘记自卑，与溜号绝缘。经常搞小型竞赛，使学生感到自己是学习的主人，是注意力的主人，享受到胜利的欢乐。150 字的《卖炭翁》，大家比一比，6 分钟能不能默写完，结果最快的仅用了 4 分钟。代数第二册（1980 年版）共 42 道应用题，看谁先列完方程，结果最先列完的仅用了 1 小时零 5 分钟。班级经常搞这种竞赛，即使全班最慢的同学，他的效率也是自己平时的数倍，“后进学生”也能享受到胜利的欢乐。不仅学习比，体音美活动也比，到社会上做好事也常这样比。有一个星期天，全班同学到县图书馆劳动，班干部指出上次劳动说话的人多，效率不高，影响人家看书。劳动后我便提出，明天劳动，从开始到结束，每人只给说 5 句话的定量，比比看谁还有剩余。结果除了分配任务的班长，大家都有剩余。

1982 年，广西《中学文科教学参考资料》第 8 期开辟了介绍我的教育改革的专栏，刊登了我写的文章、研究人员写的文章和我的两名学生写的文章，其中刘诗奎同学写的《魏老师培养我们的效率感》的文章，写出了学生对哪些问题感兴趣。文章写道：

> 魏老师很重视我们学习效率的提高，时刻教育我们养成高速度、高效率的学习习惯，教育同学做任何工作都要具有高度的效率感。
>
> 首先，魏老师给我们讲解提高学习效率的意义。他把鲁迅先生的一句话抄在黑板上让大家思考：“节省时间，也就是使一个人的有限的生命更加有效，也等于延长了人的生命。”
>
> 其次，他还经常向我们讲解提高学习效率的方法。
>
> 第一，要有科学支配时间的计划。在学习之前，把先学什么，后学什么，要用多长时间，都计划好。英国哲学家、政治家培根说过：“合理安排时间，就等于节约时间。”只要我们计划周密，然后按计划执行，就会节约大量时间。
>
> 第二，高效运用。达尔文说过：“完成工作的方法是爱惜每一分钟……”魏老师常教育我们做事要有雷厉风行的作风，要一鼓作气，速战速决，不能磨磨蹭蹭，拖拖拉拉。在既定时间内工作做不完，就不能停下休息。还要合理地支配时间，先做大事，后做小事；用大段时间处理较复杂的事情，用小段时间处理容易完成的工作。
>
> 第三，精确计算。计算所用的时间时，要认真计算有效劳动、无效劳动、学习效率，并计算其中是否有浪费的时间，是否能再节约一些时间。

第四，迅速改进。改进工作也要有个高效率，要在时间支配计划里计算出还能节约的时间，把浪费的原因找到，尽量减少无效劳动。

方法十分宝贵，可是我们有的同学还是不注意学习效率。魏老师发现后，就给我们讲了这样一道题：

某人要烙三张饼，一锅可烙两张，两分钟烙熟一面，问需多长时间烙完。不少同学脱口而出："8分钟。"可是魏老师却回身在黑板上写下了这样的算式：甲正面、乙正面＋甲反面、丙正面＋乙反面、丙反面：

2分钟＋2分钟＋2分钟=6分钟

接着，他又说：比如二人各挖一个坑，甲挖一锹歇几分钟，再挖一锹再歇一会儿；而乙则一口气干完，你说谁累？当然是拖拖拉拉的甲。现在外国公司连职员走路的步距、速度都做了规定了，不达到标准就要受罚。这不正说明计划支配时间、高效运用时间的重要性吗？捷克人文主义思想家、教育家夸美纽斯说过，时间应分配得精细，使每年、每月、每日和每小时都有它特殊的任务。印度科学家雷曼也说过，每天不浪费、不虚度或不空抛剩余的那一点点时间，即便只有五六分钟，如果能重用，也一样可以有很大成就。游手好闲惯了，就算有聪明才智，也不会有所作为。不要小看这点滴时间，只要坚持不懈，就会集腋成裘，事半功倍。苏联科学家柳比歇夫坚持一生精确计算时间的支配和工作效率，一年一大结，一月一中结，一天一小结。正是由于他如此注意节约时间，提高效率，才为自然科学做出了巨大贡献。无数事实都已证明，养成高效率的学习习惯、工作习惯，将对人的一生有着无比重大的意义，因为它等于延长了人的生命。

魏老师的这番话，真使我们心悦诚服，我们全班同学都注意效率感了。就拿我来说吧，每一学期开始，都计划出这学期重点抓的科目，学完每科的大约时间，复习所用时间；每月一日，都计划出这个月的学习任务量，上半月学什么，学多少，下半月学哪科，学习速度；每天早晨起来，都规划出当天的任务，哪些是必须完成的，哪些是要尽力完成的。一拿起课本，就习惯地估计这段时间可以读多少页。每天晚上，我都在日记里总结时间有效利用率。计算的项目有：学习量、效率、有效劳动时间、无效劳动时间、最佳效率时间、最低效率时间及其原因和改进方法。正因为有了效率感，我的学习效率才大大提高。每分钟能看 1000 字左右，每小时能写一千二三百字的文章。两年半的时间共写了 800 多篇 30 多万字的日记，120 多篇 10 万字左右的文章，共阅读了近 200 本各种书。

还记得魏老师主持过一次以“什么是无效劳动”为主题的班会，同学们都兴致勃勃，举出很多无效劳动的实例。如心胸狭窄，计较小事，胡思乱想，见异思迁，当日事不当日毕，贪多求快，不注重身体，实行疲劳战术，等等。从这以后，同学们支配时间更精打细算，学习效率更高了。

直到现在，我们这些早已初中毕业离开魏老师的学生，还保留着魏老师指导我们养成的高效的学习习惯。时间越长，学习任务越重，我们就越发感到这种习惯的宝贵。

7 年以前，刘诗奎同学分配到省统计局工作。实践中，他愈发感觉到增强效率感的重要。

现代社会，信息量大，有效无效因人而异。由于现代社会学习工作节奏快，在校内便培养学生的效率感，学生进入社会后，才能适应需要，最大限度地做实事，做有效的、有益于自己也有益于社会的事。

高效学习日

我自己经常有这样的体会：某一天抓得紧，一件接一件地做实事，顾不上惆怅，没时间犹豫，来不及拖拉，就这么在不停地做中享受实干的幸福与自豪。一天下来，以写稿为例，即使在上课，接待客人之日，仍能完成一万字以上。也有时，客观条件挺好，没客人，也没别的紧迫的任务，可早起情绪不好，便没控制住，于是自我原谅，拖拉，一天下来，连一篇千字文也没写出来。

我想，应经常对自己提出高效工作的要求，也该对学生提出高效的要求。

设立高效日便是提高效率的具体办法之一。

1981 年 11 月 16 日，我在班级里提出，要试验搞一下“高效学习日”，看同学们究竟能完成多少学习任务。

学生们表现出极大的热情。

卢建良、王海江等一些平时极贪玩、爱说话的学生，那天学习时间抓得十分紧。卢建良任“炉长”，只在下课时匆匆地低头添一次煤，马上又回座位上做练习。王海江一反常态，连下课时都顾不上说一句话。康景得说：“我写出了一身汗。”袁中骄傲地说：“我今天真创了纪录。”王青说：“我的几支钢笔都写得没墨水了。”杨松抱歉地，但又不无自豪地说：“我写了 36 页半是因为我的字大。”裴天江等人则说：“以后咱们天天这样高效率吧！”

到了 1982 年 3 月 1 日，开学的第一天，班级规定为“高效学习日”。在这一天当中，除上课以外，大多数同学完成的作业量都在 25 页以上（每页篇幅为 16 开纸）。

“高效学习日”激发了学生们的紧迫感、效率感，营造了一种竞赛的气氛，形成了一个你追我赶、奋力向前的场效应，促使平时较懒惰的人也紧张起来，分秒必争，写完了、干完了，一个个眉飞色舞，扬扬得意！

卢建良完成各科练习量近 31 页之多。我问他：

“你今天学习用了几分劲？”

“也就 5 分吧。”

刘念东也超额了。我问他：

“你自己觉得用了几分劲？”

他想了一想说：

“有 6 分。”

他们都感到自己还有潜力可挖。确实是这样，有一个明确的任务、较高的目标在吸引，有一个相互竞赛的“场”在推动，学习效率确实可以成倍提高。

设立高效日，一般先引导学生在前一天订出计划：这一天的活动时间表与往日有何不同，各学科书面练习共完成多少页，复习和预习的任务量最好也落实，数字具体一些，执行起来可操作性就强。

高效日这天，教室内一般规定为无声日，即使课间也不说话，需要说话时到走廊，到操场。这样可以给人一种节奏紧张的感觉。

高效日这天，不一定每个人效率都明显高于平时。按照人体生物钟节律，有的也许恰逢这一天，赶上体力、情绪、智力三个危险日，这样他就很难把握住自己，还可能看到其他同学们紧张地学，更加重了他把握不住自己的焦躁感。逢这时，不要以为是高效日不成功，要客观、冷静地分析个别同学效率上不去的原因，帮助他排除故障。

应该说，每个人平时学习，也有低效日高效日之分，这如同大海中的波澜，有波峰，也有波谷。这时的高效日，是自然状态的高效日，很难达到更高的高度。倘经过集体和个人的精心设计，高效日的目标会超过自然状态的高效日，并会不断超过，高效日的动力也会比自然状态下的动力源要广，要大。

一个一个高效日活动的开展，引导学生们不断超越自我。

在开展新的高效日活动时，应引导学生再现过去效率最高之日的情景，分析一下那次高效之日的情景，更多地创造高效的外部和内部条件。

外部条件：如重大考试即将来临，父母施加了压力，老师下达了非常重的学习任务，整个班级你追我赶的学习气氛，到社会上参加考试失败受到了刺激，受到市场经济大潮的鼓舞，受到革命先烈与英雄人物事迹的鼓舞……

内部条件：如想到自己有了好成绩才会在同学中有威信；学习好了感觉问心无愧；学习进入境界，感觉是一种享受，一种幸福；要忠实于自己的诺言、计划；要超越自己的竞争对手；要争取有远大的前途；要考取名牌大学；要成为杰出人物；要对得起父母，报答父母的养育之恩；要为祖国、为社会尽责任，尽义务；要为创造理想社会而奋斗……

制订高效日计划之前，重视以往效率最高之日的情景，更多地创造高效的外部和内部条件，就容易使新的高效日突破以往的目标。

高效日不能搞得太多，多了，违反了波浪式发展的规律，人为地制造脱离规律的高潮，形式上暂时似乎不错，时间长了又需要一次大的调整。

推开犹豫，雷厉风行

我被犹豫夺去过不少时间。在写这个题目之前，同时还有两个题目可写，为确定先写哪一个，我竟然犹豫了近五十分钟，要知道，这几乎等于写完一个题目的时间。

我尚且如此，学生被犹豫夺去的时间就更多了。

赵德民同学性格开朗、胸怀开阔，人送绰号“大海”。他有一副好嗓子，唱起歌来嘹亮动听，一曲《垄上行》使他的名声大振。

一天，他上课迟到了，按规矩，该唱一支歌。站在全体同学面前，他羞红了脸，犹豫着想唱又不想唱，手摸鼻子，抓耳朵，时间一分一秒流逝着。

我大声说：“做好事，别犹豫，被犹豫挡住什么也做不成，耽误了时间，平添许多遗憾，怎么办？把挡在前面的犹豫往旁边一推，一挺身，立即干起来，心情会好得多。我喊一二三，赵德民！开始唱！”

果然，他抬起头，放声唱起来。刚唱完，同学们报以热烈的掌声，从掌声和同学们的目光里，赵德民受到了鼓舞。

不仅唱歌这一件事，别的事赵德民也犹犹豫豫，失去了很多时间。

我请全班同学写一篇作文，题目是“赵德民的特长和不足”。同学们充分肯定了赵德民的长处，同时指出：他做什么事都犹犹豫豫，想做又不想做，想马上做又想明天做，弄得时间没了，事却越积越多。

他答应负责给班级买窗帘布，过了一个月也没买来，到了第二个月，别人一再催促他才买来。他上午拿到教室，交给班长纪磊，纪磊一个午间就在家里用缝纫机把四个大窗帘做好了。

我对赵德民说：“就买布和做窗帘这两件事说，哪件事容易？”

“当然买窗帘布容易。”

“可你做容易的事用了一个半月，人家做难事用了一个午休。差距在哪？在于你犹豫，人家果断。你不是不想买，而是总想今天买还是明天买，上午买还是下午买，饭前买还是饭后买。”他笑了：“我正是这样想的，老师你怎么知道？”“我也吃过犹豫的苦头嘛！结果累计犹豫的时间都远远超过了买窗帘的时间。”

赵德民说：“我犹豫的时间得超过买窗帘实际所用时间的两三倍。”

“你学习成绩不理想，重要原因在于你的犹豫挡着你的智力，横在前面阻拦你做实事，夺去了你大量的时间。”

“我写作业、做练习、写日记真是这样先犹豫很长时间，实在拖不过了才做，有时已没时间了，只好拖到第二天、下个月，越推越多，就更不愿做了。”

我发现相当多的学生做事犹犹豫豫。我经常和同学们讲：

犹豫是时间的盗贼，许多宝贵的时间在犹豫之中溜走了。如果认真计算一下，许多人一生中，会有五六年的时间被犹豫偷走。

在新的历史时期，人需要从传统型向现代型过渡，办事坚决果断，讲究效率，排除犹豫，也可以说是时代的要求。

犹豫又是机会的冤家对头，许多良机就是由于人被犹豫占有，它才离人而去的。

好犹豫的人，对事情毫无理由地放着不做，一篇文章，想写又不想写。而不想写，只是由于懒，过一会儿吧，下一小时再写吧！明天写也来得及。而此时不写，并不是由于手头有什么别的文章或别的事。

还有一些人的犹豫，是因为眼前要做的事中有选择的余地，有大小之分、主次之分、难易之分。犹豫一番之后，大、主、难的事便被往后排了。待到做完小、次、易的事之后，又去选择一些小、次、易的事和大、主、难的事相比较，犹豫一番之后，照例去做前者。如此五六番，大事、主要的事、难事面前始终站着个犹豫，排不上被完成的号。

另有少数人，犹豫是由于存在想把事情做得尽善尽美的心理：一件事不做则已，做就要无瑕无疵、尽善尽美，让谁都得给自己叫好。并以为万一出了漏洞便不得了，自己给自己施加障碍，制造紧张气氛，以至于由于想不出万全之策，而将该做的工作一直搁在犹豫后面。

极少数人把“谨慎”与“优柔寡断”用等号连接起来，以为谨慎就得犹豫。这就使真理多走了一小步，成了谬误。

怎么推开犹豫，我曾在语文课上跟全班同学商量了半节课。

对于懒所导致的犹豫，不妨挑自己喜欢做的事，抓过来先干着，干完一件，再找一件喜欢的事，从一大堆事里往外挑最喜欢的，容易使心理轻松愉快。最终剩两件事时，仍有一件是比较喜欢的，最后只剩了一件，负担轻了，做起来就容易了。

对于两件事不知做哪件好所导致的犹豫，可以立即采取一种较快的选择方式，不妨用扔币（正面朝上则先做哪件事），用倒尺（将格尺立起，尺倒向哪边，则先做哪件事）等简单、迅速的方法来确定，这样很容易便把犹豫推到了一边。

对于畏难导致的犹豫，则用“明知山有虎，偏向虎山行”的话来激励自己，然后数 3 个数，数完一二三，不管多难，立即开干。这样时间长了，真的便养成了事专找难的干的性格。

对于害怕失败产生的犹豫，则想：“先干，遇到困难再说。”“先干，干坏了再重干。”“车到山前必有路，车先走，没路了再找。”……

推开犹豫的方法应该不少于 100 种，每名同学犹豫的原因不同，犹豫的方式不同，推开的方法也不尽一致，但大家一定要重视这一问题。有了这种病要早治，要千方百计地治。只要立足治，大家都会摆脱由于犹豫阻碍自己发展而产生的苦恼，都能够变成坚决果断、说干就干、雷厉风行的人。

45 分钟写完 2420 字

国家体委规定的达标项目，跑、跳、投问题都不大，体育老师测验，全班合格率在 80% 以上，优秀率能达到 30%，其余 20% 不合格的也和及格线相差无几，只要抓紧锻炼七八天，便能及格了。

测男同学引体向上，要求正握杠，身体直，引体向上，杠至颔下，3 次算及格，8 次能得 100 分。结果呢？全班 70% 的同学达不到 3 次，只有 3 名同学能得 100 分。

体育委员赵广民急坏了，立即同不及格的同学商量强化训练：“什么叫行不行，关键是练不练。每天下课后到单杠上去挂着，挂上 20 天准能及格，不信就试试。”不及格的同学也认为自己不及格不是先天不足，主要是训练不够。

怎么办？每天强化训练，哪天能达标？大家说：“一个月保证达到 3 次的标准。”“达不到怎么办？”为防止有的同学训练不刻苦，同学们商定：一个月后检查，不达标者每天写 1000 字的说明书，一边写一边练，一直写到达标那天为止。

“有反对的吗？”赵广民问。

“没有！”

“那好，从明天开始计算，30 天以后检查。”

每天下课铃响过，没达标的男同学便蜂拥而出跑向操场，奔向单杠。随着检查日期的接近，奔单杠的人越来越少，那些及格的同学，只在放学之后玩一次，以巩固成果，提高分数，练起来就不像不及格时那样苦了。

临近测验的那几天，课间总到单杠下面去的，只剩了一个人。

有一天自习课，我见张鹏飞同学上课写说明书，下课了还在写。

我问：“你犯什么错误了？”

“我引体向上没达标。”

“没达标怎么了？”

“体育委员和同学们定的，没达标就每天写说明书 1000 字，一直写到达标为止。”

我这才知道班级达标遇到了障碍，才第一次知道有这么一条规定。我当时就感觉这条规定过于严厉，便问：“这规定是不是有些过分？”

“当时我也同意了这项规定，以为自己一个月能达标，不知道具体训练起来，难度有这么大。咱班同学都达标了，只剩我一人，看来惩罚还不算过分。”

“你感觉自己再练多长时间能达标？”

“半个月之内。达标，我还是有信心的。”

“那不得写 15000 字的说明书吗？”

“只好写了。没有这个压力，我们练也许没有这么刻苦。”

“我看你今天写了好几篇了，怎么还在写？”

“我今天各科作业练习都提前完成了，自习课有剩余时间，就把明天、后天的说明书提前写出来，不然到了明后天，学习任务一重，就得熬夜了。”

“每天 1000 字说明书得写多长时间？”我问。

张鹏飞轻松地笑笑：“也就是 20 多分钟吧！”

20 多分钟写 1000 字说明书，我感到不可能这么快，但张鹏飞又是我们班的大老实人，他说的话，一定是实践过的。我便想看一看究竟一名同学一节课能写多少字，便说："下一节自习课，老师想测一测你一节课能写多少字的说明书。从上课到下课，你只写意思连贯的一份说明书，铃响开始，力争不停顿，一直到下课交卷，看能写出多少字。"

自习前我跟全班同学讲：这节课我们请张鹏飞同学做个试验，看看一节课究竟能写多少字的说明书，大家愿试的也可以试，完成了学习计划，写完作业练习的，有兴趣可以帮着计时、监督、裁判。

上课铃一响，张鹏飞立即拿出几页空白稿纸，迅速铺开，熟练地抽出笔，飞快地写起来。他全神贯注，思路流畅，笔不停顿，一直写到下课铃响。他停笔，擦了擦额上的汗，递给我写得满满的 3 页稿纸。他没在格内写，因为字写得瘦长，一个格装两三个字。

我请他一邻座的同学数一数这 3 页纸是多少字。10 多分钟后，这名同学告诉我："老师，有 2400 多字！"

"什么？能有这么多吗？是不是数错了？"我不相信能写这么多字，便又请班级数学科代表再数一遍，结果数学科代表说 2420 字。

我还有点将信将疑，便又自己数了一遍。确实，连标点符号在内，张鹏飞同学 45 分钟写了 2420 个字。

张鹏飞同学是我们班学习最好的同学之一，字也写得好，思路流畅。他在说明书里，分析了自己引体向上不及格的多方面的原因，既没有排除客观原因，也没有排除自己主观锻炼不刻苦的责任。有的话写得情恳词切，如谈到自己的体重时写道："我是家中的独生子，自幼便受到祖父母与父母格外的疼爱，即使在家庭比较困难的时候，父母也节衣缩食，省下钱来，给我买营养品。他们都是知识分子，便希望我也能像他们，而读书先得有好的身体。营养上去了，我的身材便长得高大，才 14 岁，便已有 1.75 米了，再加上长得胖，这样地球对我的引力便比别人大，引体向上的时候，就比别人多了不少负担。父母的关心是一件好事，但正像老师说的，有一利便有一弊，又高又胖，引体向上不及格便成了弊端。……最近班里强化训练，我已由一个也上不去，变成能上去两次了。我有决心，有毅力，再苦练 10 天，达到体育锻炼标准。"

10 天过去了，张鹏飞同学果然说到做到，达到了标准。

我开始还有点责备体育委员不该定这么狠的惩罚措施，过后一想，倘不这样严格，同学们训练也不会这么刻苦。仔细分析，这样严格要求，使张鹏飞等同学失去了什么呢？可能失去了一点学习时间，但另一方面，他却提高了写的效率，增强了毅力，增强了体质。

后来，我经常用张鹏飞同学 45 分钟写完 2420 字的事例来鞭策同学们，鞭策自己。生活中有了这样一个标杆，时时想起，确实能够提高自己的工作学习效率。

在这之前，我测验过自己写字的速度。那一次是在钢板上刻蜡纸，我一小时的时间刻了 2200 字，后来很长一段时间，这成为我鞭策自己的标杆。

自从有了张鹏飞同学这一标杆以后，我便撤掉了原来的标杆，时时想到 45 分钟 2400 字。

今天是 1992 年 12 月 27 日。上午送走了客人，为清静起见，到校来写稿，坐在空荡荡的教室里时，已经 11 点钟了。我想到这个题目，拟了题，写到此刻，超过 2000 字，时钟已是 11 时 58 分。

我深信，今后张鹏飞同学的效率还将激励我，激励一届又一届学生们加快节奏，刻苦学习，努力工作，提高效率，从而体验到快节奏工作的幸福。

用好“边角余料”

朔风怒号，大雪漫天，气温骤降。还没到取暖期，锅炉没烧，教室里冷，外面更冷。放学了，同学们出了教室，一路小跑着回家，以产生一点热量。教室外刘文强同学穿得很单薄，冻得打冷战，却还在门口站着不走。我问：“这么冷，还不快走？”

“老师，屋里还有几名同学没走。”

“等他们干啥？”

“老师您忘了，我是负责检查路上一个单词活动的。”

原来如此。十几年来，我一直引导学生学会使用零碎时间，我们管这叫边角余料。北方有不少家庭主妇，把做衣服剩的一小块一小块布积攒在一起，然后拼缝成很漂亮的椅垫、被面。工厂里积攒边角余料做成批工业品的例子就更多了。一般说来，会利用边角余料的人更珍惜成料整料。

我想零碎时间也像边角余料一样，应学会利用它，应通过使学生利用时间的边角余料，培养学生的惜时观念。一个珍惜整料成料的人，不一定珍惜边角余料；一个珍惜边角余料的人，一定更珍惜整料成料。

一个善于利用时间的边角余料的学生一定是珍惜大段时间的学生。

1984 年的一天下午，最后一节自习课，体育委员徐建峰领着全班同学做完了仰卧起坐和俯卧撑。一看表，今天做得快了些，离放学还有 3 分钟时间，他立即下令："快回自己位置，抓紧学习 3 分钟。"

全班同学懂得要善于利用边角余料，立即进入学习状态。新转来的李爱军同学坐在那里，书包早已收拾好了，干巴巴地等着放学。我问："你怎么不学习呀？"

"时间太短了，学不了什么，这么点时间扔掉不算啥。"

我开玩笑似的摸他的衣袋，从里面摸出几分钱硬币，说："这么点钱，扔掉算了，也不能买衣服穿！"

"老师别扔，不能买衣服，还能买纽扣呢！大钱买大东西，小钱买小东西。"

我说："这就对了。小钱你知道不扔掉，留着买点小东西，可比金子还宝贵的光阴，你为什么扔掉呢？难道不可以用同样的观念去对待吗？大段时间做大事情，几分钟便用来做小事情。"他点头称是，逐渐学会了利用零碎时间。

那时，我们班有两名淘气的同学，一放学，走在大街上便嘻嘻哈哈，和我校或原来的同学打打闹闹。手上拿个树枝，或拿个苇棍，或拿个小土块小石头什么的，你碰我一下，我碰你一下。

我想，他们也实在没事可干，手抓惯了东西，若空着手，真也发痒。一天放学，我请这两名同学留下，说："咱们搞个试验，从今天起你们放学晚走 3 分钟，等那些和你们闹的同学回去了，你们再走。走的时候，别空着手，你们不是背英语单词费劲吗？那就给自己订个计划，从学校走到你们家用多长时间？""10 分钟。""那好，10 分钟，不要多背，就背一个英语单词，回家时路上再背一个，可以吧？""10 分钟背一个，一定能背会。""那好，每天上学往返 4 趟，就是 4 个单词，一年下来就是 1000 多个。不要说一天 4 个，就一天两个，一学年也有 600 多个，现行教材，你学起来就一点都不难了。"

放学，他们俩每人手里拿着一本书，目标明确：英语单词；数量清楚：一个。于是他们信心百倍。一旦有信心，并真心干实事，便出现了意想不到的结果，很快就背会了。他们还嫌 10 分钟背一个单词少了，于是给自己增加了任务，边走路，边叨咕着背，实在想不起来了，扫一眼，还互相提问。手里拿着书，便忘记了拿小棍、拿土块什么的，显得比过去文明多了。

学习好的同学一看，也着急起来："他们平时那么淘气，现在都珍惜时间，连走在路上都知道学习，我怎能白白扔掉这宝贵的一段光阴呢？"于是纷纷效仿。放学时，大家都拿着一本书，有的看英语，有的背文言文，有的背定理、公式。

走路的同学背，骑车的同学也着急起来："他们白捡了那么多时间，我们岂不是吃亏了？"有的便买了自行车用的小铁筐，安在车前面，把书打开，一边骑车，一边看书。我发现了，立即严肃地、坚决地进行制止："这可不是开玩笑，骑自行车必须注意交通安全，注意力不集中，容易发生事故，绝不许此类事再发生。"命令学生拆掉了车前面的小筐。但听说个别同学还有骑车偷着看书的。昨晚，我还听家远的几名同学议论："骑车看书其实没事儿，特别在人少的时候。"有的说："司机还一边开车一边听收音机呢，不是照样没事儿吗？关键在于开车技术熟练。我们骑车技术高一些，完全可以边骑车边背单词。"我听到了这议论，走进去："谁骑车看书了？不管有事没事，一律停止。以后你们长大了，成了心理学家，再认真研究这个问题。"

后来，我同一届又一届的学生讨论路上一个单词活动的利与弊，大家都觉得利大于弊，便一届又一届地坚持了下来。

刚开始，有的同学不习惯，容易忘记，大家便选举一名同学承包这件事，每天放学时站在教室门口，负责提醒大家：不要两手空空走在路上，要拿一本书，要做一点实事。刘文强同学就是本届负责承包路上一个单词活动的，他要等中午回家吃饭的同学都走了，才能离开教室门口。

有同学问我："老师，您猜我的政治成绩为什么提高这么快？"我才注意到这名去年政治考试总不及格的学生，最近两个月测验，政治成绩总在80分以上。我说："那你是加强预习了？""不是。""上课注意听讲了？""也不是。""认真完成作业了？""还不是。"

"我只不过把路上一个单词的时间用在了背政治上。从家到学校，两里路，要走10分钟多一点，每天两个来回，便是40来分钟，每趟背两个概念或一道大题根本不费劲。政治课一个星期才两节，若每天用40分钟去背政治题，保证一点不费劲地把学过的政治题背得滚瓜烂熟。这样一来，我由烦政治变成了喜欢政治。并且发现，我属于那种运动记忆型的人，边走动边背诵，记忆效果特好。”

“以前老师强调过，路上背东西不要贪多，不要背大题，背大题边走边看书，眼睛容易近视，你怎么不听呢？”

“我并没有边走边看，一道大题扫一遍，便了解大概意思，便开始背，背到实在想不出来的地方再扫一眼，这样过一段时间扫一眼的看书方法更有利于记忆。过去我背书，眼睛盯着书，反复看，心不知跑到哪去了，反倒背不下来。现在带着问题速读，虽然看书时间很短，效果却非常好，实际是减少了眼睛的劳动时间。”

我并没制止这名同学的做法，她的政治及文科成绩确实直线上升，而视力并没有变坏，但我也没推广这名同学的做法。

我仍要求同学们在开展路上一个单词活动时，目标要单一，每次只选一科，任务数量一定要少。倘背英语，只记一个单词；倘背数学，只记一个公式；倘背语文，只记一首短诗……不许背大题，更不许盯着书一路走一路看，那不是利用边角余料，而是成了练近视眼了。

目标单一，避免犹豫；数量少，避免畏难。谁都能做到，事便落到了实处，做起来就有兴趣，有的同学背多了，也不必制止。提高成绩是小事，最重要的是这样做，日久天长，使学生养成了珍惜零碎时间的习惯。

顺便说一下，倘我国中小学生走路时都拿着一本有益的书，也有助于改变社会风气，提高人民群众的文明程度。

一分钟竞赛

一班新入学的学生，大家观念不一样，习惯不一样，对老师的理解也不一样。是不是要经过一段长时间的教育，他们思想觉悟提高了，再开始积极有效地自我教育和自学呢？当然不是。学生一入学，我喜欢把大家吸引到紧张有趣的学习潮流之中。紧张有趣的学习本身便是教育。我经常在课堂上开展一分钟竞赛。

“请同学们准备好，咱们搞一次一分钟背诵比赛。竞赛办法是，我说开始，同学们便把语文教材翻到指定的页数，从第二段开始背，能背多少背多少。背得慢的，可以只记住十来个字的一句话；背得快的，最好能记住几十句话。一分钟后，我说停止，大家立即合上书，开始默写刚才记住的文字。默写后，对照原文，正确的方能计算字数，看谁记住的字数多。”

“大家准备好了吗？”

“准备好了！”“老师快点开始吧！我们紧张得心都快跳出来了！”

“好！各就各位——预备——”

同学们进入了紧张的状态，像参加百米决赛那样全身心地投入。

“把教材翻到第 106 页，第二自然段，开始背！”

如同听到起跑的枪声，同学们记忆的箭飞快地向前，向前！不管平时多淘气的学生，一分钟的有意注意还是有的，何况此刻请大家做的，不是高不可攀的事情，只要努力，人人都可以做。没有会做不会做之分，只有做多做少之分。

“时间到，停！”

有几名同学欲罢不能，我立即予以制止。

“开始默写了。”静静的，只听到笔尖沙沙声。几分钟后，同学们兴奋地公布着自己的结果：“我背下来 56 字！”“我背下来 74 字！”“我背下 88 字！”

“还有没有更多的同学？”

张海英说：“老师，我背下来 122 字！”

“赵伟！你呢？”

“老师，我只记住了 24 字。”

“李健呢？”

“我背下来 26 字。”

“请同学们注意记住这次的数字，无论背得多的还是背得少的，都要力争下次超越自己，人最有效的超越是对自我的超越。即使赵伟只记住了 24 个字，也是超越了平常的自我。请赵伟想想，24 个字，将近一首七绝了，以前，你有过一分钟时间背下一首七绝的时候吗？没有吧。如果你巩固这个成绩，一分钟记住 24 个字，那就不愁背课文、背政治题、背英语单词了，是这样吗？”

学生们无论背得多的还是背得少的，都远远超过了自己平时的背诵速度，都品尝到了战胜自我的欢乐。

这次背的是记叙文，效率高一点，目的是使大家高兴，喜欢这种竞赛。

又背了几次记叙文之后，大家的效率都有所提高，最多的，竟然达到了一分钟便背下来148字的一段短文。这时，我告诉学生这是背记叙文，倘若背说明文或议论文还要慢一些，学生纷纷要求用说明文或议论文试验。

好在用时不多，那就试吧！刚开学的一个月，我几乎每节语文课都搞一次一分钟记忆力比赛。

我们也搞一分钟抄写比赛："请同学们准备好书、作业本和钢笔，咱们搞一次一分钟抄写比赛。我说开始，大家便将书翻到老师指定的段落，一分钟后，看看抄了多少字。"

同学们立即全神贯注，做好赛前准备。一说开始，但见大家动作一致，迅速把书翻到我指定的第84页，从第三自然段开始抄写。

"停！"一声令下，大家停住笔，马上看自己的成果。最快的同学写了55个字，最慢的写了25个字。我鼓励最慢的同学说："一分钟25字，20分钟便是500字，每天量化作业，20分钟不就写完了吗？一小时能写1500字，果真每天学习都达到这个效率，那完成作业就不费力气了。"

有时，我们也搞默写比赛。默写熟练的课文，没有抄书时头的摆动和笔的间歇，效率还要高，最快的同学每分钟能默写64字，平均每分钟默写能达到40字。

在外省市给学生讲课，有时学习任务完成了，还差几分钟没到下课时间，怎么度过这段时间呢？我说："咱们搞一次一分钟抄写比赛怎么样？"一般情况下，同学们都热烈赞成。比赛结果，也跟我们班差不多，写得快的同学达到50字以上，慢的，刚超过20字。

我还发现，写得快的，大部分是写字好的同学，而那些字写得东倒西歪、缺胳膊少腿的同学恰恰写得慢。

我们也搞一分钟朗读比赛，声音要大，吐字清楚，速度要快，像宋世雄担任激烈的足球比赛解说那样，说得又快又清楚，又感人。一般说来，同学们一分钟能读450字。每当此时，同学们读起书来像打机关枪一样，哒哒哒，争先恐后，射个不停，那真是人声鼎沸。

一分钟速读竞赛也很激动人心，大家翻到同一篇新课文，"各就各位，预备——开始！"大家速读，一分钟后，复述读过的课文内容。经过不长时间的训练，学生速读能力平均便可达到每分钟1000字。一篇3000字的课文，读3分钟之后，不少同学能理清文章的结构层次，复述课文的主要内容。

一分钟跳读比赛，要求学生每分钟读书速度达到1500字以上。我说："现代社会，信息量大，尤其需要人们具备跳读能力，才能在大量的报纸杂志中，及时迅速地筛选适合于自己的信息。有的人具有同时注意整版《人民日报》的能力，能在很短的时间内，在数版的报纸中将自己需要的两条信息筛选出来，这就是跳读能力。跳读大部头著作时，眼球更多的是做纵向而不是做横向运动，不是一行行品味每一句话，而是纵向注意一个或几个句群。”学生们觉得这种训练方式既新颖又实用。

也有时，我们搞一分钟听力比赛。老师在前面用广播速度报告重要新闻，或以每分钟 200 字的速度读散文，读评论。读的时候，同学们不许动笔，只准听，每当这时，大家真是凝神屏息，全神贯注，听过之后，立即默写，看谁写得多并且和原文一致。

一分钟竞赛，用的时间少，每节课都开展一次也有条件。经常开展这样的竞赛，增强了同学们的注意力，提高了同学们的学习积极性，增强了同学们的效率观念和竞争意识。

不少同学养成了竞赛的习惯，他们主要是自我竞赛，学习时首先明确目标，确定具体的任务量，然后按照每分钟的效率去确定完成任务的时间，增强了完成任务的紧迫感，提高了学习效率。

无规则数字板——提高注意力

国外有的心理学家这样训练学生的注意力与瞬间记忆能力：将不规则的 15 位数字在数字显示仪的屏幕上打出，要求学生集中注意力，在 20 秒内，尽可能多地记住数字的顺序。经过 50 次训练，学生瞬间记忆能力便有了成倍的提高。我向同学们介绍了这一消息，同学们都要求我们也搞这样的训练。

“我们没有数字显示仪呀？”有同学提。

“可以用多块纸板代替！”立即有人想出了办法，全班一致响应。

立即动手做，每人做一块无规则数字板，用一块长 75 厘米、宽 15 厘米的纸板或木板，写上高 10 厘米、宽 7 厘米的数字，数字的排列一定要没有规则，越杂乱越好。为了试验记忆数字快还是记忆英文字母快，还是记忆汉字快，又分配 10 名同学在自己的纸板上写顺序不规则的英文字母，另

10 名同学写顺序不规则但一定要大家熟悉的汉字。

第二天，数字板、字母板、汉字板都做好了，尺寸统一，大小一致，都放在前面。语文课上，我说：“咱们也试一试吧，看谁记得快。”我把纸板举起来，大家便全力以赴记。20 秒后，板放下，大家默写，看记住了多少位数字，默写后，我公布正确答案。从前向后排数字与顺序都正确的，有一个数，便得 6 分，满分为 90 分。

第一天，这样训练了 10 次，没有一名同学得满分，有几名同学开头在 20 秒内准确地记住了 15 位数字，但到第 10 名却记颠倒了几位，大部分同学不及格。经过几天训练，学生瞬间记忆能力明显增强，已经有一半同学能连续 10 次用 20 秒准确记住 15 位数字，而且速度越来越快。连平时最不爱背单词、不爱背概念的同学也兴趣十足地投入了记忆竞赛之中。

语文课搞这样的竞赛一次用六七分钟，增强学生学习兴趣，增强学生注意力，再接着讲课，效果也好。

有一天，我们又搞这样的竞赛，有不少外地教师来听课。我们班张铁同学好溜号，包头市听课的老师问别的同学：“你们班谁最淘气？”同学们便向他推荐了张铁，包头老师便故意坐在张铁身后，看他怎样听课。

我出示数字板时，张铁也聚精会神，全力以赴地背。包头市的老师发现他只用力背前 10 个数字，后 5 个连看都不看。

听课的老师见他背得挺累，便说，等下次你们老师再举起数字板时，你不用这么费力背了，我们给你抄到一张小纸条上，默写时，你照着抄下来，不就每次都能得满分了？

课后，老师们和我座谈时，说：“你们班学生确实有学习自觉性，而且能根据自己实际确定学习目标。据我们了解，张铁是学习“后进学生”，可他上课时也积极主动。下课了，我们问他，为什么每次只记 10 位数字，他说得很有道理：‘老师平时告诉我们：每个人从自己的实际出发确定自己学习任务，不能什么都想做，贪多，结果什么都干不成，也不能因为不能跳到两米高就连半米也不跳了。根据我的实际，如果 15 位数字都去记，可能记乱了，连 5 位都记不住，我试了一下自己记 1 至 10 位最合适，就全力以赴记前 10 位数字，后 5 位连看都不看，这样就能保证得 60 分。等到以后再竞赛时我再努力争取背到 11 位、12 位，逐渐达到 15 位。’”

另一位老师说：“难能可贵的是他自觉地学习，当我们告诉他，老师举数字板，我们给你写数，你照着抄，能得满分时，他像受了侮辱，瞪了我们一眼，说：‘我得满分有什么用，我的记忆力没练出来，你们走了，我找谁去要。’”

不仅语文课可以用数字板进行注意力、记忆力训练，就连上自习课累了，若想换换脑子，活跃一下气氛，也可以搞这种竞赛。

有人说：“瞬间记忆，过一段时间不就忘了吗？有什么用？”用途不在于长期保存，就在于在短时间内能记住枯燥无味的、没有规则的、没有意义联系的一大串数字，如果这些需要长期保存，那只要按照艾宾浩斯遗忘率曲线去复习就可以了。倘只短时间有用，那就在用过之后在记忆上抹掉。现实生活中我们经常需要这种瞬间记忆能力，特别是在旅途中、讨论会上、谈判桌上。即使在日常学习中，瞬间记忆能力也有利于加深对知识的理解，有助于筛选需长期保留的知识。

搞这种比赛的另一个好处就是训练了学生的注意力，倘若学生对没有趣味、没有意义、没有联系、枯燥的数字都能全神贯注地加以注意的话，那么他们这种有意注意能力一定会迁移到学习其他学科上面去。

语文课——学生自己讲

第二节、第三节都是语文课。糟糕，又赶上领导班子开会，只好让学生自学。到了9点多，下课了，我想，下一节怎么办呢？再让大家自习，那会倒了胃口，不见得有实效。我忽然想起，自己念中学时，老师曾经让学生讲过课，何不也试验一下呢？我便到教室里同学生商量：“老师下堂课还得开会，想找一名同学替老师讲课，大家看行不行？”新鲜事，学生们总是喜欢，大家热烈拥护。

“谁愿替老师讲呢？”

想不到真就有三四名学生笑呵呵地报名要求讲。

也许他们以为老师在开玩笑，也许他们是在跟我开玩笑，说不定，也有真愿讲课的心理。我从刚才报名自愿替老师讲课的几名同学中，挑选了前排的一个小个子同学，指定他来讲。至于怎么讲，全由他说了算。我又嘱咐班长：“刘诗奎给大家讲语文课时，请帮助维持一下纪律。”

下课铃响，我回到班级一看，同学们脸上都露出神秘的笑容。

刚才那节课上得怎么样？是讲得好，还是讲糟了？我看了看刘诗奎，这名勇敢的小老师一副若无其事的样子，收拾完书桌，跑出去玩了。我便问教室里的同学："刚才那节课上得怎么样？"

"讲得挺好，听起来，思路清晰，还突出了重点。"吴铮说。

"他讲起来不慌不忙的，该讲的都讲到了。"林华说。

"他还挺严厉，一边讲课一边维持课堂纪律，说话大王还被他批评了几句，像个老师的样子。"

同学们的反馈说明这堂课上得还可以，新鲜事激起了大家的新鲜感。看来，学生中蕴藏着多方面的才能和潜力。学生讲课不仅需要勇气，还要有真本事。他们除了通过自习对课文有所了解和掌握，还要有稍为广博一些的知识，还要掌握和运用一定的教学方法、教学程序，具有教师的气魄和语言……这无疑可以使他们潜在的能力得到锻炼和发挥。另一方面，对全体学生来说，学生讲课也是活跃大家思维的一个好办法。大家觉得有趣新鲜，总想从小老师的讲课中发现一些长处，有的则想找漏洞，这样想，不就是在积极思维吗？

这以后，这样匆匆忙忙找一名学生替讲的事还经常发生。因为我正在上课时，遇到省市以及更高层次领导到校的事，遇到特殊客人来访的事，遇到外地领导来电话的事时有发生。

一次正上着课，省市领导到校，我便问，谁替老师讲？韩军威、王海波、陈洪琴、郭丽娇等七八名同学都愿意讲。我说："大家选一位吧，同学们齐喊，看谁的呼声高！"大家齐声高呼，呼声最高的是陈洪琴。她走上了讲台，我便走了。

这样临时抓学生上课做法显然不科学，只是不得已而为之。更多的时候，我是找几名语言表达能力强的同学，个别找他们谈，请他们讲课，帮他们备课。他们讲课的时候，我也坐在教室里听，及时发现问题，观察学生的注意力，观察学生对哪些知识点感兴趣。从学生讲课时教学目标的确定中，从学生讲课时课堂程序的安排中，从学生讲课时教学方法的选择中，也可发现学生们平时对教师讲的哪些程序、方法更感兴趣。

学生讲课，不一定非要挑选学习优秀的同学，也可适当挑选中等和"后进同学"给同学们讲课，以了解他们各自对哪种教法更感兴趣。一般说来，学生上课时采用的方法便是他们平时最感兴趣的教法。

有一次，外省市老师来听课，我突然想到能不能请我们班学习最不好的梁强同学讲一课，便请他到前面去试一试。梁强同学是跳级生，注意力不好，但很有勇气，有一定的组织能力。他犹豫了一下，但没有推辞，很从容地走到前面去。他讲的是一篇文言文。他先请同学们确定这篇课文的学习重点，然后领着同学们学习难字、通假字、生词、文学常识。到翻译课文时，能翻译的句子，他便给翻译，他不会译的，便请成绩好的同学译，实在没人能译出的个别句子，他鼓励学生查资料。最后他又组织同学们开展背诵比赛，一节课的主要任务基本完成。听课的老师还以为他是一名学生干部，不然怎么能替老师讲课呢？听了梁强的课，我也感到“后进同学”中潜藏着极大的能量，如果他们总是处在这样积极主动的学习地位，一定也能够成为优秀的学生，关键在于教师怎样给这些同学一个持久的挖掘潜能的机会。

学生讲课，次数适当，安排得法，要比只由教师统治课堂效果好。

考前“独往独来”好

放学了，学生们高兴地走出教室，拥出校门。有的仨一群俩一伙，谈着笑着走着，只是偶尔想到手里拿的书，看上两眼。有的则二人同行，或谈心，或互相提问背诵的内容。有的一个人独行，边走边背边思考。

班长向我建议：“老师，放学路上，几个人一起走不好，常常说闲话，分散精力，还危害团结。咱们班不是常说试试并不吃亏吗？能不能试验一下在路上独往独来，我想会有不少好处。”

征求全班同学意见，100% 的同学都愿试一试。“试多长时间？”“先试一天。”试验当然是指早晨上学和中午放学的路上，冬天昼短夜长时，晚间必须几个人结伴而行。试了一天，大家感觉很有趣，又都要求再试 3 天。试了 3 天，同学们感觉利大于弊，纷纷要求再试。

同学们还提出选举东南西北四个方向的独往独来监督人，我们还确实设立了放学时奔向不同方向的监督人。其实只要离开学校 500 米之内独往独来，再往前，一般就不会再寻找说话的同伴了。课间，活动课，操场上，同学们热火朝天地玩，兴高采烈地交谈。

放学，走出校门，大家各奔东西，同一方向的也保持一段距离，每人拿着书，背该背的知识点，思考该思考的问题。偶然有同学走到一起了，该方位的负责同学便小声提醒一下：“别忘了，独往独来试验。”

试验了一个星期，请大家讨论这件事的利与弊。同学们争先恐后地发言：

“好处是心静。我过去和几名同学一起走，常东一句西一句地说个没完，有时说得不是地方，惹得自己和别人生一肚子气。”

“我和张 × 同学是固定在一起走的，我俩好得不分你我，一放学觉得学了一天够紧张了该玩一玩了。我愿去电子游戏厅，他不愿，但不好意思不陪，两人一起去，胆子大多了。他爱吃零食，我不好意思不跟着，于是学会了花钱。这么一分开，我们没了伴，电子游戏厅不好意思进，零食吃得也少了。”

“我没有固定的朋友，见人家都两三个人一起走，自己觉得很孤独，便勉强找两三个人，跟人家一起走。走了一段不对劲，又找另外两个人，挨在一起走，又怕原来的同路人有看法，为此多伤不少脑筋。提倡路上独往独来，恰好符合我的性格。”

“上学放学路上时间紧张，正应该讲效率，可两三个人一走，上学放学往一起聚时常常你等我，我等你。互相比着谁走得快的时候也有，但太少了，大部分时间是说说笑笑，谈谈唠唠，不知不觉比个人走路多费不少时间，还养成了懒散的毛病。”

“两三个人一凑，谈学习少，谈闲话多。闲话常常涉及同学关系，常常背后谈别人缺点，不仅影响团结，还使自己的胸怀变得狭隘，活得累。”

“路上一个单词活动非常好，不费劲就背会了，但如果仨一群俩一伙地走路，唠着唠着就把正事耽误了。”

我说：“请同学们不要一边倒，再说说独往独来的坏处。”

静了一会儿，经过启发，有同学才说：“独往独来可能对性格孤僻的同学不好，他本来就不愿与人交往，路上再没有机会，不更孤独了吗？”立即有同学反驳：“在学校，活动时、节假日时不都可以交往吗？”我说：“他毕竟少了一些交往的机会。”

又有同学说：“学习比较紧张，放学了，随便交往可以放松一下。”又有同学反驳说：“若把学习当作乐趣，就无紧张可言，何况学校学习，课堂穿插讨论，提问练习，又有各科搭配，体音美调节，体操、眼保健操，课间活动，已经有张有弛了。路上自己背东西也可放松背，非要一帮一伙地闲谈，那不是轻松，而是松散。”

显然同学们能让理智压倒感情，从较长远的角度分析这个问题。结果，大家要求以后班级长期规定：路上独往独来。由于试验时间短，这样做的弊端没能充分显现出来。我说："咱们先不忙着下结论，也不做统一要求，而是顺其自然，觉得几个人一起走好的就一起走，愿独往独来的，咱们提倡。但至少做这样的规定，大家肯定拥护：每次期中期末考试前的那一个星期，大家一定要独往独来，以形成一种不同于往常的备考气氛。怎么样？"

同学们热烈鼓掌。

忠实于自己——考试不作弊

1992 年新生入学，老师们普遍反映这届学生考试特别擅长抄袭。入学分班考试，"后进同学"抄，优秀学生也抄，认认真真，忠实于自己成绩的学生还不到一半。要端正学风，必须端正考风。学生认认真真地考试，平时才能扎扎实实地学习，长大了才能实实在在地工作。

近两年，我们搞了学校统一的月考试验。我要求月考时，一定要扭转新生的考风。首先，落实责任。考生抄袭，本人有责任，任课教师有责任，所在班班主任也有责任，要使师生都转变观念：抄袭是一件可耻的事，不仅自己耻辱，还牵连很多人。然后，将检查落到实处。考试时，若考场有违纪现象，监考教师未发现，被流动监考或领导发现，监考教师就要受到批评，并扣量化分。

为强化检查，我们安排了较多的流动监考和领导分包楼层的监考，这样一来违纪现象便大大减少。偶然发现违纪者，第二天课间操时全校集会，立即公布违纪者所在班级和学号，立即扣除本班值周评比量化分。

这样搞了半年，到期末考试时，老师们说："真没想到，才半年时间，这届学生就被训练得基本不会抄袭了。"

十几年来，一届又一届的学生我都严格要求，考试不许抄袭。只有这样，才会有真的优秀成绩。抄袭之后骗了老师，骗了家长，自己的努力劲头也会减弱，成绩反倒更低。

连续多年升学考试前，我都告诫学生："升学考试，尽管关系到自己的命运与前途，但也一定要实实在在，不抄袭，也不必在考场上看到别人抄袭你来气。归根结底，还是要靠真本事，靠抄袭上来的人还是极少数。平时有了真才实学，考场上一定能出好成绩。”

面对社会上的不正之风愈演愈烈，我的这些告诫受到了挑战。有的家长公开提出异议，告诉学生：“别那么死教条，到时候，吃亏的还是自己。该抄就得抄，别人抄，你也得抄。”有的学生拒绝家长的安排，以两分之差去了二类学校，家长一面责备老师不开放，责备学生太老实，另一方面，又不得不承认，这种实实在在的态度，有利于学生的长远利益，深长思之，还是老师说得对，学生做得对。

我跟学生谈心：目前我国确实是伪劣产品多，但这都是在商品经济刚开始蓬勃发展的初期、计划经济向市场经济转轨的初期出现的现象。假货能骗人于一时，能发财于一时，待市场发育成熟了，真正开始公平竞争了，假货就逐渐没有市场，败下阵来了。世界上绝大部分企业家，谈到经营之道，都强调一个对顾客负责，都强调产品要货真价实，这才是大家风度，才能在市场上长久站稳脚跟。有人说，老师主张升学考试也要实实在在的，否则跟不上市场经济的形势。其实是个别人不懂得什么是真正的市场经济。尽管眼前伪劣产品那么多，但整个国家、整个社会还是朝着有利于有真才实学的人的方向发展，即使目前，我们也还是欢迎有真才实学、能干实事的人到自己单位工作。所以，我们班级还必须严厉打击考试抄袭的行为。

严厉打击不等于捕风捉影，不能轻易冤枉一个人。

期末考试完毕，地理卷子发到了学生手里。“后进同学”全力抓主科还有困难，地理便基本放弃了，尽管放弃，甲生一看自己才得了 14 分，心里还是很难受。地理科代表把卷子发完之后，发现又有一张写着甲生名字的试卷，得了 42 分。他给甲生送去，甲仔细一看说：“不是我的。”后来一问，才搞清楚了，原来是乙生的。乙学习也不好，答卷时光顾着考虑问题，一开始就没写名字。下课时，老师收卷，提醒大家说：“可别忘了写上名字。”她一时慌了神，一看甲的卷子上写着“×××”，她居然忘记了写自己的名字，而不假思索地写上了同甲名字一样的“×××”三个字。乙接过卷子后，自己也埋怨自己，怎么慌里慌张地把别人的名字写上了？她红了脸，感到很不好意思。

这时候，她听见班里有人议论：“考试照人抄，连名字也抄下来，笨样！”

“我看应当追查。”

……

老实的乙生感到心里委屈，想辩解又说不清楚，想哭又不能哭，那股劲怎么也过不来，脸上无精打采的。

我知道了这件事，开头也埋怨乙生，怎么会可笑到照抄人家名字的地步，再认真一分析，不对劲儿。我跟全班同学说："甲得了 14 分，而乙得了 42 分，乙怎么可能是照甲抄的呢？同学们不能乱加议论，要对自己的同学负责任。无根据地给别人扣帽子，会给人家造成多重的心理负担！"

那名同学听了，心灵世界多云转晴，脸上露出了笑容。

这些年来，真正考试抄袭的同学在班级一直受到谴责，班内也进行过选举，选举考试时"最不忠实于自己的人"。班内正气浩荡，考风正了，大家才你追我赶地掀起了一个又一个学习竞赛的高潮。

课堂上与学生互动

第八章

写在教育边上
——日记摘抄（228则）

对于教师的职业有两句经典的座右铭：学高为师，身正为范。我对这两句话的理解是：作为一般的教师，追求学高可能是勉为其难，做到身正一定要全力以赴。“以德治教”，身教重于言教是教师必须时刻牢记在心，实践在身的。

战胜自我·超越自我（26 则）

◎ 与其将希望寄托在客观条件的改变上，不如将希望寄托于挖掘自身潜能上。

◎ 不能否认外界条件的改变对内部变化的巨大促进作用，但作为内部条件的一方，更重要的力量当然是应该用在改变自身素质上。这样用力气才更有实效，才能少一点唯条件论，少一点牢骚和失望。

◎ 改变自我，天高地阔；埋怨环境，天昏地暗。

◎ 抽打自己的鞭子要掌握在自己手里，即所谓“高悬鞭策自警”。

◎ 有毅力的人，能变不可能为可能；没毅力的人，能变可能为不可能。杰出人物之所以杰出，是因为他们做出了别人认为不可能办到的事情。

◎ 人如果学会了驾驭自己的智力，驾驭自己的认识，驾驭自己的感情，他就从一个自在的人变成自为的人了。

◎ 人的各种欲念时时在头脑中争先恐后地显示着自己，最终强战胜弱。势均力敌时，则由意志来裁决。也有时坚强的意志出来抑强扶弱。

◎ 荣誉是动力，也是羁绊；是担子，也是包袱。全看人们怎样对待它。

◎ 矛盾、麻烦是进步的障碍，但也是进步的阶梯。

◎ 多吃苦，干实事，尊重人，工作起来就有乐趣。

◎ 工作可以是精神寄托，是精神生活的需要，也可以是谋生的手段，是物质生活的需要。以前者的态度对待工作的，工作能创造奇迹；两者兼而有之的，工作能有成绩。仅以后者为工作终极目的的，不仅工作少乐趣，会陷在钱眼里难自拔，工作也难出好成绩。

◎ 人生的航船驶在生活的海洋之中，风浪是家常便饭。愉快幸福与否，不在于有无风浪，而在于征服风浪能力的强弱。强者幸福愉快，弱者痛苦悲哀。

◎ 人要想不背叛自己，就得制订符合实际的计划，强化检查措施，加大检查力度，并不时研究自己执行计划的情况，定期对计划加以调整，不使任务量过紧或过松。

◎ 我们常常想，这件工作过一会儿再干吧！这篇文章明天再写吧！这件好事能拖几天就拖几天吧！

但我们却很少想，这个气待一会儿再生吧！这点牢骚明天再发吧！这点忧虑能拖几天就拖几天再忧虑吧！

◎ 人真正幸福和愉快的感觉是什么？就是能战胜自己某些狭隘东西的感觉。

◎ 人来自动物界的事实决定了人永远不能完全摆脱动物性，这就决定了人永远要和自己的惰性做斗争，永远需要战胜自己的阴暗面。人最强烈的、最持久的幸福感就是征服自己惰性之后产生的幸福感。

◎ 有作为的人，每天都在塑造着新我，每天都从一个新的角度去认识世界，认识自我，设计自我。他的心灵像电闪雷鸣，不断放射出新的光芒和声音。

懦夫每天都在重复着自己昨天的言行，因循守旧，像一层厚厚的土，深深掩埋着他的才能，他只是在这土的下面叹息、抱怨。

◎ 人都有喜欢变化、喜欢新奇的心理。人生活于变化之中、新奇之中，才更爱生活，更爱工作。

◎ 人应该学会自我更新，今天的我应该比昨天的我有新的发现、新的认识、新的能力。我新了，世界在我的眼里就新了。

◎ 用心捕捉那些稍纵即逝的思想火花，及时加以拍摄。不要非得成为一篇，也无须前后连贯，只要它新奇，为平日所未有就行。

◎ 新奇的思想像流星，能划破思想沉闷的夜空。对习惯于沉闷守旧的人来说，它无关紧要，也无须捕捉。而对于想要创新、想要战胜自己的人，就非要增强捕捉思维流星的本领不可。

◎ 人对自己应经常这样提出问题：每天能不能再多干一件事？每小时能不能再抓紧点？每件事能不能干得再好点？能不能创造别人意想不到的成绩？

◎ 要为前进寻找条件，不要为后退拼凑理由。

◎ 人生道路不是直的，走起来免不了要有反复，这是就全局而言，就理论而言。

就每一天而言，就实际走路而言，就应该力求攀登一步，巩固一步，而不要进一步，退半步，甚至进一步，退一步。

◎ 学习也好，工作也好，自己的品德修养也好，绝不是说达到一个高度之后，就总在这个高度上待着了，而是稍一松劲，就会从刚攀上的高度上滑下来。

◎ 人给自己订计划之前，大多是雄心勃勃或信心百倍的，及至执行时，情绪便千奇百怪了。有一类人边执行边自我原谅，一步步地后退，一直退到不可能完成的地步时，信心的堤坝也就崩溃了。情绪沮丧，自责，心中的执政者由上帝让位给魔鬼。于是甚至埋怨起当初为什么订这计划，为什么这样折磨自己。由上帝的自责转变为魔鬼对上帝的讨伐、谴责、咒骂，于是彻底走了下坡路。

胸怀·人际关系·思想方法（25 则）

◎ 古往今来，日月星辰，江河山川，太空长天，你是这样的开阔广大，可生活在你中间的人，能有几多脑细胞来领略你的无限风光呢?

那狭隘的思想和人与人之间不正常的关系，禁锢了人们的聪明才智，强占了他们的脑细胞，使太阳的光辉、大自然的胜状照不进，映不进，使许多人带着昏暗的头脑，一天又一天、一年又一年、一辈又一辈地为了鸡毛蒜皮的小事而咬得头破血流。呜呼哀哉!

◎ 人们在自造的、欲望的疆域中生活，他造了多广阔的疆域，就有多丰富的精神生活。有的人的欲望的疆域面积只等于一块金币半径的平方乘以圆周率，于是，他就终身在这可怜的范畴内奔波着、挣扎着、忙碌着。

◎ 我们以高尚、昂扬、乐观的态度去看待生活，那我们就会生活在高尚、昂扬、乐观的生活之中。

◎ 当我们在为个人的兴衰荣辱奔波的时候，当我们为个人或小集团的利益而争得面红耳赤的时候，当我们在对将来毫无益处的事情上反反复复绕圈子的时候，当我们在遇到挫折而感到眼前漆黑一片的时候，实在应该把眼光放到几十年以后，回过头来看今天。或者干脆把自己当成一个几百年以后的人，像我们现在评价历史人物那样，来看一看今天的自己和旁人，这样，便很容易产生豁然开朗的感觉。

◎ 那些善于自我埋没的人，总是刚一看到百分之一失败的可能，就已泄掉了百分之九十九的勇气。

胜利者比失败者常常只是少一点怯懦。

◎ 人不管被生活的浪涛冲到了什么位置，都不能把这看作是自己的终点，而应该把这个位置当作向更远大的目标奋进的起点，总觉得只要奋斗就有广阔的前途，总有一种今天要比昨天学习得更好、工作得更好的信心。

◎ 受人喜爱是成功的重要因素，乐观开朗是受人喜爱的重要条件。

◎ 悲观者在每个机会中都看到困难，乐观者则在每个困难中都看到机会。

◎ 怎样处理人际关系？也好处理，也不好处理。想得太多，反而不好处理。只要坚持与人为善的宗旨，对谁都友善，能助人时且助人，即使对反对自己的人也绝不加害，一片好心、一片诚心就好办。

◎ 人心与人心之间，像高山与高山之间一样，你对着对方心灵的高山呼唤“我尊重你——”，那么对面山谷的回音也会是“我尊重你——”。

◎ 学校领导一定要尊重教师，设身处地为教师们着想，要把自己放在服务员的地位，至少也放在平等的地位，而绝不能以为自己是个负责人，就强迫人家接受自己的观点。

◎ 对别人要怀着一片好心，与人为善。能助人时且助人，宁可人负我，不可我负人。这样，别人由于你的存在而快乐，你自然也就容易笑起来。

◎ 努力发现别人的长处，向别人学习，就会感到学习生活天高地广，到处都是学问，都是欢乐。

◎ 聪明的人到别人的脑子里去找助手，于是他的力量大起来，明明是对手，别人后来也会帮助他。狭隘的人到别人的脑子里去找对手，指责人家，挑剔人家，猜疑人家，浪费智力，到处树敌。到后来，连朋友也经受不住他的猜疑，不得不和他分道扬镳。

◎ 要深切地理解人，尊重人，同情人，关怀人，与人为善，要有以德报怨的胸怀。

◎ 正确的哲学观念和科学的思想方法，可以使人望到几十年甚至更长一些时间以后，然后，再从那个角度上来看待今天的一切，就能保持清醒的头脑。

◎ 思想感情的潮水需要疏导。水可以载舟，也可以覆舟，问题在于怎样摸清水性，因势利导。

◎ 终止一个坏习惯和培养一个好习惯，都需要足够的耐心。

◎ 看大物体的时候，不能离得太近，不能太注重细节。不然的话，看不清它的整体结构，更看不清它与周围物体的联系。在离天安门 5 米处，不会看清天安门的整体形态，更看不清它与周围建筑物的位置关系。离埃菲尔铁塔 10 来米远的地方去看它，能看清它的整体结构吗？

看社会问题，有时也不能过近过细。过近过细，则会歪曲事物的本质。粗枝大叶有粗枝大叶的好处，过细则有过细的坏处。

◎ 人完全有理由，在任何艰难困苦的条件下，都具有乐观主义的精神。而要做到这一点就必须有驾驭大脑兴奋中枢的能力。

◎ 人其实都要到相对真理中去寻找幸福，适当用自我安慰的方法去获得幸福。谁如果追求绝对的幸福，谁如果不会抑制自己的贪欲，谁就会真正跌进痛苦的深渊。

◎ 万事万物有一利必有一弊，逆定理便是有一弊必有一利。恶人之谤，可令好人清醒，不至于飘飘然忘乎所以；可令好人自励，不至于停滞不前；可令好人奋发向上，更多地挖掘自身潜力。

◎ 就普通人而言，人们更喜欢的不是十全十美的人，而是既有超凡能力又偶尔犯点小错误的人，心理学上管这叫犯错误效应。

◎ 只有少数人能够沿着正确的人生道路百折不挠地朝前走。另有一部分人是走走停停，盘算一下是否吃亏。更多的人是在正确与不正确之间徘徊选择：在正道上走一段，折回来；再到邪路上走一段，又折回来；处在中间犹豫一下，再重演一遍。

所以他们没有自己的个性，没有自己的追求，没有固定的理想。他们本来可以为人民贡献很多光和热，结果却在这选择、犹豫中消耗掉了许多。

◎ 常有这样一些人，当犯了错误或有了罪行受到批评或惩罚时，便深感委屈地诉说起自己过五关斩六将的功劳来。

他们是这样理解功过的：把功看作正数，把过看作负数，两个绝对值相等的功过之和应为零。所以，他们面对着过，数起自己的功来，目的自然是在求两者之间的和为零。

功过可以抵消，只是在特殊时间和空间范围内的事。在一般情况下，不存在这种加减法。如果功过抵消成为一条法律了，社会将会大乱：拾金不昧者便有盗窃的资本；今天提前上班了，明天便可以迟到；甚至曾经舍己救人的人，会因此而具有了杀人的权利。

功过必须分明，自然科学的许多法则不能和社会科学的法则互相代替。

事业·奉献·务实·惜阴（39 则）

◎ 教育是一种可以给人以双倍精神幸福的劳动。

教育对象是人，是学生，是有思想、有语言、有感情的学生。教师劳动的收获，既有自己感觉到的成功的欢乐，更有学生感觉到的成功的欢乐，于是教师收获的是双倍的，乃至其他劳动数倍的幸福。

◎ 光强调教师要爱学生是不全面的，还应具体研究怎样去爱。

想爱还要会爱。如果不会爱，原来想爱，后来也会变得不爱。父母哪有不爱子女的呢？但由于有的爱得不得法，变成溺爱子女，纵容子女，使之走上了邪路。父母因此也由爱而生怨，甚至于个别父母还生出恨来。

父母与子女之间尚且如此，何况师生之间呢？

◎ 走入学生的心灵世界中去，就会发现那是一个广阔而又迷人的新天地，许多令人百思不得其解的教育难题在那里都有答案。对学生细致入微的了解，使教师的教育工作如同有了源头活水，常做常新。

学校像地；学生像种子，像苗；校领导、教师像农民，像园丁。

◎ 教师应具备进入学生心灵世界的本领，不是站在这个世界的外面观望，更不是站在这个世界的对面牢骚，叹息，愤慨，而应该在这心灵世界中耕耘，播种，培育，采摘，流连忘返。如果真能这样，那他将感觉到自己日夜生活在幸福之中。

◎ 尊重与发展学生的人性和个性，会使师生生活在一种相互理解、尊重、关怀、帮助、谅解、信任的和谐气氛之中，从而真正体验到做人的幸福感与自豪感，减少内耗，提高工作和学习效率。

◎ 索取不是爱，献身才是爱。你热爱生活、热爱自然、热爱明天、热爱人民吗？那么请收回你向他们索取名利的手，洒下你的热血，捧出你的诚心，献出你的汗水、力气，你会在这献身中寻到欢乐与幸福的真谛。

因为你不想索取，你就永远不会有索取不到的痛苦；因为你总想献身，你就无论何时何处都能享受到因献身而产生的幸福。

◎ 你爱事业，如果只是为了向它索取个人需要的东西，那么，这种爱是假的。

你爱事业，是为了向它奉献出自己的一切，这才称得上是真爱。而只有爱到愿意自我牺牲的程度，才能够在事业上做出成就。

◎ 人的幸福，主要不是取决于自己得到别人多少爱，而在于他输送给别人，输送给国家民族多少爱。得到别人许多爱，却不知道爱别人的人，一定是一个欲壑永远填不满的失望者、牢骚者、病态者。用自己全身心爱过别人、集体和国家的人，即使从别人、集体、国家那里得到的很少，在心理上也是安宁、满足、自豪、幸福的。

◎ 吃苦吃得很多的人，便不以苦为苦，便很容易满足，生活稍有好转便感到自己贡献太少，而对不起生活。

◎ 多干实事，少说空话；多琢磨事，少琢磨人。

◎ 人常常做错事，然后懊悔。谁都会懊悔，但很少有人能适当地掌握懊悔的程度。有的懊悔得不够，于是常常重犯同类错误。更多的还是懊悔得过了分，支付给懊悔的时间过多，以致把应支付给补过的时间、开创新局面的时间，也都用于懊悔。结果，时间在懊悔中流逝，懊悔者收到了双倍的懊悔。

当你懊悔时，赶快抓起一件实事来做，就容易变得快乐。

多用时间来瞻前，来实干；少用时间去顾后，去空想。

◎ 人如果都能把空想的时间、自卑惆怅的时间、忧愁烦闷的时间、胡思乱想的时间，都用来干实实在在的事情，他就能够成为大有作为的人、信心百倍的人、开朗乐观的人、目光远大的人。

◎ 人不停地做实事，本身就是一种享受，即使面对一些冷话、闲话、怪话、瞎话，也能见怪不怪。实事做多了，其怪自败。采用这种办法，常有“两岸猿声啼不住，轻舟已过万重山”之感。自己在实实在在做事的过程中增长了智慧，提高了精神境界。

◎ 伟人们忙着干实事，可怜虫们忙着骂别人。

◎ 多工作，少得利，勤服务，无亲疏。

◎ 如果有人问，用犹豫、忧愁、气愤、牢骚的时间干点实事不好吗？恐怕不会有人说不好。但在现实生活中，许多人却难以做到这么清醒这样理智。正因为如此，人才该努力提高自己的认识层次，加强锻炼自己的实践能力。

◎ 人如果每天都实实在在地干实事，那么谁都可以做出不平凡的事业来。人最愉快的时候是劳动、工作的时候，而不是优哉游哉、空耗时日的时候。

◎ 真正的谦虚在于忘掉谦虚和不谦虚而直奔真理，这实在是一个实干家必备的品德。倘不如此，单是叮嘱自己莫骄傲，就要耗费许多脑细胞，岂不浪费？

◎ 时间在犹豫中溜走，时间在拖拉中溜走，时间在自我原谅中溜走，时间在不知应做什么中溜走。

用果断抓住它，用雷厉风行抓住它，用自我折磨抓住它，用严格的计划抓住它。

抓住它，制服它，它就向你进贡，给你知识，给你物质，给你财富。

放过它，屈服它，它就向你进攻，给你愚昧，给你贫困，给你痛苦，给你失望。

◎ 生活中常出现许多生动、有趣、吸引人但又没用的事。像一个不紧不慢地走路的人，见到路旁的商店、小摊、卖艺的，甚至于交通堵塞，都禁不住走过去看看，这是最白费时间的事。本来可以避开，却不但不避，反而凑上前去，东看看，西瞧瞧，天就黑了。

还有一些时间，也都是这样在于人于己皆无益处之中流过去的，可不可以称这些时间为无效时间？

◎ 你想不虚度此生吗？那就得从抓今天、抓即刻开始。

◎ 一个人，经常在固定的时间内做同类事，做得多了，就形成了习惯。而习惯了的事情，常常会不由自主地去做，想停止都很难。

巧妙地利用惯性，是提高效率的好办法。

◎ 浪费时间很容易，稍松一口气，时间的水就会哗哗哗地白流许多吨。

◎ 科学家与庸人在大自然那里领得的时间是相等的，不等的是科学家尽可能压缩无效时间。

◎ 在一个人七八十年的生命史上，无效劳动占有较大的比重。即使最深谋远虑的、豪放豁达的人，当他晚年回首平生的时候，也不免对一部分劳动的无效、多余而遗憾，区别在于有的无效劳动时间累计只有一两年，有的则有五六年，甚至二三十年。

为了不至于在告别人世、算总账时追悔莫及，最好在度过每一天时，都细心地分辨哪些是无效劳动和有害劳动，即时就别做了。

◎ 人忙，总觉得日月短。人忙，闲事、闲思、闲话才少。

应想方设法使学生忙起来，更重要的是让学生体验到忙的乐趣，诱导学生感到忙是一种幸福，一种需要，一种心理上和生理上都离不开的需要，使学生的大脑皮层上产生这种需要的兴奋中心，然后不断加以强化。这是变懒惰的人为勤奋的人、变无用的人为有用的人、变寄生的人为劳动的人的有效办法。

◎ 浪费时间是最容易的，浪费时间也是最痛苦的。犹豫，拖拉，明日复明日，暂时似乎产生一丝可怜的轻松感，但过后的心理负疚却是沉重的。

◎ 如果让人去买生气，买牢骚发，买忧虑，买精神负担，准没有一个人肯付钱。可现实生活中，人们支付大段大段比黄金还宝贵的时间，用来生气、发牢骚，用来忧虑、背思想包袱的例子却比比皆是。

◎ 我们常常有犹豫的时间，有愁闷的时间，有气愤的时间，有牢骚的时间，而没有工作的时间，没有为他人服务的时间，没有总结工作或订计划的时间。

◎ 如果一个民族的大部分人都任意挥霍时间，空耗时间，那这个民族势必愚昧落后。

◎ 一个民族只有真正树立了“一寸光阴一寸金”的观念，才是一个有希望的民族，一个充满活力的民族。

◎ 单提珍惜时间就是延长生命还不够，还应该说，讲究效率才是延长生命的最好办法，也是赶超别人的最好方法。

◎ 犹豫是时间的窃贼。如果认真计算一下，许多人的一生中，会有五六年的时间是被犹豫偷去的。

◎ 效率感是人人都有的，区别在于有目的地培养的效率感要强一些，而自发产生、自然成长的要差一些。

◎ 从长远的观点看，一个有效率感的人和一个没效率感的人，在事业上差距是极大的，特别是在当前知识陈旧率增长迅速、知识爆炸的形势下，没有敏锐的效率感是不可能搞好自学的。

◎ 谁都有这样的体会：在临近考试的时候，个人的学习效率是往常的几倍；在运动会的赛场上，在热火朝天的工地上，人们的劳动量也是往常的几倍。如果总能保持这样一种学习、工作、锻炼乃至娱乐效率，那么谁都会做出双倍甚至几倍于平常人的贡献。

◎ 大脑这部机器处于竞赛状态时的效率，要比无竞赛时的效率高得多。即使是学生毫无直接兴趣的智力活动，学生也会因热望取胜而产生间接兴趣，从而忘记事情本身的乏味而兴致勃勃地投入竞赛中去。

◎ 现代的典型应该是高效率的典型，应该是与常人同呼吸共命运，共同克服现实中的困难，共同经历现实中的生活，结果又能出色完成本职工作的人。

◎ 属于正常生活范畴内的事务、家务，模范人物也该做。即使确实因工作忙而顾不上做，在总体职责上也是一种失职，不该宣扬，更不该提倡。

教育改革·教育管理（26 则）

◎ 我们正置身于一个教育改革的时代，正置身于一个使学生成为学习主人的时代。教育根本不像某些人理解的那样“自古华山一条路”，只有一种模式，而是“条条大路通罗马”，多种多样。教育试验和改革是教育科学、教育艺术的生命。

◎ 教育改革的关键是教育思想的改革，倘思想观念不改，单改怎么上一节课，怎样讲一课书，怎样留作业，怎样批作业，这样即使能一时奏效，也绝不会持久。

◎ 题海战术使得 90% 的学生丧失了学习的信心，使学习尖子白白浪费了宝贵的智力。

因为一些题海战术离开了知识的一般常态，去钻那些根本钻不完的非常态，而人们大多时候只要能够认识与自己生活有直接关系的物质就可以了。

◎ 教育学是一门既古老又年轻的科学。说它古老，是因为古代一些教育家已总结出了教育学一些基本的规律性的东西。说它年轻，是因为它是体系欠严密的一门才独立生长三百来岁的科学。

◎ 改革一种旧的教法，必须明了它存在的利与弊。真正看清了这种教法弊大于利时，学生才乐于寻求利大于弊的方法来取代它。

◎ 文言文对多数人来说，已经不是工具，而是枷锁了。

文言文中有些字、词、句要死掉，这没有什么可惜，我们也没有必要偏让它复活，就如同我们今天的许多字、词、句，甚至大部分汉字也可能几千年后要死掉，我们的子孙后代没有必要非让它复活一样。汉字、汉语要现代化，世界语言、文字要统一，这是大势所趋。偏要对抗这个潮流，徒劳无益，还有害。

◎“知识废旧率”是根据科学技术发展的新情况而提出的一个新概念。由于科学技术的急速发展和更新，人们掌握了的知识过一段时间后，就有一部分失去了价值。而现在，有些人还在追求知识越古旧越难懂越好，这是有碍发展的。

◎ 在我们这个教育思想曾经长期封闭的国度里，1953 年曾经有过一次教育行政部门组织的大规模的教育理论学习，学的是苏联凯洛夫的《教育学》。

凯洛夫的教育思想注重知识的传授，忽视对学生能力的培养。

越是对教育一知半解的人，对凯洛夫的教育思想理解得越狭隘，他们只承认那种教师从头讲到尾的课是好课。

◎ 过多地强调多方面外因，懒得过问学生的学习心理状态和发展，师生的心长期不能相通，教改必然沦为一厢情愿。

语文教学改革主要靠什么？一靠民主，二靠科学。民主是解决学生的学习积极性、主动性问题，解决教师为学生服务、同学生齐心协力搞教改的问题；科学是解决语文知识结构科学化、语文能力结构科学化的问题，解决学生运用科学的学法学、教师用科学的教法教的问题。

◎ 世界上不能只有一种花，而应当有多种样式的花。教育应该是各种形式、各种方法，都在竞争，都在开放，这才是大好局面。只要它能开放出特色来，它就有生命力。

◎ 不要动不动就说人家这种方法适用、那种方法落后，须知，方法是艺术，因此没有对错之分，也不可能只有一种存在形式。形式越单一，其生命力就越容易衰竭。应该是各种色彩、各种形式的教学艺术之花都争奇斗艳地开起来才好。

◎ 不少国家很注重孩子们的实践能力的培养，重视孩子们自主能力的培养。相形之下，我国许多“娃娃”的年龄太大了，有的到了三四十岁还不能自立，还需要躺在父母的功劳簿上才能生活。

◎ 乱世出英雄的原因，是由于乱世没人相信陈腐观念了，等着靠年头、熬资历来不及了，只好谁是英雄就用谁，不管他长没长胡子，有胡子更好，没胡子也一样。

◎ 学生认识一步步深化，使教者与学生的心灵之间架起了一座桥，学生们便最大限度地理解老师、支持老师，成为教改的志愿兵。

◎ 教育学是研究教育艺术的科学，这就决定了它应该是千差万别的、百花齐放的。

◎ 一个改革者应该有科学家的头脑，企业家的气魄，未来学家的眼光。

◎ 与其将成绩的提高寄托于分好学苗、拉好学苗上，不如将力气用在提高本班中下等学生的能力上。

◎ 旧习惯和改革是矛盾的，在旧道上走惯了的人，总不愿意走新路。从旧过渡到新，必定有一段不适应的过程。

◎ 心理学已成为现代应用最广泛的一门科学。中学开的课程有十几门之多，但和学生的学习方法、思维方法联系最紧密的心理学，却没有一篇文章去介绍它，这不能不算是个遗憾。

◎ 模式化束缚人的手脚，也束缚人的头脑。一种东西一旦成为一种不可更改的模式，也就说明它到了寿终正寝的日子了。石刀石斧不能改了，它死了；青铜从使用价值和价值的角度看，也不能改了，它也死了；就拿解放牌汽车的流水作业线来说，生产多少年了，虽然改动不大，但总还在改着，一旦到了无法改动的时候，它也会死，会被一条更先进的流水线所代替。

改革，变革，革命，革新，是世界万物的生命。

◎ 教育和管理学之间有着密切的联系，班级管理如果借鉴企业管理的一些方法、措施，其管理质量会大大提高，各科教学亦然。如果把工厂质量管理的一些规定借鉴来，显然会有助于教学质量的提高。一个先进的工厂能够把工人走路的频率、炊事员切菜的频率都规定出来，一所好的学校能不能也把学生的有效劳动时间规定得细致、具体一些？我想是可以的。

◎ 用计划去管理，用好习惯去指挥，领导就越干越高明。

◎ 宇宙间并不开会，但数千亿星体却照样井然有序地运转着，这不是对人的启示吗？

◎ 各行各业的人，除了知识和经验，实在还有着一个天赋的职业条件的问题。一个公鸭嗓，歌唱的知识再丰富，唱龄再长，经验再多，充其量也不过是一个使人厌烦的公鸭嗓而已。一个跛足者，可能有丰富的竞赛知识与经验，但绝不可能成为有成就的短跑运动员。

文艺界、体育界的专家们注重职业素质的研究，而管理人才、政工人才等，最低应该具备哪些必要的职业素质和天赋条件，却很少有人关心。

◎ 我想最低级的管理水平莫过于用人看着人。管理水平的提高应该体现在规章、制度、法律的科学性上。这些规章、制度、法律如果制订得科学，符合人们的心理，那么，不用人钉着，看着，监视着，人们也能自觉遵守了。

◎ 领导者应该着重研究什么问题呢？就是那些带规律性的问题，那些乱子还没暴露出来的问题。

知人·育人（48则）

◎ 种庄稼，首先要知道各种作物的生长发育特点，才能适时适量地施肥浇水；治病要了解每个病人的具体病情，才能对症下药；教师，必须了解每个学生的特点，才能选择、确定教育的方法、措施。

◎ 彼地的方法不一定适合此地的学生；昔日的措施原封不动地搬来教今日的学生，也有可能碰壁。

◎ 育苗、养花、治病者的对象都不像教师所面对的工作对象那样富于变化，难以认识。教师治的是心病，心病是个难以诊断和认识的病。心病应用心药治，要治好心病，第一步当然是要认识心、知道心，即育人先知人。

◎ 不要轻易说看透了一个学生，学生不像透明玻璃瓶装的蒸馏水，一看就透。一看就透的情况是有的，但不多，更多的是被各式各样的东西包裹着的人。

◎ 一名好教师，必须永远相信自己的学生，不管多么笨的学生，脑子里其实都埋藏着无穷无尽的潜力。事实上不是学生的脑子里缺少资源，而是我们自己缺乏勘探和开发这些资源的能力。

◎ 一位负责任的教师，最重要的，不仅要教给学生以眼前的知识，更要培养学生有利于未来、有利于人类的个性。

◎ 自新的心理能使人不断进取，以至创造奇迹；自卑的心理则使人步步后退，以至不可救药。

◎ 自新，自卑，人皆有之，关键在于如何扶正祛误。应该启发学生经常浇灌、莳弄自新的心理，使之茁壮成长。

◎ 教师让学生做任何一件事，都应该使学生觉察到心灵中有一种美感、幸福感、自豪感。这种美感、幸福感和自豪感就能成为学生继续做同类事情的动力源泉。

◎ 教师疏导的责任是很大的。学生的思想航船既可被导向河汊搁浅，也能被导入大海乘风破浪。不要轻易责备学生不该这样、不该那样，而要引导学生去干这样、去干那样。趋利避害，乐以忘忧，流连于美好广阔的精神境界而忘返狭隘自私的小圈子。

◎ 教师不仅要从外部输入一些观念让学生接受，而且要善于借助学生美好的心灵基础，从那里面挖掘出美好理想的种子，利用他已有的心理土壤加以培育。这样植根于学生原有心理基础的理想，才易于成长。

◎ 要走进学生心灵世界中去观察，多想学生的难处，引导学生看到自己脑子里的方方面面。切忌把一名学生的头脑看成一个只有一种思想的整体，也不允许学生把自己看成一个整体。要想方设法打碎这个真善美、假丑恶混杂而结合成的整体，然后重新排列组合。

◎ 弃恶扬善绝不仅是教师自己的事，而是师生共同的事。教师不是板着面孔站在学生对面的上级领导，而是立在学生脑子里扶助上进因素去战胜消极因素的助手。

◎ 更深刻意义上的教师，就是能从根本上改变学生的个性、欲望、素质的教师。

◎ 在某一个特定的时间和空间，点燃学生理想的火花不是一件难事。困难的是如何在一个广阔的时空范围内，使这一火花不仅不熄灭，而且越烧越旺。这就需要在学生的现实与理想之间架起桥梁。

◎ 初中学生一个带有普遍性的特点是意志比较薄弱，普通中学的中下等学生尤为明显。

意志薄弱是学生目前学习的大敌，也是将来工作的大敌，因此教师有责任帮助他们克服。

◎ 许多中国家长对子女是重养不重教。以前是大家纷纷比赛着看谁养得多，即所谓多子多福，至于孩子如何教育，则是另一个范畴的事情。

重养又重教的家长，一般都重家庭教育，但很少有人想到学校教育和社会教育。拼命想教育自家的子女成龙成凤，高人一等，为此舍得花大本钱，而社会稍微一重视教育，一提高教师的地位，他们就老大地不痛快。

也有的家长重视学校教育，但只重视子女的脑子里装了多少对付考试的知识，很少想到孩子人生观、世界观的转变。

◎ 教育理论告诉人们，学生，包括成年人在内，都是矛盾的统一体。每个学生的区别，只在于其头脑中真善美与假恶丑排列的顺序及比例不同而已。

◎ 利用学生脑子里上进的火花去推动他们大脑机器的运转，是一种节约能源的好办法。

◎ 一位教师每天看到的不仅仅是一张张学生的脸，还应当是学生的心灵，应当看到他们心灵的组合方式，看到他们心灵的变化过程及变化的原因。

◎ 懒学生，爱拖拉的学生，也有不懒、不拖拉的时候，不信，看看在考场上，他们不也很勤奋、很会抓紧时间吗?

应该想方设法，创造和考试基本相同的条件，使懒学生勤奋起来。

◎ 使学生感到幸福，也应使用两种方法：一方面多让学生吃苦，使他们从吃苦中感受到休息娱乐的甜，更深刻地感受到学习生活、学习过程的甜。另一方面，给学生的休息、娱乐以及多方面的兴趣以适当的位置，适当的安排，使其感受到幸福。针对目前的学生，更多强调的还应是前者。

◎ 淘气的学生在几年的淘气史中，会有上百次的自食其言，会有上百次拒绝良言相劝，会有上百次逃避父母管教，会有上百次敷衍老师。对我们某一次成功的教育来说，只要不是第一百零一次拒绝、敷衍，只要有了一步朝前的跨越，就很不容易了。不要期望过高。期望过高，既不利于教师树立教育的信心，也不利于学生树立改过的信心。

◎ 学生做错了事，请学生写清过程。请学生写清心中两个自我争论的经过，比起只是批评，只是由老师告诉他们别这样那样做，要好得多。

◎ 指导学生少注意结果，多分析过程；指导学生少计算名次，多用力气缩小和第一名的分数差距。这样就容易静下心来，一点点地多干实事。

◎ 使人感到甜，有的用加糖法，有的用吃苦法。单用加糖法不行，甜过分了，常在甜中，就不以甜为甜了；总吃苦也不行，必要的时候也应该适当加一点糖。

◎ 使人感到轻松，有的用延长休息法，有的用劳动法。两者适当结合，人才会感到轻松。

◎ 适当地让好学生挨批评和使差学生受表扬同样重要，但实际生活中这两者常常做不到。于是有的好学生常弱不禁风，不能批评，不能失败，不能不如人，不能受挫折。真的遇到失败、挫折、批评、打击，立即感觉人生一片昏暗，情绪极端低沉，或则玩世不恭，或则痛不欲生。差学生呢？由于长期得不到应有的肯定，于是自卑、自弃，也有的因批评听得太多，产生了抗批评的能力，拼命地维护自己的短处。

褒贬于人如同张弛于人、动静于人一样，都是不可缺少的。

◎ 教师要理解学生，顺应学生，最后要有能力改变学生，最重要的是改变学生的欲望。

理解、顺应是手段，改变才是目的。

◎ 不要把人理想化，也不要把自己理想化。不要掩饰自己的弱点，也不要在表扬学生时把他说得十全十美。

◎ 内疚久了，有的也就不内疚了。为什么？因为上进心麻木了。

从这个意义上说，使学生每一分钟都有实事可做，是在治疗其精神麻木，点燃其上进之火，进而给其以心理上的轻松、愉快。

◎ 教师与学生同为一个系统之下的两个要素。为使整体的功能大于两个单体功能之和，我认为教师的思想、心灵、认识都要向学生开放。要努力使学生在教学中成为和教师同步运转的要素，使培养学生自学能力不仅成为教师的主观愿望，而且成为学生的内在要求。

◎ 教师向学生交心是很重要的，交心之后就不是靠一个人的力气去教书，而是实实在在地靠几十个人的力气把语文教学搞好，让学生愿意为自己的目标负责，愿意为自己的未来负责，愿意在老师的指导下战胜自己，扩大自己真善美的阵地。

◎ 学生的思维方式，都有着各自独特的、令人惊叹的组合方式，每个大脑都是一个神奇的世界。

这世界是丰富多彩、相互关联的。这样看问题，就会觉得“只灌知识，不及其余”，就不仅是偏差，而且是荒谬了。

◎ 大凡很淘气的学生，都是经历了无数次内心良知与邪恶的斗争，才具有了今日之现状的。这样决定了他们的转变不可能是一朝一夕、几朝几夕的事。

◎ 有的人善于掀动人心灵深处最美好的、善良向上的、光明真诚的激流。即使有很多毛病的人、心理阴暗的人、比较凶恶的人，也总是不由自主地被他感染，不由自主地萌生出否定自己错误、否定自己不良行为的愿望。

另有一类人总善于挑动人们心灵深处最阴暗、最丑恶、最虚伪的沉渣。甚至许多磊落、善良、真诚的人，和这种人一接触，便也不由自主地生出一些坏念头。

◎ 严格要求是不是非要横眉怒目不可呢？大可不必。好的教师总是循循善诱，平易近人，使人敬畏。

◎ 不要以为今天强调过的东西学生今后就记住了，永远执行了。不是的，人无论有多么好的习惯，如果失去了约束和自我约束，还是可能变坏。

如同飞驶的列车，无论有多么大的惯性，只要蒸汽机或内燃机停止，不再工作，列车总要停下来的。

◎ 教师应该成为自己的第一个学生，你教别人做什么，你先问问自己愿不愿意这样做；你向学生说什么，先想想自己愿听不愿听。

◎ 学生要进行自我教育，要做自己生命航船的主人，光有认识，光有热烈的感情还不够，还必须把这认识和感情变成一点一滴的行动。而要使德、智、体、美、劳等诸项学习活动统一于一个科学的时间常数之内，就必须让学生具有制订自我教育计划的能力。

◎ 引导学生体验自我放纵、自我原谅的痛苦，也能从感情上激起自我教育的欲望。

◎ 初中学生喜欢探求自我、认识自我，经过引导能够具备一定的自我监督、自我约束的能力，但年龄决定了他们自我放纵的现象还是很多的。

◎ 不能奢望在学生荒芜的心田上撒几粒种子、淌几滴汗水就能收获丰硕的自我教育的果实。只有日日夜夜、点点滴滴地坚持下去，学生自我教育的步子才会越走越坚实。

◎ 如果学生在自己生命的航船驶出学校这条大江，进入生活的广阔海洋的时候，仍然能不断增强自我教育的能力，那么，在他漫长的人生道路上将会受益无穷。

◎ 人是矛盾的集合体，人心灵世界的真善美与假恶丑无时无刻不在斗争着。没有自我完善精神的人，会任凭这种斗争呈自然状态发展，任凭生命之舟随波逐流。

有自我完善精神的人，才能够用自己的意志调动心灵中真善美的力量，有意识地去战胜假恶丑，使自己生命之舟沿着有益于祖国、有益于人民的航线航行。

◎ 学生要成为学习的主人，就必须发展自己人性的成分，发展自己心灵深处真善美的成分，由自在的人变成自为的人。

◎ 如果人们把胡思乱想的时间拿来写日记，没有话写就把胡思乱想的内容洒在纸上，那么我想，久而久之，他就会成为自己心理的保健医生，就会成为一个自新的强者，就会从那流淌在纸上的横七竖八的思绪中理出一个规律来。逐渐地，乱的越来越少，系统的越来越多，无效的思维也会被束缚住。

◎ 榜样、楷模是人生的一种需要，尽管人们努力一辈子也不一定能达到榜样、楷模的高度，但人却不可以没有这种需要。

开发大脑资源（5 则）

◎ 国家应成立人脑开发工程局。与教育不同之处在于，它的工作重点是从生理学、心理学、社会学的角度去揭示人的智力发展的一般规律和特殊规律，然后指导社会成员按照规律去开发自己的大脑资源，指导各机关有效地开发干部们的职业智力，指导各工厂、企业用最佳办法提高职工的职业素质，指导教育部门抛弃那些折磨学生而又无益于智力的教育手段。

◎ 人的潜力无穷无尽，作为挖掘潜力的第一步，首先要树立起人的潜力无穷无尽的观念。

◎ 每个人的头脑都是一个蕴藏量极其丰富的矿区。谁没发现这一点，就说明谁的勘探能力差；谁还没有开采，就说明谁的工作重心还没转移到发展生产力上来；谁开采得少，就说明谁的开采技术落后。

◎ 思想观念能控制人的生理机能。落后的观念，能压抑、腐蚀人强健的生理机能，当然也包括大脑的生理机能。先进的观念能使病弱的生理机能强健起来，能使愚钝的大脑生理机能变得聪明起来。

◎ 脑子紧用一阵子，也像肌肉紧用一阵子一样。久不激烈地跑 200 米，乍一跑，一个猛劲跑完了，第二天就会腿部肌肉疼痛。久不让大脑思维紧张地运转，乍一猛用，过后也会有不舒适的感觉。

思考惯了的人不思考，不习惯思考的人开始思考，几乎要有同样的毅力才能战胜惯性。

教学民主（13 则）

◎ 教师要树立教学民主的思想，就要抑制自我中心意识。要明确，对学生指责、埋怨、强迫、命令，就等于在师生的心灵之间挖鸿沟，只能增加师生之间不理解、不信任的程度，只能降低学习效率。

◎ 要统一，就要采用民主的方式，大家讨论表决。这样，学生才能从小养成民主的习惯，包括一事当前，把自己放在主人翁位置上独立思考的习惯；讨论中，给自己寻找论据和注意倾听别人论据的习惯；表决后，特别是个人意见被否决后，坚决执行多数人决议的习惯。

◎ 教与学、教师与学生，是矛盾的两个方面。化解这个矛盾，靠老师管学生，压学生，主观片面地命令学生，或者靠学生批师道尊严，都不能化解矛盾而只能激化矛盾。强调学生必须服从老师或强调老师必须服从学生都是极端的做法。

真理常常在两个极端之间的某一点上，这一点就是用民主的方法使师生之间获得最大限度的相互理解与支持，从而提高教学效率。

◎ 民主像一座搭在师生心灵之间的桥。民主的程度越高，这座连通心灵的桥就越坚固，越宽阔。

◎ 培养学生的自学能力，必须最大限度地释放学生自身的能量，调动学生源自内心的学习积极性。要做到这些，教师就必须有教学民主的思想。

◎ 教师的心灵对学生如果是一个未知的世界，那么就谈不上教学民主。教师应该把自己对人生、对事业、对教学、对语文教改的看法都真诚地和学生倾谈，这样学生才会真诚地、无保留地谈他们的看法。师生在充分信任、理解的基础上探讨问题，才能最大限度地发挥学生的积极性。

◎ 要做到教学民主，就要和学生多讨论，多商量。商量什么？从教学目标、教学内容，到教学重点、课时安排，以至具体的教学方法，都同学生商量，尽可能达到师生之间认识的统一。

◎ 学校工作和班级工作应最大限度地依靠民主管理和制度管理，少一些人治，少一些无效劳动。

◎ 民主绝不意味着无政府，更不意味着可以为所欲为。民主意味着人们更严格地按照科学的法律、制度去工作、学习和生活。

◎ 民主与科学紧密相连。人们善于从科学的角度去理智地思考问题，而不是只从私欲的角度单凭感情去思考，这样才谈得上民主。

◎ 民主管理，在某种意义上，就是多数人参与政治，参与管理，参与决策，参与比较复杂的工作。这与分工和专业化并不矛盾。

◎ 民主的基础，是人民群众文化水平的提高和现代意识的增强。当许多群众文化水平还相当低，甚至是文盲，还有强烈的依附心理的时候，如果放弃对他们的正确领导，他们除了变成一盘散沙，什么也干不成，还容易被坏人利用。

◎ 涉及群众利益的事情，尽可能增强民主意识，用民主的方式来决定。领导不要只想着树立个人的威信，而要更多地树立群众的威信。

语文教学（31 则）

◎ 语文学科不像别的学科知识结构那样清晰，教学要求也没有别的学科那样明确单一，教学天地比别的学科广阔，教学方法比别的学科灵活，这些都决定了语文学科难以驾驭。正因为如此，语文教学才需要更广泛、更深入的民主。

◎ 在语文教学中注重研究学生的心理，并根据研究成果纠正自己的教学思想，改革自己的教学方法，确实可以改变教与学不协调的现象。

◎ 教育思想的转变比起具体细致的教法的转变来要困难得多。思想比方法要抽象，一部分人容易忽略。

◎ 讲思想教育，往往使人误解为政治说教。就语文教学而言，大部分思想教育内容应当是通过感染使学生接受。感染，更富有艺术性，富有人情味，符合心理学的规律。

◎ 初中学生感情胜于理智，对一些事物的感情也不稳定，既易于激动，也容易冷漠。他们的心灵接受美和艺术感染的效率，远远高于接受一个音阶的单调的说教。

◎ 感染和熏陶学生心灵所能起的塑造作用要比说教大得多，而语文课所具备的感染熏陶条件是得天独厚的。

学校各科教育都有育人的任务，和育人联系最紧密的学科是语文。

◎ 如果在教学中时时把学生当成学习的主人，而且是活生生的、心理和生理都有无限潜力的、不断变化着的主人，那么教师想出来的办法就容易使学生接受。反之，如果把双边活动变成了老师一厢情愿的艰苦劳动，那么即使借用别人一两个方法上的窍门，用到自己那里也行不通。

◎ 我的许多教学方法、工作方法均来源于学生。我喜欢对学生说：我要向大家学习，同学们是我的老师。

这是发自内心的。如果没有学生的言行来帮我理解，我无法真正读懂教育学、心理学，更谈不上如何运用了。

我相信学生，尊重学生，但这并不意味着不严格要求学生。恰恰是那些我批评得最严厉、最不讲情面的学生，几年以后见面或来信中，更流露出对教师深深的感激与尊敬之情。

◎ 要使学生成为学习的主人，就必须引导学生多参与教学，即不仅参与学，而且参与教。参与得多了，才会增强主人翁意识。

◎ 在道理上大家不难懂得教学相长，学生可以成为教师的老师。但是，当你真要把道理付诸实践，这中间还要跨越世界观、道德观、群众观、情感、意志、胸怀、性格、能力、气质等许许多多障碍。

有的人一辈子也跳不出这些障碍，于是他们永远也不能前进到教育的自由王国中去。

◎ 应该经常和学生商量搞一点教改试验，这样就使教学充满了源头活水。

◎ 把学生看成一个整体，把学生当成主人，当然也包括在学生不能掌握某一点知识的时候，认真分析他思想上、感情上、意志上、智力上、基础上的原因，设身处地想一想他的难处，帮助他解决困难，而不是把他当作容器，灌不进去时，就埋怨、训斥一通。训斥所收获的果实，双方吃起来都是又苦又涩的。

◎“帮助”二字很重要，帮助学生学习，就不是“让”学生学习，更不是强迫命令学生学习。

◎ 教材无非是些例子，是个手段，目的是提高学生的听说读写能力。倘若学生对教材的文章不感兴趣，则完全可以换一些他们感兴趣的文章来读，只要能提高听说读写的能力就可以了，何必非死钉住课本那几十篇文章不可呢？

◎ 不存在什么终极真理，我们的教学方法也不能定于一。应该哪一种方法更适于我们平时的学习，更适于我们每个学生的心理，就使用哪种方法。

◎ 教学方法如同运输方法，一批书从此地运往彼地，既可用人扛，也可以用人力车，还可以用各种机动车、各种船、各种飞机。

教育方法当然也是这样，知识信息输入学生头脑中的方法不下几十种，究竟选择哪种方法，当然要权衡教学目的、教学内容、学生状况、教师素质等诸项条件之后才能确定。

◎ 教学不应该是“自古华山一条路”，而是“条条大路通罗马”。一个缺乏教学实践的叫作凯洛夫的苏联人，提出的“三段五环式”的教学模式，是很好的方法之一，但绝不是唯一的办法，没有非执行不可的必要。

◎ 同一句话，为什么说的语气不同，学生在心理上接受的程度就不一样？同一名学生为什么在甲班学习成绩好，到乙班就不好了？同一个班级为什么甲老师教就乱得不可收拾，乙老师一接班就井井有条了？学生的智力、品质、体力究竟是什么关系？教与学之间哪些方面是统一的，哪些方面是矛盾的？这些几乎每天都缠绕在教师脑子里的问题，如果不认真从教育学、心理学的角度去分析，势必越理越乱。

教师应经常整理自己的思路，整理素材，使之上升为理性认识，再用教育科学的理论知识指导教学实践，就能从容不迫地做出成绩。

◎ 教师替学生思考，如同替学生吃饭一样，都是害学生。

◎ 看到十三四岁的学生们整天埋在书堆里，埋在浩如烟海的作业世界中，没有歌唱，没有娱乐，没有科技活动，谁能不着急呢？

如果教学方法很科学，很符合学生心理，遵循可接受性、直观性、逻辑性、趣味性的原则，那就完全可以使学生减少那些不必要的劳动，用较少的时间和力气获得较多的知识。

◎ 课堂教学是艺术园地，这一园地应该百花齐放。

◎ 评价一堂课好坏的标准，不应当是只看这节课多热闹，教师讲了多少内容。如果这些算得上标准的话，那也只是次要的标准。

◎ 一堂课好坏的标准，主要是看学生是否在进行积极思维，教师的讲解与学生的思维之间是否有一根看不见的线始终紧紧地维系着。

◎ 一堂课是否讲得生动成功，第一重要的不在教材，也不在学生，而在教者。教师倘若设计得合情合理，那么任何一篇课文讲给任何学生，都会产生吸引人的效果。

◎ 一个教师，要紧的不是忙着用这种教法去否定那种教法，不是去证明多种教法的没道理，更不是糊里糊涂地照搬某种教法到自己的课堂上，不加任何改变就用。他应当像蜜蜂一样，在教法的百花园中到处采集于自己有用的花粉，回来以后酿造自己课堂教学的蜜。

◎ 教师要真诚地认识到自己是为学生服务的。既然教师是为学生服务的，那就必须把学生当作学习的主人、课堂的主人，就必须充分发挥学生的积极性、主动性，就必须了解学生、尊重学生、依靠学生、从学生的实际出发。

◎ 同样是课堂，有的教师视为畏途，有的教师视为乐园。同样一篇文章，一位老师讲，学生学得兴趣盎然，忽而眉飞色舞，忽而屏息凝神，觉得上课是一种享受。换一位老师讲，学生学得索然无味，忽而闭目养神，忽而惊觉欠伸，上课简直成了受罪。

课堂效果不同，原因是多方面的，但主要原因在于教师的功底和教育思想的差异。

◎ 讲课文时，教师应尽可能把自己假设为学生，设身处地地想：哪些知识是可以接受的，哪些知识只是考试时有用的，哪些是有长期使用价值的；一节课，45 分钟，能记住多少知识点；即使记住了，这些知识点又有多少能有长期储存于大脑中的可能性；即使能够长期储存，又有多少储存的价值。这样思考，必讲的就少了。这样思考，才能节省下大量的时间还给学生，以便学生用这些时间去进行自己读书的实践。

◎ 一篇《小石潭记》讲两节有两节的讲法，讲 4 节有 4 节的讲法，硬要讲上 10 节课，有没有话讲呢？还是有话可讲的。

问题在于学生的大脑对这样一篇“年龄”很大的文章，以接收多少信息为宜。即使暂时接收了，能否处理还是一回事；处理了，能否长期保存是另一回事；能保存，日后有无反馈价值，更是值得研究的问题。

◎ 一部好的文学著作如同一条奔流不息的江河，可以哺育千千万万、世世代代的人民。

一篇好的文学作品，也可以比作一条小溪，它能在时代的沃土上流淌，不少人可以在那里汲取营养。

河水、溪水，都不能一下子饮尽，想一下子饮尽河水的人，反倒会被河水所害。

学习是否也这样：谁想一下子穷尽一篇文章或一部文学著作的妙处，超越了本人的接受限度，最终反而有害。

饮水，不能河里有多少就饮多少；不能看人家饮多少，我也饮多少。

教书与学习，亦然。

◎ 语文教学厚古薄今，厚现代文学，薄当代文学，不能算什么好现象。

培养自学能力（15 则）

◎ 不少学生只知道播下无数粒种子，才能够收获一个 100 分，再播下无数粒种子，才能收获一个大学文凭。至于每一粒知识的种子能收获一颗什么样的知识果实，他们却答不出，因为老师没有教。

◎ 只把考试分数作为果实去精心培养，结果使许多学生舍本逐末，不顾大的方向，而用全身心的代价去争分数。结果分数到手，学历到手，学习到头。许多知识便漫不经心地丢掉了，至于更新更谈不上。

◎ 人的大脑的潜力无穷无尽，这是所有的生理学家和心理学家都承认的。如果人的大脑的潜力都能充分发挥的话，每一个大脑也许都能装相当于上亿册书的图书馆这样的知识量。大家都应该坚信，自己能够掌握许多知识，能够变成一个有丰富知识的人。

◎ 一个总和创业者相比的人，哪怕自己每天做 16 小时的工作，也总觉得问心有愧，他总能够自励自责，自珍自重，埋头苦干。

引导学生常和创业者比，养成良好的学习习惯，这样学生就会身在苦中不知苦，身在苦中也觉福。

◎ 人是有两重性的，幼稚也是相对的。不应该轻率地给那些智力较好而成绩较差的学生下幼稚的结论。他们灵魂深处一般都有较复杂的闲思缠绕着，使他们无力自拔。

◎ 自学能力是一个具有不同层次的、立体的范畴，它不属于一般的能力，不能幻想通过一两次自学实践便使学生具备这种能力。

每次自学实践好像点，自学习惯好像线，线才能组成面，最终构成自学能力的体。

◎ 自学能力从心理学上讲，既是一种优良的心理品质，又是一种个性特征。理论告诉我们：任何心理品质和个性特征，都要经历知、情、意、行的心理过程，才能形成和发展。

◎ 从我国 20 世纪内 90% 以上的同龄人不能直接升入大学这一实际来看待问题，学生学会学习就显得更为重要。因为他们不能升学，我们也就不能希望他们到大学后再学会自学。教会学生自学的任务，就自然落到了中小学教师的肩上。

◎ 学生最初没有自学习惯，好像一部静止的汽车。产生了培养好习惯的欲望就好像汽车打着了火。第一次推动不能性急，要慢。慢才符合运动规律，才符合人的心理状态。

◎ 学生自学语文，一个很重要的问题就是要明确语文学习的概念。

其实语文学习与语文科学习是两个不同的概念。后者是语文课堂上教科书的学习，而前者则是在广阔的社会环境中的学习。可以说，汉语渗透于孩子们生活的一切时间与空间，从这个意义上讲，学生们随时都可以学习语文。

处处留心皆学问，处处留心皆学文。

◎ 对困难户、困难地区的援助，如果不在援助的同时培养他们自身战胜困难的能力，那么只能是支援越多，他们自身战胜困难的能力越差。

由此可证，对后进的学生，如果不在补课的同时注意培养他们的自学能力，结果也只能是补课越多，其自学能力越差，依赖性越强，成绩越差。

◎ 雕塑的艺术在于取一块石料，把没用的去掉。

阅读的艺术可不可以说，在于取一本书，把没用的去掉呢？我看可以。

善于阅读的人是善于略去不必要的阅读部分的人。

善于阅读的人也必定是善于在浩瀚的文章海洋中，撷取有利于自己的文章浪花的人。

◎ 学习兴趣与学习方法、学习效果紧密相连，互为条件，互为因果。学生掌握了自学方法，兴趣就高；学习兴趣高，效果就好；效果好了，兴趣能更高。良性循环链就这样形成了。

◎ 文章是越不写，越不会写；越不愿写，越不敢写。

你天天想有朝一日写出一鸣惊人的好文章，却不愿从一鸣烦人写起，那就永远不会有一鸣惊人的时候。

◎ 在学生大脑这部机器里，兴趣是动力系统的重要部分，它常常决定着大脑机器工作时的转速。学生自学语文的兴趣越浓，自学的积极性就越高。

结束语

这本书从开始写到今天，已经 6 个月零 6 天了。

按计划该昨天写《自序》，今天写《结束语》。昨天的《自序》不是很成功，因不速之客到校到家，失去了不少时间。今天的《结束语》我又过多估计了自己的时间占有量，早上刚到学校，便是沈阳几所朝鲜族中学的领导及老师到校，接着又是省里来的客人，这样自然要听我的课，讲完公开课还要座谈一会，中午还要整理复印目录，下午便要出发去铁岭开省中语会第四届学术年会。明天在铁岭做报告一天，后天在沈阳讲学一天，然后便又要到贵州去了。只好挤目前这近一个小时的时间，匆匆小结。

6 个多月来，写作的环境不是很静，只要在家，几乎每天都有客人。这期间还要经常外出，北到俄罗斯，南到越南，国内在北京、沈阳、南宁、玉林、梧州、桂林、汕头、淮阴、银川及本地等 20 座城市参加了 16 个会议，做了 48 场报告，天上地下赶了 4 万多公里路。这些显然都不利于写这本书。

尽管环境不静，书还是写完了。虽然我自己感觉这本书还不够成熟，但又想到，再拖下去，不让它出版，不让它跟读者见面，不让它到更广阔的班集体中去听取反馈信息，它就总也没有成熟的机会。

班主任工作量最大的任务是提高学生的学习成绩，而我在这本书中用于写学习的篇目却很少。原因在于，我前几年写的《语文教学探索》谈的便是教学问题。那本书里写了怎样上课、怎样激发学生学习兴趣、怎样指导学生画语文知识树、怎样读一本语文书、怎样读一类文章、怎样读一篇文章，以及怎样教会学生留作业、批改作文、怎么出考试题等。学生能静下心来，从自己的实际出发，确定学习目标、学习途径，寻找学习动力了；能静下心来，一心一意、踏踏实实、聚精会神地，像处于一种忘我的境界中，去做实事的时候，他自己的心情一定能好起来，他的成绩保证能提高。班级管理中的许多麻烦便会在这全身心投入的状态中消除了。这本书谈学习的内容少，不是学习不重要，而是学习方法多种多样，我在其他作品中谈过许多，欢迎关注。

我愿在这本书和读者见面后，更广泛地收集反馈信息，然后加以修改、删节、补充。当再版的时候，相信它一定会比现在成熟得多。

1993 年 4 月 1 日

2002 年 7 月修订

2005 年 5 月再次修订

2021 年 12 月最新修订